国家社科基金重大项目成果（23&ZD193）；
江苏高校“青蓝工程”资助项目

# 美国体育的制度治理及启示研究

彭国强 高庆勇 著

人民体育出版社

**图书在版编目（CIP）数据**

美国体育的制度治理及启示研究／彭国强，高庆勇著. --北京：人民体育出版社，2021（2024. 7 重印）

ISBN 978-7-5009-5980-9

Ⅰ. ①美… Ⅱ. ①彭… ②高… Ⅲ. ①体育－制度－研究－美国 Ⅳ. ①G817. 123

中国版本图书馆 CIP 数据核字（2021）第 033033 号

*

人 民 体 育 出 版 社 出 版 发 行

北京中献拓方科技发展有限公司印刷

新 华 书 店 经 销

*

710×1000　16 开本　13 印张　225 千字

2021 年 11 月第 1 版　2024 年 7 月第 3 次印刷

*

ISBN 978-7-5009-5980-9

定价：75. 00 元

社址：北京市东城区体育馆路 8 号（天坛公园东门）

电话：67151482（发行部）　邮编：100061

传真：67151483　邮购：67118491

网址：www. psphpress. com

（购买本社图书，如遇有缺损页可与邮购部联系）

# 序

习近平总书记在2020年1月1日出版的《求是》杂志发表重要文章《坚持和完善中国特色社会主义制度推进国家治理体系和治理能力现代化》，文章提出："制度优势是一个国家的最大优势，制度竞争是国家间最根本的竞争。制度稳则国家稳。"发挥制度的优越性，打造具有中国特色的制度治理体系，是提升国家治理能力现代化水平的基础。这就要求我们要不断完善和发展中国特色社会主义制度治理体系，不断把制度优势转化为国家治理效能。体育治理是国家治理体系和治理能力现代化的重要部分，是推进社会治理和国家制度治理的重要元素。随着中国特色社会主义进入新时代，在共赴美好生活之约的现代化强国建设道路上，体育扮演着不可或缺的重要角色，承担着特殊的历史使命和时代责任。《体育强国建设纲要》提出"构建管办分离、内外联动、各司其职、灵活高效的体育发展新模式，实现体育治理体系和治理能力现代化"。这对挖掘中国特色体育制度优势，提升体育在国家治理体系中的贡献度提出了新要求。在大力提升国家治理能力现代化水平和加快推进体育强国建设的背景下，《美国体育的制度治理及启示研究》一书的出版具有时代价值和现实意义。

作为国内首次系统探讨美国体育制度治理的研究成果，该书紧密结合我国推进体育治理体系和治理能力现代化建设的时代诉求，全面梳理美国体育的制度治理体系及其特征，并结合中国国情和体育事业发展实际，提出完善中国特色新型体育制度治理体系的现实启示。可以说，该成果是对我国体育治理相关领域研究的一次有益尝试，具有理论性、创新性和时代性。一方面，该书系统总结了美国体育的制度治理体系。作者基于国际政治学、社会学、逻辑学、体育学等多学科视角，把美国体育的制度治理作为一个整体，与国家政治、经济、文化社会发展的大环境联系起来，把不同形态的体育治理与美国历史发展脉络结合起来，系统分析了美国竞技体育、职业体育、大众体育、体育产业和体育教育的制度治理体系，挖掘了美国体育发展背后的制度动因，并从我国体育事业的多个要素和内容结构，分层分类提出了推进体育制度治理体系建设和提升体育治理能力的实践举措。另一方面，该书聚焦制度治理提出了诸多新观点。作者从治理理念、治理主体、治理模式、治理结构、治理举措、治理手段、治理评价等多个层面，全面剖析了美国体育制度治理的组织架构和内容体系，提出了分权治理、联动治理、协同治理、网络化治理、均衡性治理、基础性治理、保障性治理、持续性治理、补偿性治理等新观点，这对于开拓我国体育治理研究视域，创新我国体育治理研究思路具有很好的启示价值。

体育治理体系和治理能力的现代化是体育事业在全面深化改革发展中的总目标。在加快建设社会主义现代化强国的伟大征程中，有关世界大国的体育制度治理研究是一项跨学科的新兴领域，也是一项具有长远性、连续性和战略性的系统工程，围绕这一主题展开持续性、系列性和创新性研究，是学界共同肩负的重要责任。在当前推动构建人类命运共同体和全球体育治理体系建设的新形势下，我们要着眼于中华民族伟大复兴战略全局和世界百年未有之大变局，始终坚持“世界眼光、国际标准、中国特色、高点定位”的指导思想，积极探索世界各国体育制度治理的新理念、新方向、新动态，更加科学合理地谋划提升中国体育治理能力现代化水平的新思路、新路径、新举措。《美国体育的制度治理及启示研究》提出的推进中国特色体育制度治理体系和治理能力现代化建设的新观点，可为致力于体育治理研究的学者提供很好的启发和思考，有益于拓展国际体育制度治理研究的深度和广度，从而深化对这一重要领域的研究。

杨国庆

**南京体育学院校长　杨国庆**

# 前　言

制度是提升国家治理能力的内核，在国家治理体系的诸多要素中，制度发挥着根本性、全局性、长远性作用。国家治理能力通俗而言就是运用制度管理国家各方面事务的能力，国家治理能力的提升首先要具有健全的制度体系，要利用制度的不断完善和创新来提高国家治理的科学化、规范化和程序化水平，制度治理能力成为一个国家综合实力和国际竞争力的重要体现。

美国是世界上高度注重制度治理的国家之一，在国家发展进程中，美国政府充分利用制度手段对社会各个领域进行规制，运用宪法的形式对人民的权利进行制度性保障。体育是美国社会文化的重要组成部分，是综合国力和社会文明程度的重要体现，美国体育治理的实践建立在国家制度和社会体制基础之上，并将制度治理融入体育事业的各个领域。美国体育在发展过程中随着制度治理的产生，在持续的制度建设和不断创新的体育体制机制保障下，一个只有200多年历史的移民国家，只用了100年左右的时间就在体育的各个领域备受瞩目，一个政府连专门体育管理机构都未设置的国家却成为世界头号体育强国。美国在体育领域里所获得的资源、所达到的成就及所形成的国际地位和巨大影响力，主要体现在美国的竞技体育综合实力强劲，从1896年第一届现代奥运会开始就一直雄踞奖牌榜前三位，美国的职业体育发展迅猛、大众体育深入人心、学校体育运动活跃、体育赛事频繁火热、体育法治相对完善、体育产业成为国家支柱性产业，美国在体育各个领域的发展水平均居于世界前列，是当今世界毋庸置疑的体育强国。美国体育之所以能够取得今天的显著成就，与其健全的制度治理体系密切相关。在不同时期，美国注重运用制度对体育进行规制，通过政策、法规的不断完善来实现对体育的管理和调控，注重将制度作为有效手段融入竞技体育、大众体育、体育教育、体育产业等各项事业发展中，利用制度规制下的治理体系引导体育事业发展。作为全球体育治理的先行者，在100多年的探索实践中，美国体育发展的背后形成了一套保障民权并制约政府权力的制度性治理机制，能够有效推动政府和各类社会组织合作，保护人民享有体育的自然权利。美国注重发挥政府、市场、社会组织等多元主体参与的协同治理，强调运用法治对体育领域的制度治理，将“法治”理念贯穿于体育治理的整个过程，形成了职业体育的多中心治理、群众体育的联动治理、学校体育的分权治理、体育产业的多边治理等多种制度治理模式。这一治理模式推动了美国体育快速成长，促进了美国体育的持续强盛，同时也为世界各国的体育发展树立了典范。在当前构建人类命运共同体的背景下，体育作为独具特色的全球社会活动，获得了全世界范围内的高度关注，体育全球化进程正日益深入，全球化治理促使体育以多维度、多视角、多渠道的方式与政治、经济、文化融合发展，趋势势不可挡，在世界多极化、经济全球化、文化多样化的背景下，挖掘美国体育发展背后的制度治理体系，归纳美国竞技体育、大众体育、体育产业、体育教育等各领域的制度治理特征，成为一项热点研究议题。

当前，我国正处于推进国家治理体系和治理能力现代化建设的重要时期，在建设社会主义现代化强国的伟大征程中，我们既要充分发挥社会主义制度的优越性，同时，也应该看到我国经济社会发展和人民群众的新要求，相比当今世界日趋激烈的国际竞争形势，相比实现国家长治久安的伟大目标，我们在国家体育治理体系和治理能力方面还有许多亟待改进的地方，我们的体育制度还没有达到更加成熟、更加定型、更加有活力的要求。在推进从体育大国向体育强国迈进的伟大进程中，挖掘美国体育制度治理的有益理论与实践经验，能够有助于激发我国体育制度建设的后发优势，推动形成国家办与社会办相结合的新型体育制度治理体系，促使建立在我国国情基础上的体育治理体系更加适应国际体育治理体系的新方向、更加适应举国体制与市场机制相结合的新模式、更加有助于在人类命运共同体战略中构建国家治理新格局，从而有效提升我国体育的制度治理能力，更好地推动我国体育事业实现全面、协调和可持续发展。

作　者

2024 年 6 月

# 目 录
CONTENTS

# 绪 论

## 一、研究问题的提出

美国是当今世界头号体育强国，美国的大众体育、竞技体育、体育产业、学校体育等发展水平均处于世界前列。美国体育之所以能够取得今天的伟大成就，与其在实践中不断探索的制度治理体系密切相关。作为一个高度重视法治建设的国家，美国联邦政府充分利用制度手段对体育的各个领域进行规制，其灵活多样的制度体系成为保持体育事业持续强盛的重要基础。并且，美国体育在发展过程中塑成了独特的治理体系，联邦政府在体育组织实体治理过程中扮演着支持者和监视者的角色，通过充分放权，权力中心下移，引导社会、市场、协会等多元主体参与治理，注重运用法治实施体育领域的制度治理，在长期实践中形成了层次分明的“分权式”治理、自下而上的“学院式”治理、多元主体参与的“协同化”治理、组织贯通的“联动式”治理及制度基础上的“法治”等多元特征。从 19 世纪 90 年代完成工业化和城市化建设到今天，美国体育经历了 1 个多世纪的持续、稳定和快速发展，成为全球毋庸置疑的体育强国，并对世界体育发展产生了巨大影响。依托良好的国家法治基础，美国体育搭建起了符合自身要求的制定治理模式，即公民参与、社会主导和政府辅助治理，分别以大众体育、竞技体育、体育产业、学校体育和职业体育为治理对象。对于大众体育，联邦政府通过制定相应的发展规划并与其他社会组织合作进行治理，注重将制度作为有效手段融入大众体育治理，利用制度规制下的治理体系引导大众体育发展，在长期实践中实施了覆盖全面的制度基础性治理、重视公共场所供给的制度保障性治理、促进国家健康的制度持续性治理、维护弱势群体的制度补偿性治理。对于竞技体育，美国实施了联邦法规制度的基础性治理、竞赛扶持制度的补偿性治理、人才选拔制度的保障性治理、多元配套制度的引导式治理，体现出遵循“教体融合”的人本化治理、多元主体协同共治、制度基础上的法治治理、贯穿治理过程的“业余竞赛”等多元特征。对于体育产业，美国建立了政府与市场衔接的分权治理体制，架构了产业组织内生式自治模式及关联共生的联动治理机制，打造了联邦系列制度、联盟特殊制度、反垄断豁免制度和公司治理制度等法治体系。对于学校体育，在持续的制度设计和不断创新的体制机制保障下，美国实施了国家体育教育标准的保障性治理、学校体育教育计划的引导性治理、青少年体育教育健康法案的靶向性治理、以体质健康促进为导向的法治化治理及特殊体育教育制度的补偿性治理，始终把体育作为一种教育方式，最大限度地挖掘了体育的教育价值。对于职业体育，美国注重运用联邦宪法和各类制度对其进行有效规制，长期实践中形成了一套集分权治理、多元协同治理、联动式治理、公司治理、网络化治理等多元特征的制度治理体系。

制度治理的功能体现在通过制度规范重塑社会体制，通过对政府权力的制约实现构建法治社会、法治政府、法治国家，通过对社会规范的重建特别是对诚信体系的建设推进国家治理现代化。国家治理体系和治理能力现代化是全面深化改革的总目标，是关系我国政治发展和社会主义事业发展的重大命题。党的十八届三中全会把“完善和发展中国特色社会主义制度、推进国家治理体系和治理能力现代化”确立为全面深化改革的总目标，为推动新时代中国特色社会主义制度建设指明了方向。国家治理体系和治理能力要求社会各领域的制度建设不断完善、制度执行力不断增强，各行业的制度治理水平全面提升。体育作为国家事业的重要组成部分，是国家综合实力和经济社会发展程度的重要体现，在国家治理体系建设及社会精神文化发展中具有重要的带动和引领作用。体育治理体系和治理能力现代化水平能够集中反映国家的治理能力，直接影响国家治理体系和治理能力现代化的速度和质量。同时，体育治理体系和治理能力现代化作为国家治理体系现代化的重要组成部分，是国家治理能力在体育领域中的具体体现和生动实践，打造完善的体育治理体系是推进健康中国战略、落实全民健身战略、实施体育强国战略的重要基础。没有体育治理体系和治理能力现代化，就没有现代化体育强国。2019 年 8 月，国务院办公厅印发了《体育强国建设纲要》，提出要“进一步转变政府职能，充分调动社会力量，构建管办分离、内外联动、各司其职、灵活高效的体育发展新模式，实现体育治理体系和治理能力现代化”。这对于优化体育体制机制，完善体育发展的具体制度，提升体育在国家治理体系中的贡献力提出了新要求。2014 年 2 月 17 日，在省部级主要领导干部学习贯彻党的十八届三中全会精神全面深化改革专题研讨班上习近平总书记指出“一个国家选择什么样的治理体系，是由这个国家的历史传承、文化传统、经济社会发展水平决定的，是由这个国家的人民决定的”。《中共中央关于坚持和完善中国特色社会主义制度、推进国家治理体系和治理能力现代化若干重大问题的决定》中提出“抓紧制定国家治理体系和治理能力现代化急需的制度、满足人民对美好生活新期待必备的制度，推动中国特色社会主义制度不断自我完善和发展、永葆生机活力”。面对提升国家治理能力的新要求，我国体育治理体系建设既要立足于国情实际需要，直面我国体育发展的现实问题，也要立足新时期法治国家建设的大环境，选择科学的方式来实现体育治理现代化，把人民对美好生活的向往、满足人民对美好生活的新期待作为完善体育制度和提升体育治理能力现代化水平的旨归。

实现体育治理体系和治理能力的现代化，既是体育全面深化改革发展的总目标，也是实现体育使命的核心手段和根本保障。同时，体育治理现代化的实现是一个长期的过程，在这个过程中存在政府权力的下放与社会主体责任的承接、政府服务能力的提升和市场主办能力的增强、政府规划监管能力的提升和社会自治能力的培育等治理机制的转变和权力的转移。受国家体制机制影响和经济社会文化制约，当前我国体育治理体系还不完善，尤其在制度建设方面还存在一些突出的矛盾和问题。我国传统的体育发展方式带有典型的“管理主义”倾向，集中表现在政府作为单一主体掌控绝大部分体育资源，并通过行政指令的方式从上至下对体育发展进行全能型管理。在长期的国家行政体制影响下，我国体育事务发展对政府部门的依赖性过强，体育制度缺乏活性和弹性，政府、社会、市场等多元主体共同参与体育治理的决策机制不健全，举国体制与市场机制有机结合的运行机制不完善，国家与社会相协调、政府调控与市场调节相结合、全社会共同参与的体育治理体系还没有形成，导致体育治理的价值目标与人民日益增长的美好生活需求还存在较大差距。在建设社会主义现代化强国的伟大征程中，体育作为关系国计民生的重要领域正经历着前所未有的变化，正面临着国际环境变化、经济价值彰显、体制机制改革、社会深度转型等因素的多重叠加。在体育事业改革的浩大工程中，推进体育的制度治理体系和治理能力现代化，在我国体育的历史进程中还是一个全新的领域，充满着未知和挑战。美国作为世界体育强国，在大众体育、竞技体育、体育产业、学校体育、职业体育等多个领域集聚了重要发展特征，在推进我国从体育大国向体育强国迈进，大力提升体育治理现代化水平的重要时期，挖掘美国体育制度治理的经验和实践举措显得尤为必要。本研究通过探索美国体育的制度治理，旨在为完善我国制度治理体系提供借鉴，为提升中国特色体育制度自信提供理论参考，为加快推进体育强国建设提供域外经验。

## 二、国内外研究综述

近年来，国内外学者围绕美国体育制度建设与治理体系等主题做了一些探讨，根据美国体育的内容架构，对已有成果的研究热点进行了归纳，发现相关研究主要集中在美国职业体育制度治理、大众体育制度治理、体育产业制度治理、学校体育制度治理等领域。

### （一）美国职业体育制度治理的研究

职业体育是美国体育的重要组成部分，是美国体育产业保持强盛的基础。职业体育制度治理研究热点主要聚焦在职业体育联盟、职业体育制度的起源与发展、职业体育制度的劳资关系、职业体育与反垄断制度及赛事转播制度等方面。董红刚①认为“美国职业体育制度的不断创新是其强盛的根本，尤其是促进四大职业体育联盟竞争均衡的制度设计、商业化模式运行、管理者的创新和市场的需求是美国体育制度治理的关键”。20 世纪 20 年代，美国工业化和城市化进程取得了飞速发展，职业体育作为一种新兴产业呈现出旺盛的生命力。职业联盟作为美国职业体育的主体成为研究热点，鲍明晓②指出“美国职业体育治理的根本在于率先建立了完善的联盟体制，特征是所有权与经营权分离，是按照现代企业制度规范建立的一种经济上的合资企业、法律上的合作实体”。美国职业体育的治理主体是各单项职业体育协会或联合会管理。美国职业体育实行的是联盟制，职业体育联盟具有特殊的治理机制，通过对相关文献进行梳理，我们认为美国职业体育联盟是在竞争机制、监督机制、激励机制、市场机制、目标机制、投资机制、营销机制七大治理机制的护持下运行的。美国职业体育联盟的七大治理机制相互联系、相互影响，在相互合作中维持着联盟的高效运行，促成了联盟的利益统一，成就了联盟的利益最大化，从而改变了俱乐部的竞争关系，形成了联盟的

①董红刚，易建东．体育治理评价：英美比较与中国关注［J］．武汉体育学院学报，2016（2）：25-31.
②鲍明晓．体育产业［M］．北京：人民教育出版社，2000：6-9.

“合作性均衡”。在职业体育治理中，美国国会于1961年颁布了《体育转播法》（简称SBA），方洁①认为该法对美国四大职业体育联盟（职业橄榄球、职业棒球、职业篮球、职业曲棍球）赛事转播权横向集中出售给予了反托拉斯豁免，并对电视转播的区域限制及大学与校际间橄榄球比赛限制进行了具体的规定。

在职业体育发展过程中，美国注重运用联邦宪法和各类制度对其进行有效规制，通过合理制订职业体育发展的整体规划，协调俱乐部之间的矛盾与冲突，使职业联盟内部的竞赛表演、竞赛市场开发等生产经营活动有序化。一些学者围绕美国职业体育的具体制度进行了研究，研究热点集中在以下三个方面。第一，美国职业体育的法律法规、政策、文件、条例等具体制度领域，如采用案例分析的方法对美国反垄断法劳工豁免法进行了深入研究，王治君②指出美国反垄断法劳工豁免制度是职业体育治理的一项重要内容，《联邦贸易委员会法案》《谢尔曼法案》与《克莱顿法案》是职业体育反垄断治理的组成部分，美国劳工法具有强烈的反竞争性。随着《谢尔曼法案》的出台，职业体育倍受法律的关注。20世纪中期，美国国会通过了“非法定劳工豁免”“法定劳工豁免”职业体育制度，1961年出台了《体育转播法》，专门支持四大职业体育联盟的发展。第二，职业体育的政府规制与反垄断限制方面。从1890年美国颁布第一部反垄断法开始，美国政府就对职业体育实施了针对性规制，政府不直接干预职业体育联盟的运作。Gallat③认为“反垄断法在职业体育的治理实践中发挥着重要作用”，但通过反垄断法的实施，有效地解决了四大职业体育联盟中俱乐部球员转会、球员年薪、球员与工会及联盟关系、商业赞助广告等一系列问题引发的矛盾。目前，美国职业体育与过去相比受到了更多的外部审查。Floyd④提出在职业体育制度层面植入反垄断法是公共利益的体现，是弥补职业体育市场失灵、维护消费者公共利益的体现，反垄断法已经深刻地影响了美国职业体育的运作。通过职业体育具体制度的实施，维护了美国职业体育“法律上的合作实体、经济上的合资企业”的法定地位，保障了其经营权与所有权的分离，达到利益最大化。在美国职业体育联盟的发展过程中，反垄断和违纪处罚程序发挥了重要作用。第三，美国职业

①方洁. 美国体育治理体系研究［J］. 浙江体育科学，2020，42（1）：8-13.

②王治君. 美国体育产业结构研究［D］. 武汉：华中师范大学，2014：8.

③Gallat. Antitrust Law and pubic alternatives for professional sports leagues［J］. Labor Law J，2003（3）：166-179.

④Floyd Jones，Dana D. Brooks. Examining Leisure Sport Management Programs in the United States［J］. Sport Management Review，2008（11）：77-91.

体育联盟与法律环境关系方面，反垄断法渗透到职业体育的各个领域，尤其对职业体育联盟中各俱乐部管理者、球员、工会，由于运动员年薪、转会权、商业广告的分成等问题引发的纠纷等方面发挥了重要作用。在联盟违纪处罚方面，根据违纪程度决定处罚权力，处罚行为主要包括服用兴奋剂、贿赂、赌球、骚乱、行为不检点等；处罚手段主要包括有期限禁赛、终身禁赛、终止合同、罚款、开除等。美国职业体育联盟凭借其健全的制度安排和活跃的市场化经营模式不断进行自我完善，最终走向了成熟的道路。

### （二）美国大众体育制度治理的研究

大众体育是美国体育的重要组成部分，是美国竞技体育、体育产业、学校体育发展的基础。美国政府对大众体育的治理更多的是将权力分配于各个州，各州的公园与休闲委员会是治理大众体育的主要部门，主要负责建设、管理和维修当地公园、球场、泳池、健身场所等，同时也组织一些地方性质的训练营和比赛，供体育爱好者娱乐、孩子入门等。Mary A① 认为目前大约有 65%的美国人把体育融入他们的生活方式中，因此，业余体育尤其是休闲体育成为美国社会的主流运动。在大众体育的发展中，美国政府依靠《业余体育法》规范业余体育的发展，以法律的形式明确了美国奥委会总领全国业余体育的权利。“二战”后，随着美国经济社会的不断发展，业余体育组织不断涌现，1978 年《业余体育法》（*The Amateur Sports Act of 1978*）的颁布从制度层面确立了业余体育的法律地位。20 世纪 80 年代后，各界对于美国业余体育制度治理进行了广泛探讨，研究热点主要围绕业余体育法、业余体育运动中的政府行为、业余体育仲裁制度、业余体育的性别规制、业余体育立法与纠纷解决体制、业余体育的政府政策等领域。美国政府参与大众体育治理的重要方式是保障体育活动开展的物质条件，强调在大众体育领域提供多样性的公共服务。美国多个州政府都通过立法授权地方政府承担娱乐和公园服务，帮助地方建立公园和娱乐治理部门，并提供休闲场地使用的技术支持，帮助地方购买和开发空地。刘玉②认为美国在大众体育方面竭力地为国民提供场地设施和完善的体育政策，如为了使学校体育馆尽可能地向社区居民开放，早在 1927 年美国就有 32 个州通过立法，规定社区可以使用学校的建筑作为

---

①Mary A Hums. Governance and policy in sport organizations [M]. New York: Holcomb Hathaway Publishers, 2013: 24-29.

②刘玉．发达国家体育公共服务均等化政策及启示 [J]. 上海体育学院学报，2010，34（3）：1-5.

社区体育中心，为方便社区开展体育活动，政府与学校协调配合制订学校体育设施的使用计划，使学校体育场馆利用率得到提高，学校的各种体育场地设施为大众体育活动的开展提供了方便。

美国政府在大众体育制度建设中，倾注了更多的精力，美国政府通过不断调整和制定法律政策，对大众体育进行宏观调控，鼓励人们参与业余体育活动，并制定了《美国户外休闲政策法案》，彭国强[①]认为美国休闲体育的法治治理建立了一个全国性的约束机制，目的是通过发展休闲体育，提高全国的休闲产业，确保国家休闲战略的法定地位。从 20 世纪 70 年代起，美国在妇女体育、体育新闻、残疾人体育、制止体育暴力、体育教育等方面颁布相关法规，用以保护民众平等的体育参与权利。在业余体育的治理主体方面，确立了由联盟政府、地方政府、商业组织、宗教组织、基金会和非政府组织构成的多元主体，通过多个主体间的密切合作，共同推进业余体育的联动治理。美国业余体育是在多样性社会体育服务体系下运作的，治理体系由五个模块组成，分别是联邦政府业余体育组织、州政府业余体育组织、地方政府业余体育组织、非营利性业余体育组织和营利性业余体育组织。各组织的职能不同，主要是完成由联邦政府、州政府、地方政府制订的业余体育发展规划。Glaucio[②] 认为美国政府主要运用制度治理的方式对业余体育进行调控，每个州都设立了以户外娱乐为首要任务的专门管理机构，各州政府以下的市县也设立了业余体育管理机构，如总统体质与运动委员会、州总统健康与体育委员会、社区公园与休闲委员会等。一些业余体育制度通过法律法规的形式进行呈现，相关法律包括民法、合同法、机构法、刑法和宪法等。在实践中，这些法律多被用来处理业余体育方面的具体事务。《业余体育法》在世界上是独一无二的，Mundy · J[③] 认为 “该法案通过处理体育纠纷，规范了美国现代奥林匹克运动，保障了业余体育运动的健康发展，提高了公众的体育参与程度”。《业余体育法》在 1996 年进行了修订，管辖范围不断拓宽，对于业余体育、竞技体育、大众体育参与等多个方面起到了积极作用。

①彭国强，唐炎．美国大学休闲体育本科课程体系的特征及启示——以印第安纳大学为例［J］．成都体育学院学报，2014（4）：78-84.

②Glaucio Scremin. Impact of Antitrust Laws on American Professional Team Sports［J］. Sport Journal，2005（1）：10-15.

③Mundy · J，Odum，L. Leisure Education——Theory and Policy［M］. New York，NY：John Wiley and Sons，2008：2-4.

对于如何有效解决业余体育领域的事件纠纷，黄世席[①]认为“仲裁是有效解决业余体育纠纷最常用的非诉讼手段，美国业余体育纠纷仲裁主要包括美国奥委会章程、泰德斯泰文斯业余体育法、反兴奋剂机构等”。Ronald[②]提出“美国业余体育法是运动员和体育组织之间争议的有效仲裁，当事人也可以将业余体育领域的争端提交美国仲裁协会仲裁”。在大众体育的运行方面，美国联邦健康与公共事业部先后出台了《奥林匹克和业余体育法》《健康公民1990》《大众体育计划》《健康公民2000》《健康公民计划2020》《美国人体育活动指南》等法规，有效地保障了业余体育的顺利开展。

### （三）美国体育产业制度治理的研究

美国体育产业是当之无愧的世界霸主，其产业的规模、结构、水平和效益都远远超过世界上任何一个国家。美国的体育产业治理模式是比较典型的市场主导型治理模式，政府对体育产业中的各类市场主体实行放任政策，只是通过立法和执法对体育产业相关组建、运作的一般规定做出法律规定。美国体育产业制度治理的研究热点主要集中在美国四大职业体育联盟的运作；大学校际体育中的篮球与橄榄球、体育用品、休闲运动及其他运动产业的制度治理特性；美国体育产业核心竞争力的生长机制；职业体育产业的政府规制及体育产业反垄断豁免等，多是运用经济学的相关知识探讨美国体育产业的运作，运用社会学的相关知识解释体育产业制度治理成功的原因。

第一，在体育产业政府规制方面。学者多从美国职业体育产业的市场失灵出发探索体育产业发展与社会市场治理的关系，赵晨[③]提出“政府规制是体育产业市场发展、成熟与完善不可或缺的制度保障，通过立法、司法、执法三大系统对职业体育产业实施分权管理，纠正市场失灵，提高运行效率，维护公众利益”。美国体育产业的政府规制包括多元主体共同参与，其中，立法、司法和行政机构是遵循美国“三权分立”的国家制度设置的三大主体，对体育产业的发展实施宏观调控；社会群体、联盟俱乐部、消费者和各类媒体是体育产业治理的直接参与者，美国体育产业组织、联盟俱乐部和消费者之间形成了互相规制的循环治理

①黄世席，宋韦韦．美国业余体育运动中的政府行为研究［J］．成都体育学院学报，2009（7）：1-6.
②Woods R B，Butler B N. Social Issues in Sport［M］．［S. 1.］：University of South Florida Press，2001：30.
③赵晨．我国体育产业治理模式研究［D］．石家庄：石家庄经济学院，2009.

模式。Ari Zyskind[①] 指出美国对体育产业的规制实施分级、分权管理，联邦政府对体育产业的规制主要通过不同规制机构运作，其中联邦委员会（FTC）执行消费者保护法及反托拉斯法等，从而确保市场的运作效率。不仅联邦政府对体育产业的发展进行规制，州政府同样在规制方面大做文章，为维护民众和运动员的安全，美国很多州都已通过专门立法，成立了体育委员会来规制体育经纪人滥用职权现象，州政府对体育产业的规制范围更具有针对性，从而更有效地促进联邦层面规制的形成。此外，很多学者从政治经济学的视角探讨了美国体育产业成长的法律规范，包括政府法令、公司法令、职业运动联盟法令及体育产业自我规范的方式，如 Lisa Pike[②] 提出美国体育产业的自我规范主要通过政府、消费者及产业自身相互制衡实现。

第二，在美国体育产业发展的制度调控方面。一些学者从法律的视角进行了探讨，胡乔[③]认为美国体育产业之所以具有长效的发展动力，主要通过制定相关的法律策略进行规范，与美国完备的法律调控机制密不可分。美国税法、版权法、反垄断法、劳工法等都促进了体育产业的快速发展。Michael[④] 认为美国体育产业的成功主要有两方面原因：一是雄厚的经济基础和成功的商业运作；二是完善的产业运行与管理。实施反垄断豁免是美国体育产业制度治理的重要内容。运动员保留条款、门票收入分配、奢侈税、工资帽、电视转播收入分配、选秀等治理措施是实现联盟球队竞赛平衡的重要手段，而竞赛平衡是职业体育联盟运作的核心问题。多数观点都认为美国体育产业以经济社会发展为基础，依靠“内生式”的发展模式，虽然联邦政府不设立专门的产业管理机构，但职业体育却能借助反垄断法和成功的市场化管理体制进行运作，主要得益于政府的宏观政策规制。

可以看出，美国体育产业的发展除了得益于强大的社会、经济、科技、市场的优势外，最重要的是已经形成了一套较为成熟的制度治理体系和运行机制，联邦政府的行政部门以不同的方式执行管制，其中联邦政府的立法机关在监督和规

①Ari Zyskind. The Politics of Physical Education Reform [D]. California: Claremont McKenna College, 2012: 26.

②Lisa Pike Masteralexis. Principles and Practice of Sport Management [M]. [S. l.] Jones & Bartlett Publishers, 2011: 15-17.

③胡乔. 美国体育产业发展的法律调控分析 [J]. 体育文化导刊, 2014 (2): 131-133.

④Michael Milano, Packianathan. Gross Domestic Sport Product: The Size of the Sport Industry in the United States [J]. Journal of Sport Management, 2011 (25): 24-35.

范体育产业方面扮演着重要角色，通过体育产业的具体制度来执行体育立法，如与体育产业密切相关的合同法、经纪人法、知识资产保护法、反垄断法、劳工法、体育广电法、反歧视法等，在多重制度的护持下，美国体育产业自身形成了一种强大的核心竞争力。作为一种新兴产业，在我国还没有形成系统的体育产业发展理论，国内学术界对体育产业的研究主要从如何管理体育产业入手，还未上升到治理的高度，缺乏对体育产业治理模式的系统研究。

### （四）美国学校体育制度治理的研究

学校体育是美国体育强盛的重要根基。从 19 世纪开始，体育就被纳入美国学校教育的内容，1787 年最早制定的美国宪法并不涉及体育和教育领域，1789 年的联邦宪法修正案也没有对教育作任何规定，直到 1791 年制定的宪法修正内容才决定了美国体育的分权体制、分权制（decentralization）教育体制特征。随着学校体育制度的不断完善，美国的竞技体育、体育产业、职业体育、休闲体育等领域逐步形成了以学校体育为中心的人才培养体制。可以说，美国体育成功的根源在于学校，而科学规范的学校体育制度为美国体育系统的可持续发展奠定了基础。近年来，国内外学者围绕美国学校体育方面进行了大量探讨，从研究的主题来看，主要着眼于以下几个方面。

第一，有关美国大学生体育联合会（NCAA）的制度治理。大学竞技体育作为大学校园活动的一部分，大学生运动员作为大学群体的一部分，强调竞技体育的教育价值，推动实现将竞技体育融入高等教育。美国大学竞技体育坚持业余性发展理念，通过有效规避商业化负面影响，划清和职业体育的界限，使大学竞技体育独立性得到具体体现。该领域的研究成果颇多，研究重心多是围绕 NCAA 的管理体制进行探究，并提出了一些重要观点，有学者提出 NCAA 是美国大学竞技体育的管理机构，是一种非营利的社会组织。联合会的管理制度可分为三个等级，该机构实行三级管理制度。大学竞技体育的管理体制可以分为独立型和非独立型两种。学者认为“立法是美国大学体育管理的重要组成部分，各高校都要遵循体育联合会的立法开展活动。”联合会通过电视转播权的转让、企业资助、锦标赛收入、校友捐助、注册商品销售等渠道维持运行。NCAA 具有非营利性组织特征，从理事会制度、监督机制、激励与约束机制、资源运行机制、信息披露机制运行机理等方面，根据非营利组织善治理论指出了运行机制的存在问题。

第二，有关中外对比研究美国大学体育管理制度的特征。学者提出 NCAA 具有如下 CUBA（中国大学生篮球联赛）所不具备的特征：①NCAA 通过制定一系列法规对运动员的选材进行宏观管理；②NCAA 高校对教练员实行聘用制，便于教练员专一工作；③NCAA联赛的管理机构具有很强的独立性和自主性，有利于联赛的整体管理；④NCAA 参赛球队的体育经费比较充足，具有稳定的资金支出和收入制度系统。还有学者认为“NCAA 比我国大学生体育协会拥有更加完善的市场开发管理制度，并且具有更为成熟的运行模式支撑大学生体育市场的运转”。虽然国内学者对美国大学体育制度尤其对 NCAA 的商业化运作与市场开发等问题进行了大量探讨，但并没有从根本上对支撑起 NCAA 良性发展的制度安排的合理性进行解释，没有把 NCAA 的管理制度与高校其他相关制度放在一起进行系统研究，缺乏对体育制度或教育理念的整体性研究。

第二，有关美国校际体育竞赛存在的问题及其治理举措。研究热点主要围绕美国校际体育竞赛的管理机制、运行体制、规章制度及存在的主要问题和治理措施等方面进行探究。主要观点认为美国校际体育竞赛实行各州协会自主治理的体制，但由于没有国家统一的制度规制，美国校际体育竞赛存在教育价值危机、校际体育竞赛运营机制的过度商业化和自主化、校际体育竞赛价值的工具化、竞赛的锦标主义等问题，美国校际体育竞赛治理机制存在漏洞，导致学生运动员被群体性孤立、普通学生利益受损、教育宗旨被破坏，价值工具化为商业化提供了前提，构成了美国大学校际体育竞赛教育价值缺失的危机。对于校际体育竞赛存在的问题，多采用实证研究的方式，通过某个运动项目在学校的开展状况来侧面反映竞赛制度执行的效果。Labert L T① 以橄榄球项目为调查对象研究该项目开展的可行性，发现校际联盟调查的违规行为与学校竞技体育项目开展的普及率有很强的关联性，实施校际竞赛治理后，橄榄球在学校的竞技水平大幅下降。相关研究在剖析美国校际体育竞赛存在问题的同时，都提出了具体的完善措施，基本观点主要包括：完善校际体育竞赛的利益分配形式、提升竞赛运营机制的自我治理活力、设置完善的监管制度、依靠各类高校体育协会自治或校际联盟间的协商、遏制竞赛中锦标主义的泛滥等。

第三，有关国外对于美国高校体育制度治理的研究。与国内学者研究视角不同，国外对于美国高校体育制度治理的研究多是就一些具体问题进行研究，针对性较强，研究过程中多是采用实证研究的方式，通过某个运动项目在学校的开展

①Labert L T. The new physical education [J]. Educational Leadership, 2000 (6): 34-39.

状况来侧面反映 NCAA 制度执行的效果。如 Moorman① 以橄榄球项目为调查对象，研究开展该项目的学校被 NCAA 调查的可能性，发现 NCAA 所调查的违规行为与学校竞技体育项目开展的普及率有很强的关联性，NCAA 实施处罚后，橄榄球项目在学校的竞技水平大幅下降。还有学者通过研究 1953 年实施 NCAA 管理体制后，七个不同水平的橄榄球项目联盟的竞技实力平衡问题，发现实施 NCAA 制度后五个联盟的竞技实力平衡问题得到了明显改善，从而得出，NCAA 能够有效地维持不同球队在联盟中排名的稳定性，NCAA 逐步成为传统的卡特尔。可以看出，国外学者从美国高校体育管理制度治理的具体问题出发，运用调查研究的方法对高校体育项目与 NCAA 管理制度进行研究，提出了更具说服力的结论。

第四，有关美国中小学体育制度治理的特征。美国学校体育治理的主要价值目标是帮助学生建立终身体育锻炼的观念和培养体育锻炼的习惯，鼓励并重视学生在校期间参加体育活动，注重促使学生在毕业后能继续参加体育活动。有关美国中小学体育制度研究方面国内外学者进行了大量研究，通过对研究主题的梳理发现，研究重心较为泛化，国内学者多数围绕美国中小学教育计划、中小学学校体育督导制度、学校体育伤害责任制度、青少年体质健康促进计划、学校性别歧视、司法规制等领域。在研究方法的运用上，由于美国学校体育研究植根于教育领域，因此，在研究方法与理论上受教育界的影响很深，相关研究多是从教育的视角研究学校体育。如在美国学校体育教育计划研究方面，Bornstein② 认为“美国学校体育教育计划不是以具体的条文为制定基础，而是以一种‘开放式’的结构形式存在”。从诸多学者的观点可以看出，美国高质量的学校体育计划内容主要包括：①体育教育制度依托于多样性的体育教育计划，体育教育计划围绕着内容标准而组织，内容标准为指导和评价活动提供方向；②以学生为中心，基于学生的个性发展为前提，同时满足学生的兴趣要求；③把体育活动和运动技能的发展作为体育教育的核心内容；④体育教育计划包括道德力量和个性发展的成分；⑤强调所有教学主体的共同参与。另有学者认为，中小学体育竞赛训练体制、课余训练的激励机制、体育项目特点与队伍规模、课余训练与文化学习的均衡性、自然环境优势促使了美国中小学体育教育发展。

---

①Moorman, Anita. False advertising and celebrity endorsements: Where’s My Script [J]. Sport Marketing Quarterly, 2006 (2): 111-113.

②Bornstein. Development of a national physical activity plan for the United State [J]. J Phys Activity Healthy, 2014 (3): 463-469.

综上所述，教育性和终身性作为美国学校体育治理的价值规范，构成美国体育整体发展的逻辑起点，为美国体育实现市场化和社会化奠定基础。造成美国学校体育治理多元化差异的原因在于，美国的教育行政体制属于地方分权制，由各州教育管理部门下设的学区教育委员会负责对地方中小学体育教育进行治理，社区体育组织作为体育教育的间接治理机构，实施由地方学校教育机构、社区体育组织等多个主体构成的协同治理。有关美国中小学体育制度治理发展方面，Labert L T① 认为美国中小学体育制度的建立经历了一个长期的过程。起初体育并非是学校的教学内容，20 世纪 30 年代，美国通过立法要求体育进学校，对体育课程进行标准化建设。1935 年，全美教育协会（NEA）开始制定美国体育教师标准；1938 年出版了最早的体育课程著作《体育课程指南》。在中小学体育制度的发展过程中，体育课程指南、体育教育标准、体育教育计划和体育教师教育标准不断完善。1995 年，美国体育教育指导纲要《运动走向未来：国家体育锻炼标准》最终确立。

### （五）美国体育制度治理研究的趋势

国内外学者围绕美国体育制度治理相关主题提出了诸多非常有见地的观点，为我们进一步深入开展美国体育制度治理研究提供了很好的参考。从研究主题而言，相关研究主题宽泛，涉及美国不同体育领域、不同内容的制度治理；从研究方法而言，美国体育治理研究方法多元。整体而言，已有文献呈现出以下两大特点。

#### 1. 美国体育制度治理研究热点内容宽泛，“法治”理念贯穿始终

美国体育制度治理涉及职业体育制度治理、业余体育制度治理、体育产业制度治理、学校体育制度治理等多个领域。通过总结，我们认为美国注重运用制度的制定来实现对体育的规制，“法治”理念贯穿于体育治理的整个过程。第一，美国体育的治理结构属于社会主导型，实施由国家、社会市场和各类社会体育组织构成的多元主体协同共治，依靠法律制度实现治理，充分发挥社会体育组织的自治。第二，在职业体育制度治理方面，职业体育制度的不断创新是美国职业体育强盛的根本，职业联盟竞争均衡的制度设计、商业化运行模式、联盟机制的“合作性均衡”是促进美国职业体育发展的关键。第三，在体育产业制度治理方

①Labert L T. The new physical education［J］. Educational Leadership，2000（6）：34-39.

面，坚持市场调控下的“产业赢利”原则，融合体育的商业价值与消费利益，在体育产业运营中始终按照市场经济规律办事。政府规制是美国体育产业市场发展、成熟与完善不可或缺的制度保障。美国《业余体育法》《谢尔曼法》《克莱顿法》《税法》《版权法》《反垄断法》《劳工法》等法律保障了体育产业具有长效发展的制度动力。第四，在学校体育制度治理方面，坚持“进步教育”和“业余竞赛”原则，注重体育与教育相结合，推行教育的分权治理，保障了不同地区学校体育教育治理的自主性，形成了以学校体育为中心的人才培养体制，推动了美国体育系统的可持续发展。第五，在业余体育制度治理方面，美国的业余体育制度充满活力，政府通过不断调整和制定法律政策，对业余体育的开展进行宏观调控，推行政府、社会、市场、体育组织等组成的多元主体联动治理，推动社会休闲体育行业发展，为休闲体育的发展建立了一种全国性的约束机制。

2. 美国体育制度治理研究方法多元，定性研究方式运用较多

美国体育制度的研究中，不同学者采用了丰富多元的研究方法，主要包括文献资料法、归纳分析法、个案分析法、实地调研法、逻辑分析法、对比分析法等。如在探讨美国体育制度的发展方面主要用到了文献资料法和归纳分析法，在挖掘美国体育制度特征方面涉及了对比分析法和逻辑分析法，主要把美国体育体制与其他国家体育制度做横向对比；把美国竞技体育、群众体育、体育产业和学校体育的制度建设进行内部的纵向对比；对美国群众体育的不同治理主体之间的责任进行了对比等。实地访谈法和社会调查法也在一些领域有所体现，如对美国NCAA研究方面，用到了实地调研法和社会调查法，在美国休闲体育制度治理和NCAA治理方面用到了对比分析法和网络信息法等。此外，个案分析法在一些文献中也有涉及，多用于对不同时期美国各类体育制度的个案分析，如对《业余体育法》《健康公民2010》《健康公民2020》《美国人体育活动指南》的内容分析中。可以说，多元研究方法对于挖掘美国体育制度的特征起到了重要作用，但总体而言，多数文献集中于理论性分析，定性研究方式运用较多，缺乏对美国体育制度成功案例的精细个案分析。尤其在美国体育制度治理的社会基础、政府规制和群众体育治理方面，多是从文本到文本进行研究，缺少不同体育领域制度治理的实证研究。研究美国体育制度治理不能只局限于第一手资料，重要的是要联系美国本土的社会、经济、政治、文化、历史发展特征，这需要充分的实证研究，要综合运用实地调研、个案分析、归纳分析等理论分析与实证研究、逻辑演绎与

内容分析相结合的研究方法去接触美国，从美国社会的第一线去认识美国体育制度，从而得出更具说服力的研究结论。

### （六）对美国体育制度治理研究的建议

在目前大力推进国家治理体系和治理能力现代化的时代背景下，体育治理将成为新时期的研究热点，美国作为世界体育治理的典范，必将成为大量学者竞相探究的对象。系统深入地研究美国体育制度治理，借鉴其经验，构建中国特色体育治理体系将成为一项重要议题。

首先，拓宽理论视野与学科视角。体育制度治理是国家治理、社会治理和制度治理等多个层面的集合体，研究体育制度治理应从国家社会制度的根源出发。然而，多数学者对美国体育制度治理的探索只是单纯从体育制度自身入手，没有从美国国家治理、社会治理、文化治理等层面去深度认识体育治理，分析视角较为狭窄，未能从社会学、政治学、法学、管理学等视角对美国体育制度治理进行综合性研究，涉及跨学科的研究颇少，若把多学科理论广泛运用到体育制度治理领域，则将丰富该领域的理论视野，从而提升研究深度。因此，今后我们要根据美国体育制度的宽泛属性，进一步拓展体育制度治理研究的学科视野，拓宽研究主题，把美国体育制度与国家、国际政治的大环境联系起来，用多学科角度探讨制度治理下的美国体育大国成长，从国家发展、社会环境、文化氛围、法治环境、治理文化等多个维度去透视美国体育制度治理的本质，从而深入挖掘美国成为体育大国背后的“原动力”。

其次，丰富研究内容，开拓研究新领域。当前对美国体育制度治理的研究多集中于对竞技体育、职业体育、业余体育、体育产业和体育教育等领域的单一探索，多是把美国体育治理作为某种单独的形式进行分析，而未将美国体育作为一个整体，在国家治理的大环境下去探讨美国体育发展过程中的制度治理特征。作为世界最为重视“法治”的国家之一，美国在其成长的200余年历史中，“法治”元素嵌入在其国家发展的每一个阶段，体育作为美国社会文化的重要组成，体育领域的制度治理必然紧密围绕美国国家的成长过程。在美国国家治理和社会治理的大背景下，我们要把美国体育制度治理作为一个整体，用创新的思维探讨美国体育背后的“法治”根源。因此，今后要加强对美国体育制度治理的整体性和系统性研究，丰富研究内容，开拓研究新领域。如探讨美国成为体育大国不同时期具有怎样的治理特征；美国成为体育大国到底哪些制度发挥了关键作用；

不同时期的体育制度是如何推动美国成为体育大国的；美国体育制度治理经历了怎样的演进历程；美国体育制度治理与美国体育战略选择有什么关系等。这些问题可能是今后美国体育制度治理研究的新趋向，也将是我国在推动体育治理体系与体育治理现代化进程中必须探究的领域。

最后，开展中、美体育治理横向对比研究，将美国体育治理经验引入中国体育治理体系的建设中。中国体育事业历经半个多世纪的快速发展，取得了巨大成就，体育在服务国家发展的同时逐渐形成了具有中国特色的管理体系。然而，管理不同于治理，目前我国体育治理主体单一、政府行政色彩浓厚、社会组织活力不足、社会市场多元主体协同治理机制还未达成。体育治理能力是国家治理能力的组成部分，在国家全面推进治理体系和治理能力现代化的背景下，我国体育治理面临着新的机遇与挑战。当前，竞技体育制度的完善和三大球的振兴需要治理体系的支持，群众体育公共服务供给的滞后需要治理体系的推动，体育产业的转型升级要求治理系统的促进，体育文化的繁荣与传播需要治理体系的保障。体育治理体系和治理能力是一个系统性问题，在全面小康社会的构建中，要突破“管理”理念的束缚，要在积极借鉴美国体育制度治理经验的基础上结合我国国情，不断完善体育治理体系。具体而言应做到以下四点。

第一，借鉴美国体育治理多元主体共治的经验，深化中国体育治理主体研究。积极借鉴美国职业体育多中心治理、群众体育联动治理和学校体育分权治理的特征，完善我国体育治理主体结构体系，理顺政府、社会组织、企业、市场、人民群众等多元主体在体育治理体系中的关系，形成多元主体协同合作、多种机制相互配合、多元主体共商共治的治理模式，构建“自下而上、自上而下、横向互动”的中国特色体育治理体系，推动体育公共利益最大化。

第二，借鉴美国法治治理特色，拓宽我国体育法治研究领域，扎实推进体育法治化建设。把法治理念纳入中国体育治理体系建设中，着力推进依法立法、严格执法理念，贯彻体育立法治理，把握全面推进依法治体的重点任务，以市场需求和社会公共服务为导向完善体育法治构架，推动我国体育治理体系在法治的轨道下高效、顺利运作。

第三，借鉴美国充分发挥社会组织在体育治理中作用的经验，对目前我国社会体育组织在体育治理中的功能、角色、定位进行深入挖掘，拓宽社会体育组织的自治性、民间性、非营利性和志愿性，完善社会体育组织运行机制，构建枢纽型体育社会组织治理机制，建立布局合理、功能完善、门类齐全的体育组织体系，为我国体育治理提供社会组织支撑。

第四，借鉴美国体育制度治理体制充满活力的特征，优化我国体育发展方式，提升社会体育制度活性，以制度治理能力最大化为导向不断转变政府职能，构建社会化、专业化、市场化、法治化高度融合的中国特色体育治理体系，全面推进中国体育治理能力的现代化。

## 三、概念界定与研究方法

### （一）概念界定

制度在《辞海》中的解释包含三层含义：①在一定历史条件下形成的政治、经济、文化等各方面的体系，如社会主义制度；②政治上的规模法度；③要求成员共同遵守的、按一定程序办事的规程或行为准则，如工作制度、学习制度①。可见，《辞海》中的制度既包含宏观层面的社会制度，又包括中观层面上的规模法度和微观层面上的规程准则。制度是国家管理机构设置、权限划分、运行机制等体系和组织的体现，是一定历史条件下形成的有关法律、规章、政策和措施等的总和。赵爱国②对制度的三个层面做了进一步解释，他认为制度分为根本制度、体制制度和具体制度。①根本制度（宏观层面），涉及政治、经济、文化等体系，如社会主义制度等；②体制制度（中观层面）是社会分系统方面的制度，或国家机关、企业、事业单位的组织制度，如经济体制等；③具体制度（微观层面）指要求遵守的规程或行为准则，如工作制度等。国家根本制度和体制制度是具体制度的基本遵循，决定具体制度的目标和性质。具体制度则是国家根本及体制制度的细化，是根据经济社会领域出现的新情况、新变化、新要求，在制度内容、制度形式、制度运行机制等方面做出的调整和完善。依据制度的三个层面内涵，本研究主要从“体制制度”和“具体制度”两个层面来把握。

体育在全国高等教育体育学精品教材《体育概论》中的解释是“体育是通过有规则的身体运动改造人的自身自然的社会实践活动。按形式和任务可分为竞技体育、群众体育、学校体育、体育产业四种基本类型”③。通过资料查阅和专家访谈得知，由于归类标准和称谓不一样，美国的体育通常包括职业体育、大众

①夏征农．辞海［M］．上海：上海辞书出版社，2003：523.

②赵爱国．国际政治视角中的中美体育体制与政策［M］．武汉：华中师范大学出版社，2013：9.

③熊晓正．体育概论［M］．北京：北京体育大学出版社，2013：22-55.

体育、休闲体育、体育产业、学校体育等形式，但从内容上都属于本研究中体育的四种类型，即职业体育属于竞技体育、大众体育和休闲体育属于群众体育范畴。因此，按体育的构成形式和任务结构，可以将美国体育分为竞技体育、大众体育、体育产业和体育教育（学校体育）四种形式。

体育制度在《体育大辞典》中有专门的注释，认为“体育制度就是体育体制，是国家的体育机关和社会的体育组织，及其为实现体育目的与任务而实施的各种体育规章、制度、措施的总称”①。可见，这里的体育制度也主要从体育的“体制制度”和“具体制度”两个层面定义。通过以上分析，我们把体育制度定义为：体育制度是国家在体育领域的管理机构设置、权限划分、运行机制等体系和组织的体现，是一定历史条件下形成的有关体育的法律、规章、政策和措施等的总和。体育制度包括两个层面：①体育体制制度，包含各级体育行政、管理组织机构设置、各级机构的职责、运行机制与权限划分等；②体育具体制度，为有关体育的法律、规章、政策和措施的总和。

治理（governance）一词源于古希腊语和拉丁文，最初的含义主要指控制、指导或操纵，与“统治（government）”意同，主要用于国家公共事务管理和政治活动中②。“治理”在中国语境中是一个较新的词汇，在《现代汉语大词典》中“治理”的解释是：①统治，管理；②处理，整修。统治和管理可以理解为宏观层面的操作，处理与整修可以理解为具体操作的过程。1989 年，世界银行在描述当时非洲的情形时，首次使用“治理危机”（crisis in Governance）一词后，随后“治理”（Governance）逐渐被政治学、社会学、经济学、管理学等学科广泛应用，治理理论也成为西方学者研究的热点。我国学者俞可平认为，治理的基本含义是指在既定的范围内运用权威维持秩序以满足公众需要，是在各种不同的制度关系中运用权力去引导、控制和规范公民的各种活动，以最大限度地增进公共利益③。经过长期的探讨后，“治理”的概念逐渐清晰、集中。当前公认的对治理的定义为：治理是政府、社会团体和公民对公共生活开展合作管理，最终使公共利益最大化的一种新型社会管理过程。治理的特征为：治理不是一套规则条例或一种活动，而是一个过程；治理的建立不是以支配为基础，而是以调和为基础；治理不是单一主体，而是多元主体；治理不是发挥制度的作用，而是依

①陈安槐，陈荫生．体育大辞典［M］．上海：上海辞书出版社，2000：5.
②荀渊．治理的缘起与大学治理的历史逻辑［J］．全球教育展望，2014，43（5）：97-106.
③俞可平．治理和善治：一种新的政治分析框架［J］．南京社会科学，2001（5）：41-43.

靠制度的效力。从横向维度来看，体育治理的方法包括行政方法、市场经济方法、法律法规、协商、道德舆论等。从纵向的方法维度来看，体育治理的方法包括自下而上、自上而下及上下互动等方式。

从历史维度而言，治理理论兴起于20世纪90年代的西方国家，其观点为：治理乃是政府与市场、政府与社会、政府与公民共同参与，结成合作、协商和伙伴关系，对社会公共事务实施合作管理而形成的一个上下互动的过程。治理理论的主旨在于：强调管理对象的参与，注重多元主体的共同管理，寻求政府、社会与市场三者间的良好合作和良性互动，从而通过调动各种力量和资源达到“善治”的目标，实现公共利益最大化①。随着社会的不断进步，治理理论兴起并迅速成为指导公共管理实践的新理念。从性质而言，治理理论强调“多中心”，这意味着在社会事务管理过程中，并非只有政府一个主体，而是存在包括中央政府、各级地方政府、各级政府派生组织、各种私人机构及公民个人在内的多个决策中心。随着对政府与市场、社会与市场等多元主体关系的不断融合，治理理念也逐步从社会管理演变到社会治理，主体由单一行政向多元利益主体转变，方式由强制控制向协商调和转变，逻辑由维护权威向建立共识转变、追求由结果向过程转变，多元治理成为常态，公共服务成为核心内容。这说明了体育治理的主体具有多样性，不只是政府，还有社会团体、公民个人，他们同样也是权利的行使主体。我国著名学者杨桦②认为体育治理是运用治理的新方式来处理体育利益多元主体的冲突，使之协同合作、高效有序，最终达到体育善治的过程。体育治理的目标是不断增进体育公共利益并使之最大化。体育治理首先是一种制度安排，体育治理本身有着强烈的实用主义色彩，从不同的学科视角去观察，体育治理会呈现出不同的概念。基于对“治理”的相关解释，任慧涛③认为可以把体育治理理解为政治全球化、体育全球化的产物，是国际体育组织、政府体育部门、民间体育组织在一个既定范围内，运用自身的公共权威，充分考虑体育特殊性和整体性，处理全球或国家体育事务、维持全球或国家体育秩序，以满足公众对体育文化、体育服务需求的整体解决方案。

综上所述，基于国内外有关治理理论和制度的相关探讨，本研究认为制度治

①陈德旭．社会治理视域下我国农村公共体育服务体系建设与运行研究［D］．上海：上海体育学院，2017：60.

②杨桦．中国体育治理体系和治理能力现代化的概念体系［J］．北京体育大学学报，2015（8）：1-6.

③任慧涛．论体育治理理念［M］．南昌：江西财经大学，2016.

理是以制度的构建、完善和实施为基本手段，对国家各项事业进行有目的、有程序的治理方式，通过把制度优势转化为治理效能，提升治理能力现代化水平。具体而言，制度治理就是在国家根本和基本制度的指导下，运用制度手段有效治理国家和社会的范式，制度治理既包括利用制度进行宏观层面上的管理，又包括运用制度进行具体的整治过程。按体育制度的两个层面，制度治理可分为体育体制制度治理和体育具体制度治理，“体育体制制度治理”指通过利用“各级体育行政、管理组织机构设置、各级机构的职责、运行机制与权限划分等”进行的管理与整治；“体育具体制度治理”指运用“体育的法律、规章、政策和措施等”进行的具体管理与整治。

### （二）研究方法

#### 1. 文献资料法

在中国期刊网和 Web of Science 索引数据库，以主题词“治理”“体育治理”“体育制度”“制度治理”“治理体系”“治理能力”“竞技体育”“大众体育”“职业体育”“体育产业”等进行检索，搜集到相关文献 200 余篇，按照体育的不同形式对相关文献的研究主题进行了归类，选取其中部分文献进行精读，对美国竞技体育、大众体育、体育产业和体育教育等发展及制度设计情况有了深入了解，通过文献梳理，初步掌握了美国国家治理体系和体育制度治理的基本情况。

#### 2. 历史分析法

美国体育的发展经历了一个漫长的过程，不同时期具有不同的社会制度和治理方式。本研究通过联系美国的社会历史背景，特别是不同历史时期的政治制度、经济体制、文化背景等多维要素，深入挖掘美国体育治理的社会根源。通过对不同时期美国历史做纵向考察和背景分析，把握美国体育制度发展的轨迹和方向，追溯不同时期美国体育制度治理发生的历史事实，以更加合理科学的求证研究主题。并且，在一些章节还运用了制度研究法，以美国政治制度为分析重点，深入剖析社会制度对体育治理的影响。

#### 3. 访查法

本研究访谈了社会学、法学、管理学、体育学、文化学及国际政治领域的专家学者，通过召开小型会议及利用参加国际会议等多种方式，与美国、英国、德国等相关领域专家进行交流，积极开拓研究思路。其中，围绕美国体育制度治理开展了专门的半结构式访谈，访谈内容主要围绕美国体育的内容形式和分类、美国国家层面的治理特征、美国大众体育的治理内容、美国体育产业的门类、美国职业体育制度治理举措、美国大学竞技体育联合会管理体制、美国职业体育与大学竞技体育的联系与区别等，通过征询专家的见解，为本研究提供实证材料。

4. 比较研究法

美国体育治理伴随着国家社会制度的变迁经历了一个长期的过程，既需要对不同历史时期美国体育的治理体系进行纵向对比，也需要对美国竞技体育、大众体育、体育产业、体育教育的治理体系进行横向对比，从而更客观地归纳美国体育治理体系的特征。另外，在美国体育制度治理的经验借鉴过程中，需要对中美体育制度治理的差异进行对比，如在大学竞技体育治理方面，本研究比较了美国NCAA与我国大学生体育协会（FUSC）的治理架构。

5. 案例分析法

美国体育的制度治理体系是一个庞大的系统，涉及美国职业体育、学校体育、大众体育等诸多领域，其中蕴含着大量鲜明案例，一些特殊的制度设计能够体现美国经济社会的文化特征，具有较高的参考价值。研究过程中选取了美国体育治理的一些典型案例，如在研究美国高校业余竞技体育治理特征时，对NCAA的管理体制、《业余体育法》《反垄断法》等进行了深度剖析，从具体制度层面更加系统地归纳出美国体育制度治理的特征。

## 四、研究思路与结构框架

### （一）研究思路

本研究立足于推进国家治理体系和治理能力现代化建设的时代背景，沿着“美国体育的制度治理与本土启示”这条脉络，在系统回顾国内外对美国体育治理研究现状的基础上，从制度视角对美国体育治理体系进行了深入剖析。首先，从美国国家制度建设和治理体系的历程出发，剖析了美国体育治理的思想渊源与特征，总结出了美国体育制度治理的思想源头、法理依据和社会基础；其次，从体制制度和具体制度两个维度，对美国职业体育、大学竞技体育、体育教育、体育产业、大众体育的治理体系进行分析，挖掘美国体育制度治理的特征；最后，结合我国政治、经济、文化、社会发展和制度建设等基本国情，剖析当前我国体育制度治理体系的现状，从多个领域对接美国不同形式体育制度治理的经验，提出推进中国体育制度治理体系建设和提升治理能力现代化水平的具体举措（图 1）。

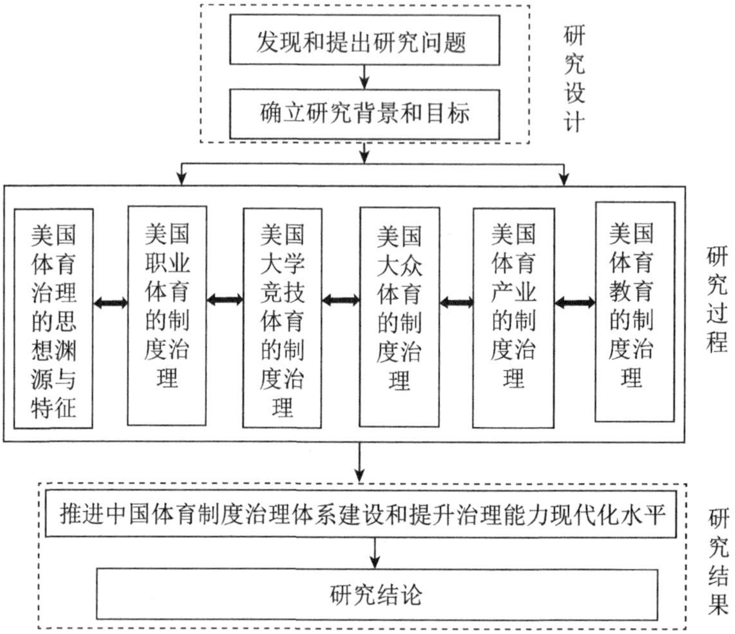


**图 1　研究思路图**

## （二）结构框架

本研究分为七个章节，主要在推进国家治理体系和治理能力现代化建设的大背景下提出研究问题，在总结已有文献研究现状的基础上，梳理美国体育制度治理的思想渊源，系统分析美国竞技体育、职业体育、大众体育、体育产业和体育教育的制度治理，归纳美国体育制度治理的特征，并提出有益启示。

绪论。本章系统阐释了研究背景、目的意义、国内外研究现状、研究对象与方法、核心概念界定等几方面的内容，并确立了研究的思想脉络，各部分设计为后续研究起到提纲挈领的作用。

第一章，美国体育制度治理的特征。这一章在立足美国国家制度治理的基础上，对美国体育制度治理的特征进行追踪。从治理理念、治理主体、治理模式、治理结构四个维度，总结了美国体育制度治理的特征。

第二章，美国职业体育的制度治理。这一章涉及美国竞技体育的治理体制与组织机制、美国职业体育的体制制度治理和具体制度治理，主要从美国竞技体育构成、后备人才培养、竞技体育组织结构、竞技体育训练参赛体系等方面剖析了美国体育的治理体制，从分权式治理、学院式治理、协同化治理、联动式治理、一体化治理等多个方面，剖析了美国职业体育的制度治理。

第三章，美国大学竞技体育的制度治理。这一章主要在研究美国大学竞技体育的体制制度治理和具体制度治理的基础上，归纳了美国大学竞技体育制度治理的特征。其中，美国体育制度治理涉及对美国大学生体育联合会、校际体育联盟、会员学校内部等多个组织的分析，具体制度治理涉及对竞赛配套制度、人才选拔制度、多元配套制度的分析，并从治理理念、治理结构、治理手段、治理过程、治理举措五个维度，归纳了美国大学竞技体育制度治理的特征。

第四章，美国大众体育的制度治理。这一章剖析了美国大众体育的体制制度治理和具体制度治理，主要从多元协同治理体制、参与式治理机构、联动型治理机制、自主治理和协作化治理模式等方面，阐释了美国大众体育的体制制度治理；从制度基础性治理、制度保障性治理、制度持续性治理、制度补偿性治理等方面，分析了美国大众体育的具体制度治理。

第五章，美国体育产业的制度治理。这一章从体制制度和具体制度两个维度剖析了美国体育产业治理体系，主要从政府规制与市场主导的关系探索了体育产业的分权治理，从职业联盟、俱乐部、市场等多个主体研究了体育产业利益相关者的协同治理，从体育产业内部组织挖掘了其内生式自治模式，从体育产业与外围产业的关系探索了其关联共生的联动治理机制，分别对联盟特殊制度、反垄断豁免制度、公司治理制度等体育产业的法治体系进行了归纳。

第六章，美国体育教育的制度治理。这一章在美国国家教育体制的基础上，分析了美国体育教育的体制制度治理体系，主要涉及分权联动的教育体制、灵活多元的学校体育治理机制、以健康促进为导向的治理目标、不断创新的教育治理理念等多个方面，从不同时期体育制度的设计、美国学校体育教育计划、国家体育课程标准、青少年体育教育健康法案等方面，剖析了美国体育教育的具体制度治理。

第七章，中国体育制度治理的启示。这一章在对美国各类体育制度治理特征和经验进行总结的基础上，结合中国国情和体育治理存在的现实问题，分层分类对中国体育制度治理体系建设提出了具体举措，主要涉及对中国体育治理体系建设的启示、对中国职业体育制度治理的启示、对中国大学竞技体育制度治理的启示、对中国大众体育制度治理的启示、对中国体育产业制度治理的启示等。

# 第一章 CHAPTER 1 美国体育制度治理的特征

制度治理是美国体育发展的内部驱动力，美国体育治理嫁接在国家政治体制和健全的制度基础上，美国在体育领域的制度治理源于国家的制度保障，国家健全的制度体系为体育制度设计和治理体系的构建奠定了基础。其中，“三权分立与制衡原则”是体育分权治理的思想源头，《独立宣言》是体育制度治理理念创新的法理依据，欧洲启蒙运动的先进思想是体育民权治理的社会基础，市场经济规律和实用主义是体育治理的持续动力，业余主义与自由主义的精神传统是体育治理的文化基因。

美国体育制度治理的根本目的是通过制度的制定来实现对体育的规制，依靠法规制度实现具体事务治理，将“法治”理念贯穿于体育治理的整个过程。通过制度协调政府、各类机构、社会组织、市场和个人的体育权利，保障不同主体在体育治理中的职责，保护人民的基本体育权利，利用体育促进人民实现自由和追求幸福的权力，从而更好地发挥每个公民在国家建设的作用。美国体育制度治理同时也是联邦政府、非政府组织和各类社会团体共同实施的一种治理体系，通过完善的体育制度运行，为社会提供给高质量的公共体育产品服务，保障公民享有最大化利益。

## 一、治理理念：强调制度设计基础上的“法治”

在美国国家成长的历程中，主要通过利用法治制度对社会各领域进行治理，用宪法的形式对《独立宣言》所声明的基本人权进行制度性保障，通过阐明设立政府的原则，确保人民授予政府的权力只能用来保护人民。美国体育治理的背后有着深层的社会根源，体育领域的各项治理举措都来源于国家的制度顶层设计，并将法治作为体育发展的内部驱动力，不断通过政策、法规的制定和完善来实现对体育的规制，推动了体育事业可持续发展。美国围绕体育制定的制度具有多样性，不同时期，《业余体育法》《版权法》《反垄断法》《谢尔曼法》《税法》《克莱顿法》《劳工法》等一系列制度安排都是体育法治治理的具体体现。并且，法治治理覆盖美国体育的多个领域，如 20 世纪 70 年代前，美国妇女一直被排斥在体育运动之外，社会对女性体育运动有着严格控制，为改善妇女体育的法定地位，1972 年美国国会颁布了《教育法修正案》（第九条），保障了妇女参与体育的合法权益。20 世纪 60 年代前，美国黑人不被允许参与体育比赛，1964 年《民权法》出台了“7 号人权法”，禁止体育领域的种族偏见。为争取残疾人的体育权利，1973 年美国国会通过了《康复法案》，支持残疾人机会平等；1975 年出台的《残疾人全员教育法案》，保障了特殊人群的体育教育权利；1990 年颁布的《美国残疾人法》，为残疾人群的体育参与提供了保障。在美国法治治理中，主要通过制度协调政府、社会组织和市场的关系，保障了不同主体在体育治理中的职责和权限，形成了覆盖全面的制度治理体系。再如，在美国职业体育发展中，为规避俱乐部之间的恶性竞争、运动员劳资纠纷等问题，职业联盟设立了奢侈税制度、工资帽制度、收入分享制度和自由转会制度，形成了完善的法律体系，从而有效防止了联盟的不合理扩张，达到了维持联盟运营稳定的目的。可以说，美国的体育法治实践了《独立宣言》的契约理念，是依法而治，其背后是一套保障民权并制约政府权力的制度机制，这种机制能够对人民享受体育的自然权力进行制度性保障，真正把体育治理权交给社会。在国家系列制度的护持下，美国体育形成了特有的法治体系，通过大众体育的联动治理、学校体育的分权治理、职业体育的多中心治理、体育产业的多边治理等多种方式，促进美国体育沿着大众体育、体育教育、竞技体育、体育产业等形式不断发展，并快速成长为世界体育强国。

## 二、治理主体：注重多元主体的“协同共治”

美国的体育制度治理是在保障利益主体多元化的前提下，为实现国家体育事务发展目标和体现公平与效益，通过一系列制度安排，协调各类体育组织、利益群体和公民个体之间的关系，形成共同管理体育公共事务和推动体育发展的持续过程。其中，治理主体是体育治理的直接参与者，治理主体的角色和关系决定着治理结构和效果的达成。美国体育的治理主体具有多样性，强调多中心治理，存在着包括联邦政府、各级地方政府、奥委会、大学生体育协会、社会体育组织等多个中心，并建立了多元主体合作治理模式，通过多个主体间联动实现了协同共治（图 1-1）。

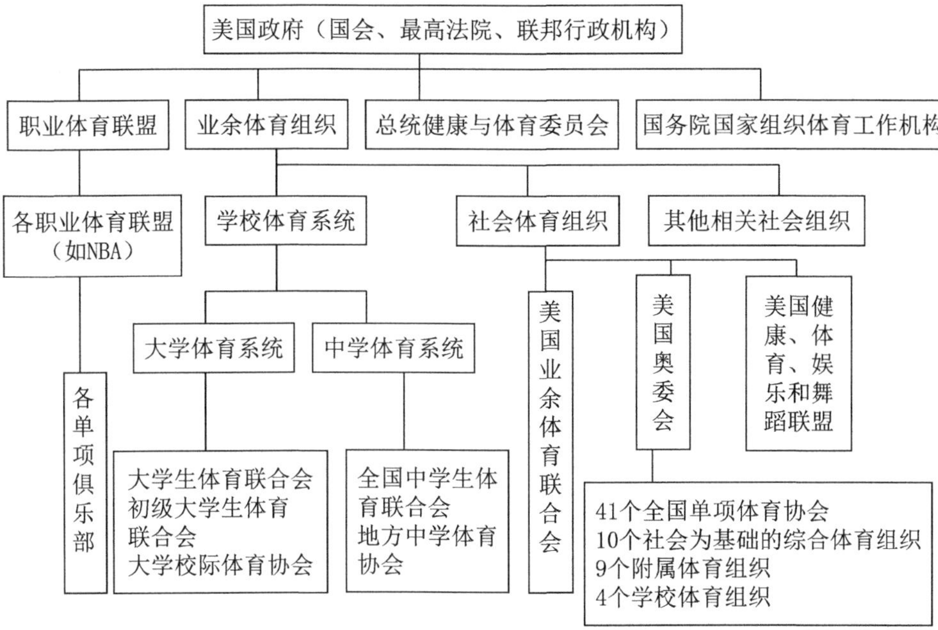


**图 1-1　美国体育治理的多元主体**

美国属于地方分权制国家，这就决定了体育治理主体的多样性，本着“小政府”的治理理念，体育事务主要由民间组织负责，并且各组织独立性强，组织间不存在管辖制约关系，而是强调主体间的“横向互动”，多元主体在沟通、协作的基础上达成利益最大化。美国体育治理主体分工明确，第一，联邦政府相关机构实施参与式治理，如美国司法部、教育部、水土资源部等 11 个部门与体育关系密切，在体育事务中担当参与式治理角色，主要体现在场地设施修建、体育服务供给、体育教育咨询和体育纠纷调解等方面①。如教育部负责向大众开放学校

①Lisa Pike Masteralexis. Principles and Practice of Sport Management ［M］. Jones Bartlett Publishers，2011：15-17.

场馆；卫生与社会福利部制定大众健康政策和体育活动标准；司法部调解大众体育纠纷、制定相关体育政策等。其中，健康与公共事业部参与体育治理的角色最多，主要通过公民健康管理、锻炼激励、健康引导和体力活动咨询等措施实施间接治理。地方政府也设立了专门的体育事务治理机构，如美国 50 个州都设有“总统健康与体育委员会”，各地方政府都设立了体育咨询服务机构（地方政府公园娱乐部），负责基层体育活动治理。第二，美国体育治理主体具有多样性，实施政府、市场、社会组织构成的“多中心”网络治理，通过联邦政府、地方政府、商业组织、宗教组织、基金会和非政府组织构成多元治理主体，通过不同主体间的相互联系推进联动治理，最大限度地提升治理效率。如美国大众体育治理主体集中于社会组织，主要有美国奥委会、31 个体育休闲委员会、21 个全国学术团、大学生体育协会（NCAA）以及一些非营利性志愿组织等，包含 100 个单项体育组织和 5000 个俱乐部。并且，美国注重多元主体协同治理，强调非营利性体育组织自治，一些非营利性体育组织在推动体育治理中扮演了重要角色，这些组织与政府部门、企业团体、营利性组织之间具有很好的互动关系，包括美国奥委会（USOC）、美国大学生体育联合会（NCAA）、业余体育联合会（AAU）、美国健康、体育和舞蹈联盟（AAH，PE，RD）、全国单项体育协会（NGB）等多个治理主体。非营利性体育组织、营利性体育组织、政府机构和地方组织形成了共赢治理机制，通过主体间协作和相互监督，整合各主体利益诉求，在尊重多元主体个性化和多元化基础上，构成了政府主导、部门协同、社会组织和个人共同参与的多元主体协同治理体系。

## 三、治理模式：凸显社会组织为中心的“分权治理”

体育治理体制是有关体育机构设置及其相关运行体系的总称。一个国家体育治理模式是在特定的社会环境下形成的，受国家政治、经济、文化等多重因素影响。世界各国体育治理体制不同，依据各国政体以及体育制度的特征，把体育治理体制分为政府治理型（集权型）、政府与社会体育组织共同治理型（混合型）和社会体育组织治理型（分权型）三种模式。表 1-1 展示的是美国与其他世界大国体育治理的对比情况。

表 1-1 美国与其他世界大国体育治理体制对比

| 体育治理体制 | 主要国家 | 治理模式的具体表现 |
|---|---|---|
| 政府治理型（集权型） | 苏联（俄罗斯）、中国 | 政府设置专门体育管理机构，通过各级行政管理部门对国家体育事业进行直接管理。在体育制度的制定上政府起主导作用 |
| 政府与社会组织共同治理型（混合型） | 英国、澳大利亚、西班牙、法国、日本 | 国家设置相应的体育行政管理机构，但不直接负责体育治理，体育相关事务主要通过社会体育社团直接负责，政府起到宏观调控作用。在体育制度的制定上政府与社会共同发挥作用 |
| 社会组织治理型（分权型） | 美国、德国 | 政府不设立专门的体育管理机构，对具体体育事务很少介入和直接干预，政府主要起到监督作用，通过社会市场机制，利用法律、制度、法规等进行间接治理。各社会体育组织往往采取自治的模式。政府不负责具体体育制度的制定，此项任务主要由社会体育团体承担 |

分权治理意味着将高层级政府的权力、责任和资源转移至下级地方政府，完整的分权有助于增强地方政府政策能力，不完整的分权则可能给地方政府政策能力形成限制性影响。美国的体育治理模式属于分权型，主要通过自下而上的社会组织实施治理，政府对体育不直接介入，没有设置专门的体育管理机构，政府主要起督导作用，通过社会市场机制，采用制度、法律、法规等手段对体育间接治理，具体制度的制定主要由社会团体承担，各社会体育组织往往采取自治模式。这种治理体制下，政府几乎不直接资助体育，体育事业凭靠高度的市场化、职业化和商业化运作自给自足，通过市场运作与社会的其他经济活动建立互利互惠的关系，联邦政府的政治分权、法制健全是促进体育社会化治理的保障。美国体育治理模式与政府治理型（集权型）有着本质区别，集权型治理主要在国家行政管理下，由政府设置专门的体育行政管理机构，在政府的统一部署下实施管理。政府部门是管理主体，政府主导相关制度的制定与实施，各级体育行政管理机构对国家体育事业进行直接管理，主要采用行政化手段，在体育管理制度的制定、实施以及体育资源配置上国家起主导作用。

美国的体育治理模式与政府、社会组织共治型（混合型）也有很大不同，混合型体育治理模式由政府和社会组织共同治理，国家设置相应的体育行政管理机构，但不直接负责体育治理，在政府宏观调控下，主要通过社会组织负责体育管理。政府负责制定体育制度、政策、方针等，发挥协调和监督职能。根据政府和社会组织在体育治理中的作用大小，该模式进一步分为政府社会型、平衡型和社会政府型。①政府社会型，以政府管理为主，政府除担负国家体育事业的宏观管理职能外，还涉足体育事业管理中的中观和微观层面，目前处于体育体制改革期的中国就属于政府社会型治理。②平衡型，主要是政府管理与社会治理相结合，政府负责体育事业的宏观管理，一般不参与体育的中观和微观管理，在国家宏观管理下，由社会体育组织负责体育事务的具体治理。③社会政府型，政府在体育治理中的职能由宏观管理转向宏观监管，主要由社会体育组织实施治理，政府更多是利用制度、政策、法规对体育事业监管，并指导国家体育事业的发展，社会体育组织具有自治权。

## 四、治理结构：贯彻多元机制联动下的“民权自治”

制度治理是一个国家围绕各种制度进行的有目的、有程序的治理，是以制度体系的构建、完善和实施为基本手段，从国家和社会两个维度进行制度设计的一种管理模式①。体育治理结构是国家在体育组织机构、权限划分、运行机制上的设计，是实现体育治理目标的基本构架。不同政治体制的国家具有不同的体育治理结构，美国体育体制属于社会治理型，体育治理强调多中心、分权化和民权参与，避免政府参与的垄断性和强制性。通过政府放权于社会市场，组成了政府、市场、社会组织构成的“多中心”治理结构，强调多元治理主体的横向联动，打造了一种多元、自组织、合作的治理模式，既强调“民权自治”又凸显“联动共治”，实现了多中心结构的自我治理和平等共治。

美国体育凸显多元机制联动下的“民权自治”，主要由社会组织实施治理，体育事业由社会体育协会、各单项体育联盟或学生体育组织等社会团体实施具体治理，如美国奥委会（USOC）、职业体育联盟、美国大学生体育协会（NCAA）、美国中学生体育协会、各单项体育联合会、公园与休闲委员会等分别负责各类体育事务的直接治理，民间社会体育团体以及一些非营利性组织等共同参与到体育治理中。如美国奥委会实行“公司治理”方式，设立董事会和企业性质的治理机构，下设 72 个单项协会，负责协调各类体育组织的关系，为业余体育开展和妇女、残疾人、有色人种等群体进行体育活动提供制度引导。从表 1-2 可以看

①李拓．论治理现代化与制度治理［J］．郑州大学学报：哲学社会科学版，2014（6）：5-8.

出，美国体育治理结构是一种典型的社会主导型治理方式，通过社会组织自治的形式，利用社会市场机制调节，在 USOC、NCAA、NGB、社会业余组织、职业联盟与俱乐部等多个社会组织的共同治理下，围绕个人主义的价值核心，把治理目标定位为国家荣誉、经济利益与人民利益，充分发挥多元主体治理优势，强化非政府体育组织的公益服务职能，实现了多方共治。这种治理结构具有以下特征：①民权自治，典型的社会治理模式，嫁接于社会市场之上，通过社会体育组织具体治理，尊重民权，确保人民在体育治理中的主体地位；②联动共治，治理主体多元化而非一元化，强调社会、市场和人民共同参与以及不同主体的横向联动；③治理结构是合作式参与，充分尊重民间市场，利用社会市场机制的充分调节，通过市场载体由社会和个人资助体育发展；④以人为本，以个人主义、实用主义、业余主义为价值核心，与社会市场密切结合，以社会化、市场化、职业化以及与教育的融合为组织体系，充分协调多元主体的利益诉求，实现体育公共利益最大化。表 1-2 展示的是美国体育治理体制与运行机制。

**表 1-2 美国体育治理体制与运行机制**

| 治理背景 | 治理体制 | 制度制定 | 经费支持 | 治理主体 | 组织体系 | 运行动因 | 价值核心 | 运行定位 |
|---|---|---|---|---|---|---|---|---|
| 资本主义社会市场经济环境 | 社会主导型，社会、市场组织主导 | 政府与社会团体共同参与 | 市场与个人，国家几乎不涉及 | USOC、NCAA、职业联盟等多元主体 | 社会化、市场化、职业化，与教育相融合 | 社会市场机制充分调节、利益最大化 | 个人主义、实用主义、业余主义 | 国家荣誉、经济利益、国民体育利益 |

# 第二章 CHAPTER 2
# 美国职业体育的制度治理

作为世界职业体育的摇篮，职业体育是美国体育产业最具影响力的一个领域，包括职业比赛、休闲、健身、器械制造、媒体传播、娱乐时尚等众多行业，美国橄榄球联盟（NFL）、美国职业篮球联盟（NBA）、美国冰球联盟（NHL）、美国职业棒球联盟（MLB）四大组织是职业体育产业的支柱。美国职业体育规模庞大，经营模式成熟，职业体育联盟与俱乐部独立于政府和单项体育协会之外，在社会市场的支持下，职业联盟遵循企业模式实施具体事务治理，具有扁平化治理特点。其中，制度创新是美国职业体育规范化发展的基础，在市场经济体制的引导下，美国职业体育以市场需求为导向，在长期实践中形成了一套集分权治理、多元协同治理、联动式治理、公司治理、网络化治理等多元特征的制度治理体系。美国政府没有专门部门治理职业体育，联邦政府主要通过国会立法和法院执法对职业体育发展进行宏观控制。在有效的制度规制下，以四大职业联盟为代表的职业体育把美国文化传统与现代竞技文化有机地融合在一起，为社会创造了巨大财富，缔造了世界上最为发达的职业体育帝国。

## 第一节 美国竞技体育的治理体制与组织机制

美国是世界竞技体育强国，在发展过程中，竞技体育依托于国家社会化分权治理体制，充分发挥政府、市场、社会多元主体协同治理，在组织架构、人才培养、竞赛训练等方面塑成了独特的治理体制。联邦政府主要依靠美国奥委会对竞技体育进行治理，更多的是把权力分配到各个组织实体中，在长期实践中体现出层次分明的“分权式”治理、自下而上的“学院式”治理、多元主体参与的

“协同化”治理、组织贯通的“联动式”治理及训科医结合的“一体化”治理等显著特征。

## 一、竞技体育层次分明的“分权式”治理

美国从1896年开始就一直雄踞夏季奥运会总奖牌榜前三名，在200多年的时间中，美国竞技体育形成了适合自身生存和发展的管理体制和运行模式，取得了巨大成功。美国竞技体育的发展依托于国家社会化分权治理体制，在组织架构、人才培养、竞赛训练等方面塑成了独特的治理模式。其中，治理体制是治理系统的结构、组成方式以及各种机制的总和，包括治理机构设置、各组织体系间的运作以及职权分配与规范等有机系统。美国竞技体育的治理体制建立在国家分权治理制度之上，作为有限政府，美国竞技体育在长期的发展过程中，形成了适合自身生存和发展的“分权式”治理体制①。

在美国体育治理结构中，政府的治理权限被分割，州政府和地方政府享有高度自治权，本着“小政府”的治理理念，联邦政府没有设立直接管理竞技体育的机构，主要由多元社会组织和市场负责竞技体育治理，在长期实践中形成了社会主导型治理模式。在社会组织和市场主导下，美国竞技体育逐渐分化为业余竞技体育和职业体育，两者之间具有独立的治理体制和治理主体（图2-1）。其中，美国业余竞技体育组织分布广泛，《业余体育法》规定只有在美国奥委会、泛美运动会和残奥会框架下的项目才可称为业余竞技体育，其中各类大学是业余竞技体育的主要治理主体，中学是大学竞技体育的输送主体②。大学竞技体育主要由美国大学生体育联合会（NCAA）负责治理，NCAA是美国规模最大、职能最广、会员最多的业余体育治理组织，中学竞技体育由全美高中协会组织（NFHS）负责治理，并为全国50个州的高中运动与艺术协会提供治理服务。中小学竞技体育由学校体育部或运动俱乐部负责治理，面向对象包括在校学生、校友以及与学校有密切关系的适龄儿童。社会化的治理体制为竞技体育发展提供了多元治理方式，其中业余竞技体育具有非营利特征，始终与教育相结合③。职业体育是美国竞技体育的高级形式，主要实施“联盟体制”的顶层设计治理，一般以赢利为

①池建．竞技体育发展之路——走进美国［M］．北京：人民体育出版社，2009：4.
②方贤超．美国三大竞技体育组织研究［D］．上海：上海体育学院，2009：13.
③池建．竞技体育发展之路——走进美国［M］．北京：人民体育出版社，2009：4.

目的，由职业俱乐部和职业联盟负责具体治理，依据现代企业制度协调各个俱乐部之间的关系。职业体育在美国作为一种产业存在，在治理制度框架内，通常高中协会组织和大学体育联合会的优秀球员可以通过“选秀”进入职业俱乐部，少量的中学运动天才也可以直接进入各个职业运动队。美国职业体育由俱乐部进行具体治理，由各种体育社会组织和联合会负责间接治理，体现了竞技体育的社会化治理特征，其中，美国奥委会（USOC）、大学生体育联合会（NCAA）及各单项体育协会（NGB）是三大治理组织，具有不同的治理职责，美国奥委会是竞技体育的协调机构，主要负责大型赛事国家队运动员选拔、组织与协调，目标是提高竞技体育成绩。大学生体育协会主要负责治理高校的业余竞技体育活动，为竞技体育输送后备人才，各单项体育联合会负责各自的运动项目治理，对各单项体育赛事进行有效规制，三大组织既相互独立又相互合作，共同推动竞技体育不断成长。

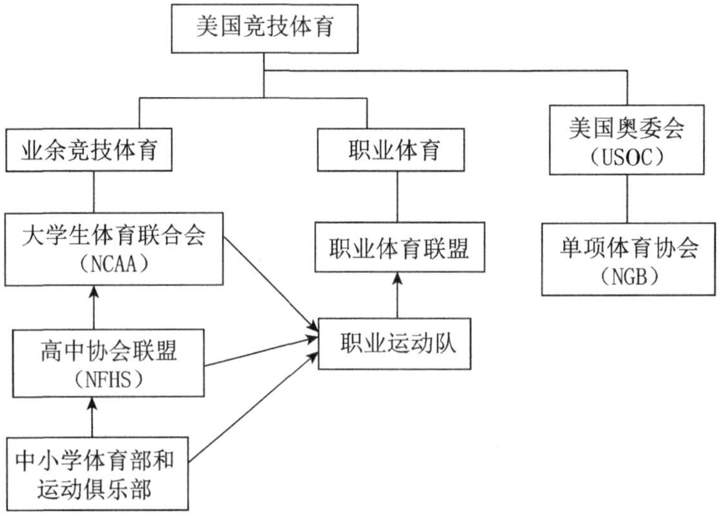


**图 2-1　美国竞技体育的分化治理主体**

## 二、竞技体育人才培养的“学院式”治理

后备人才培养是竞技体育生存的“生命线”，美国竞技体育成功的重要原因在于有着自下而上的人才培养治理体制。这种体制遵循“学院式”治理模式，按照教育规律治理竞技体育，竞技体育人才从青少年、中学到大学一直由学校担

任治理主体，人才培养自下而上层层推进，各类学校在保持充分自治的同时，将全面发展的学生作为治理的绩效目标。这种治理体制最大特点是实现了竞技体育与学校教育融合，利用体育使运动员在教育和人生上同时获得成功。竞技体育“学院式”治理组织多元，包括社区体育组织、校际体育组织、州市和地方政府组织等，此外，一些州市青年体育组织、地方娱乐部门以及一些非营利性社会组织也承担了重要角色，如著名的小联盟（little league），是美国的国家级青年体育组织，小联盟主要负责各地区的青少年体育赛事，这些比赛项目众多，涉及田径、体操、网球等多个项目。此外，一些社会私人商业性组织也积极资助青少年体育活动，青少年自己也重视体育参与，往往把参与的各种形式的体育运动经历作为自己人生最值得珍惜与怀念的事情①。美国竞技体育人才培养的“学院式”治理体制充分挖掘了学校教育的优势，在引导多元社会组织参与的过程中提升了体育后备人才培养质量。图 2-2 展示了美国竞技体育人才培养体制。

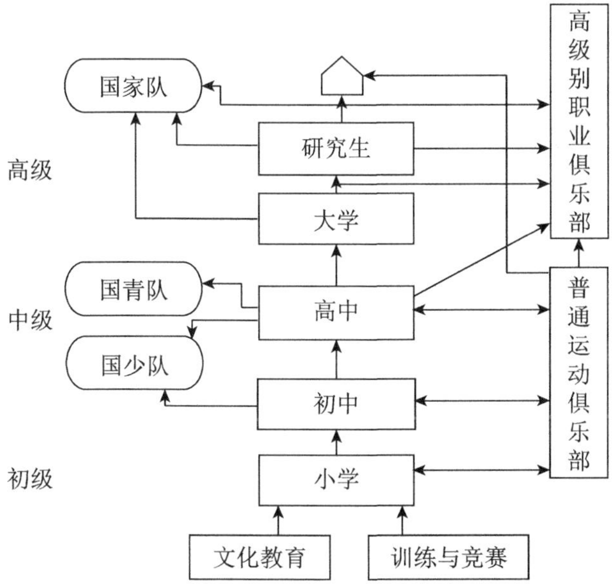


**图 2-2　美国竞技体育人才培养体制**

①Jay J. Coakley. Athletics in America [M]. Harvard University Press, 1996: 15.

## （一）"学院式"治理是一种承上启下的治理方式

从治理结构而言，"学院式"治理是一种承上启下的治理体制，在治理过程中，学校体育教育扮演着重要角色，美国竞技体育的人才培养体制以文化教育和训练竞赛为两翼，始终依托于学校教育之上，人才培养起始于小学阶段，从小学开始培养青少年的体育兴趣，到中学阶段，许多项目的运动队已具有相当高的水平。从小学的基础体育训练，发展到中学运动队一直到大学竞技体育协会，其中，小学阶段是后备人才培养的起步阶段，小学、初中和高中三个阶段的运动员除参与校内体育训练与竞赛外，还通过校外普通运动俱乐部进行训练，为国家青少年代表队提供后备人才。到大学阶段后，经过 NCAA 的系统训练，一些优秀的大学生入选高级别职业俱乐部，如四大职业体育联盟等，入选高级别职业俱乐部的运动员还包括少量特别优秀的高中学生（表 2-1）。NBA 历史上有许多明星如"考米·布朗、摩西·马龙、特雷西·麦格雷迪、科比·布莱恩特、勒伯朗·詹姆斯、德怀特·霍华德等都是从高中直接进入高级别职业俱乐部的代表"①。美国一般从大学生运动员和职业俱乐部中挑选人才临时组建国家队，高水平竞技体育人才基本都来自高校，都要经历从中学联赛、大学业余联赛到进入职业联赛的培养过程。

**表 2-1 美国高水平学生运动员的输送率**

| 学生运动员数量 | 棒球 | 橄榄球 | 男子篮球 | 女子篮球 | 男子足球 | 男子冰球 | 所有体育项目 |
|---|---|---|---|---|---|---|---|
| 高中学生运动员人数 | 486600 | 1083600 | 541500 | 429500 | 432600 | 35900 | 7800000 |
| 大学生运动员人数 | 34200 | 72800 | 18700 | 16600 | 24500 | 4100 | 480000 |
| 从高中进入 NCAA 比例 | 7% | 6.7% | 3.5% | 3.9% | 5.7% | 11.3% | 6% |
| 从 NCAA 进入职业联盟比例 | 9.7% | 1.6% | 1.1% | 0.9% | 1.4% | 6.6% | 2% |

注：基于 NFL、NBA、MLB、NHL、MLS 等数据。

从图 2-3 可以看出，在"学院式"治理体制下，美国竞技体育人才培养呈

①上官一琳．中美竞技体育排球运动员人才培养模式比较研究［D］．石家庄：河北师范大学，2013：12-14.

现出“金字塔”式样，其中，学校体育与职业体育有效结合，治理绩效的最大特征就是把体育与教育融合在一起，实行体教结合的“学院式”人才培养治理模式。治理过程体现出以中小学和大学为基础，后备人才的培养依托于各类学校，主要由大学生体育协会、学校体育部或运动俱乐部、中学运动联合会等组织负责训练治理。青少年从小学到大学均有参加体育活动的机会，学生在满足教育学习的基础上，形成了小学—中学—大学—俱乐部“一条龙”的人才培养体系。其中，小学和中学（初中）阶段是后备人才培养的初级阶段，这一阶段通过开展多样性的体育活动来培养青少年兴趣；高中阶段为后备人才培养的过渡阶段，有运动特长的运动员一般进入高中体育联合会；大学阶段是竞技体育人才成长的高级阶段，最终，在职业体育联盟的治理下促进了高水平运动员的迅速成长，实现了以学校体育带动俱乐部发展的模式。竞技体育优秀人才培养从青少年、高中、大学到职业体育，层层推进，这种治理体制实现了竞技体育与学校教育系统的融合，运动员始终在教育的环境中从事竞技体育，既能使运动员满足职业体育的高技能人才需求，又能使运动员具有较高的文化素质，推动了美国竞技体育的可持续发展。

**图 2-3　美国竞技体育人才培养金字塔①**

### （二）中小学的竞技体育人才培养治理体制

美国充分利用不同教育阶段的制度资源实现竞技体育治理，保障了优秀竞技

①Student athlete [EB/OL]. http://en.Wikipedia.org/wiki/Student-athlete.

体育人才能够源源不断地输送到体育事业的各个领域。中小学竞技体育人才培养是竞技体育发展的起步阶段，治理主体主要分布在各个州和地方政府学校、学区教育委员会以及社区组织，不同主体在组织机构、权限划分、运行机制等方面实现了协同治理。首先，在中小学竞技体育的治理机构方面，美国高中体育活动一般由全美高中协会组织（NFHS）负责管理和协调全国高中校际体育与艺术活动。小学和初中的校内外体育活动主要由各自学校的体育部或者运动俱乐部负责治理。中学体育协会全国联盟是中学（初中）竞技体育的最高治理组织，负责全美中学竞技比赛的治理。此外，在中小学竞技活动中，地方竞技运动理事会负责向学校提供校际运动计划。其次，中小学竞技体育的治理权限划分方面，在中小学竞技体育活动中，全美高中协会负责对各中学的体育、音乐、演讲和辩论等活动进行指导，该组织负责治理全国中学间以教育为基础的体育与艺术活动，为中学生制定和出版运动项目竞赛规则，美国每个州都设有一个高中协会组织的会员协会，负责推动和协调地方中学体育运动的开展。最后，中小学竞技体育的治理机制方面，在课外体育活动治理上，美国各地方中小学一般均设有统一的体育赛事治理机制，分为监督机制、激励机制、资源分配机制、约束机制等，由地方校际体育协会、学区教育委员会、教育学监等共同对运动员选拔、课余训练、竞赛等方面进行治理，不同治理主体间相互协作，共同保障了学生运动员课余训练与文化学习的均衡性，有利于中小学校际体育联赛水平的整体提升。

### （三）高中与大学竞技体育人才培养治理体制

美国高水平竞技体育运动员一般起步于高中阶段，高中毕业的运动员一般有三个去向：一是进入普通运动职业俱乐部；二是少量特别优秀的运动天才进入高级别职业俱乐部；三是绝大多数运动员进入大学。美国大学的竞技后备人才主要来自高中，运动员进入大学后，利用大学内的体育设施和高水平教练员进行指导训练以及通过参加 NCAA 校际比赛等方式提高运动技能水平，以此为职业队或国家队输送高规格体育人才。可以说，大学竞技体育组织的有效治理为职业体育发展提供了保障。进入大学后的运动员在 NCAA 的治理下进行系统训练，通过参加各类比赛提高运动技能水平，然后进入职业队或国家队，参加奥运会。NCAA 治理的大学竞技体育训练贯彻业余主义原则，治理基本理念是不允许把运动员当作获胜的工具，在保证学生课业的基础上进行训练，当竞赛训练与学习发生冲突时，学校一般把运动员的大学生身份放在首位，然后才是运动员。一般规定运动员参与训练的时间一周不得多于 20 小时，每天参与体育活动的时间不能超过 4 小时，一周必须保证有一天的闲暇。大学竞技体育成为实现大学生运动员与职业体育对接的主要方式。各高校在竞技体育项目的设置上主要靠校内的运动组织，各高校还建立竞技体育俱乐部，从而能很好地提高学生的运动技能水平，学校体育代表队享有的资源要远多于体育俱乐部，各学校从制度、训练指导、场馆配备与比赛经费等多个层面支持竞技体育的发展。

## 三、竞技体育多元主体参与的“协同化”治理

治理体制是推动竞技体育发展的基础。美国作为世界竞技体育强国，有效利用多元主体协同共管共治是其竞技体育体制的重要特征。美国竞技体育形成了分权与社会（市场）主导型治理体制，充分利用社会和学校多方资源，发挥体育联盟、大学生体育协会、职业联盟、俱乐部、单项体育协会等多元主体的优势（图 2-4），打造了“协同化”治理模式，多元主体及其治理举措很好地保障了竞技体育持续成长的制度活力。

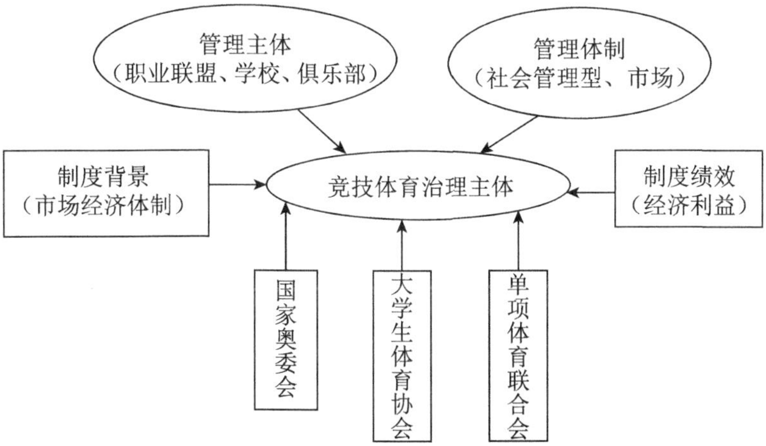


**图 2-4　美国竞技体育治理的多元主体**

美国竞技体育遵循社会化治理体制，政府机构只是作为一个为体育服务的部门存在，政府和各州、地方政府均不设立体育管理机构，竞技体育主要由社会组织负责治理，政府只通过法律手段对其实施宏观调控。多元主体的贯通联动成为美国竞技体育治理体制的重要特征，竞技体育存在着多个治理中心，通过多中心

的协同联动，共同搭建网络治理结构，共享资源和信息，实现治理目标最大化。美国竞技体育治理体制具有深厚的社会文化背景，是在资本主义市场经济长期发展的历程中形成的，带有浓厚的市场经济色彩。这种多元主体治理结构建立在美国政府分权体制的社会制度上，政府机构通过间接参与而不是掌控，权力分散于各级市场主体和非营利组织中，治理权限不受国家行政机构制约。这种治理体制通过高水平竞赛获得经济效益，满足国家和社会各级经济文化需求，具有很强的自我协调能力。美国竞技体育治理体制特征明显：第一，从体制运行机制来看，美国竞技体育治理体制依附于学校教育，通过学生的业余训练来提高运动技能水平，始终与教育相结合，训练体系完全依靠市场化的机制来组织，以业余训练为主，在长期发展中利用市场机制与其他社会经济活动建立了互利互惠的关系。第二，从政府治理职能来看，充分利用社会市场机制的调节进行治理，政府不设立体育治理机构，主要通过法律或经济的手段对竞技体育进行间接调控，政府的作用被限定在最小范围内。竞技体育的具体事务主要由各种社会体育组织进行治理，主要包括组织治理、竞赛训练、经费投入、组织运转等多个领域。其中，学校开展的竞技体育属于业余竞技体育范畴，由中学体育联盟和大学生体育协会进行治理；职业体育则由职业联盟和俱乐部负责治理。第三，从治理体制运行效率来看，竞技体育协会和联盟的自由度大，不轻易受政府干预，完全遵循市场经济规律进行运作。并且，美国注重于发挥社会体育组织、俱乐部和职业联盟的协同治理，依靠体育组织的自治，使竞技体育不轻易受到政府的影响，有利于发挥社会各个领域的积极性。第四，具有分权治理的特点，在治理主体上，美国竞技体育包括美国奥委会、美国大学生体育协会和单项体育协会三大组织机构，三大组织在竞技体育治理中具有不同职能，彼此既相互依存又相互牵制，在竞技体育组织治理、组织职能的发挥以及运动员的选派等方面都存在相互合作与制衡的关系，共同推动了竞技体育的持续发展。

## 四、竞技体育组织贯通的“联动式”治理

美国竞技体育不仅具有社会主导型治理体制，而且其体育组织结构能够保持竞技体育在各个领域运行通畅，在长期实践中塑成了一套以奥委会为主导治理层，以地方奥委会、单项体育协会、各州体育协会、职业联盟等主体组成的执行治理层，以各训练中心、大学生体育联合会、中学生体育协会、校际体育协会等

主体为操作治理层，并附带技术机构和辅助部门组成的“联动式”治理机制，这一治理模式具有一套成熟的保障机制，这种关联互动的社会化组织结构和治理方式成为维持竞技体育持续发展的通道（图 2-5）。

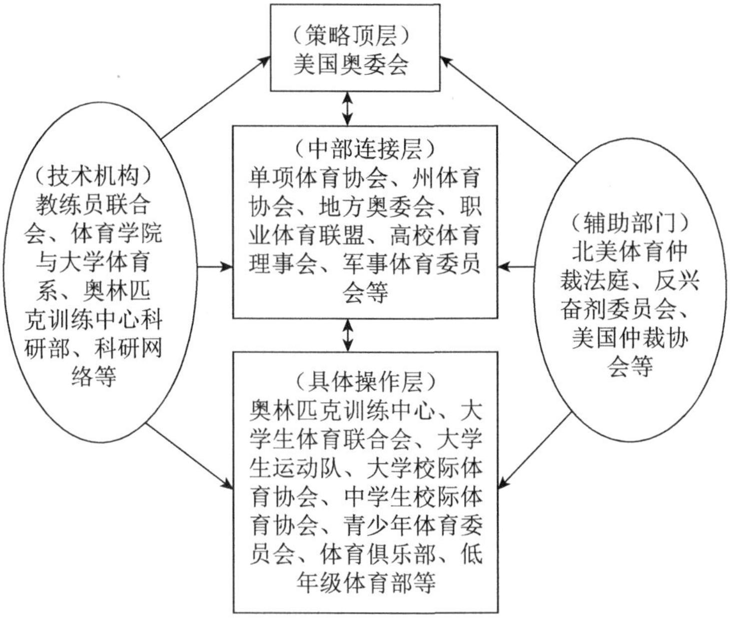


**图 2-5　美国竞技体育的组织运行机制**

多元主体的协同合作和共生是推进体制善治的基础。作为一个典型的社会主导型国家，美国在竞技体育治理过程中注重引入多个治理主体，强调多中心、分权化和民权参与，多个治理主体在相互联系、相互配合的联动关系中保障了竞技体育运作的持久活性，提升了治理绩效，实现了多中心结构的自我治理和协同共治。在竞技体育组织的治理机制中，具有直线型的权力操作机构，策略顶层是整个组织的最高治理机构，与其对应的是组织的具体操作层，承担具体的组织任务，而中部连接层是策略顶层与具体操作群体之间的枢纽。技术机构处于直线权力层之外，能够根据组织运行需要，提出具有针对性的技术手段和执行计划。辅助部门是在组织机构中提供各种服务的机构①。美国竞技体育形成了“以奥委会为主导层，以单项体育协会为执行层，以大学生体育联合会为具体操作层的三位

①亨利·明茨伯格．明茨伯格论管理［M］．北京：中国劳动社会保障出版社，2004：223-263.

一体的治理机制①。《业余体育法》是美国竞技体育组织的最高“治理层”，是各类组织运行的枢纽，通过合理的法律手段实施治理，在整个竞技体育运行中起着宏观监控的作用。

第一，竞技体育组织运行治理的策略顶层。美国奥委会（The United States Olympic Committee）是竞技体育组织治理的策略顶层，是在政府颁布的《奥林匹克和业余体育法》下授权设立的一个非官方的协调机构，代表美国联系国家奥委会及各国奥委会的相关事务。奥委会是美国唯一的治理奥运会以及泛美运动会的体育组织，通常并不插手具体事务，只负责运动员参加冬夏奥运会、残疾人奥运会以及重大国际比赛的选拔、组织和协调工作。同时，美国奥委会是一个以服务为宗旨的机构，其任务是帮助美国运动员科学地提高成绩，治理机制主要由董事会、办公室、4个委员会及2个理事会构成，下设体育合作部、国际竞赛部、法律部、市场开发部等8个职能部门和4个训练基地②。其中，下设的3个训练中心每年能为2万名运动员提供训练设施，美国政府对竞技体育的财政资助非常有限，美国奥委会的运行经费主要来源于市场开发、公司赞助、电视收入、募捐等渠道。

第二，竞技体育组织治理的中部连接层。包括各职业联盟、高校体育理事会、单项体育协会、州体育协会、地方奥委会等多个治理主体，这些机构既是奥委会的组成成员，又是各个竞技体育组织的治理机构，具有独立的治理权，在整个组织运行中起到承上启下的作用。

第三，竞技体育组织治理的具体操作层。包括奥林匹克训练中心、美国大学生体育联合会、校际体育协会、中学生校际协会、各类体育俱乐部等多个治理机构，其中美国大学生体育联合会（NCAA）是一个专门培养和选拔大学生运动员的组织，其他各组织主要负责自己领域的体育组织工作。

第四，竞技体育组织治理的技术机构和辅助部门。技术机构一般呈现出较为自由松散的形式，主要针对竞技体育运动开展中存在的问题，通过多方调查和诊断后，提出技术层面的指导，从而能够间接指导竞技体育的发展。辅助部门一般指体育仲裁法庭、反兴奋剂委员会等机构，主要是监督和保护参赛运动员的权益，保障竞技体育公平良好的开展。

---

①方贤超．美国三大竞技体育组织研究［D］．上海：上海体育学院，2009：21-26．
②池建．竞技体育发展之路——走进美国［M］．北京：人民体育出版社，2009：5．

从美国竞技体育组织治理的分权类型来看，各类组织治理的职权划分明确，各司其职，表现出明显的多元组织治理特征，这种治理机制是在社会市场主导和法律的保障下实现的。同时，美国竞技体育治理结构具有“扁平化”特点，在竞技体育不同主体的组织机构设置、权力划分设计和安排等方面强调沟通、协作，不同主体间不存在管辖制约关系，而是强调主体间的“横向互动”，多元主体在沟通、协作的基础上达成利益诉求。各治理主体间不存在管辖制约关系，而是一直相互配合的“横向互动”关系，尊重多元主体的个性化和多元化，同时，美国竞技体育组织没有绝对的治理权力，不同的组织间相互配合，如美国奥委会、大学生体育协会和单项协会三大组织表现出既相互制约又相互合作的关系，通过主体间的互动和监督，整合各主体的多元利益诉求，最大限度地避免治理失效，使竞技体育治理效益最大化。

## 五、竞技体育训科医结合的“一体化”治理

美国竞技体育训练体制依托于社会“扁平化”治理模式，融合了训练、科研、医疗、服务、保障、管理等多个要素，注重发挥社会力量和俱乐部等多主体合作，通过统筹协调各项目团队内部教练员、科研人员、医务人员、管理人员、运动员等主体的职责关系，实现了对训练参赛问题的民主决策和协商公关，促成了训练、科研、医疗保障的紧密衔接和高度融合，提升了训练参赛效益。

美国竞技体育以业余训练为主，最显著的治理理念是“体教结合”，通过依靠学校系统培养体育后备人才，在长期实践中，学校与竞技体育日益成为一种共生与互惠的治理关系。在运动员不同阶段训练体制的纵向关系上，形成了一条从小学、中学、大学到俱乐部的训科医“一体化”治理体制（图 2-6）。通过在满足青少年教育的基础上实施业余竞技训练，从而有效避免学生的运动训练与文化学习间的矛盾和冲突，各类学校一般根据赛季进行短期集训，训练资金主要通过社会团体和私人赞助（表 2-2）。通常，学生运动员除在校训练外，还参加校外俱乐部训练，通过频繁的比赛选拔人才进入国家队，再进行短期集中训练，奥林匹克中心是国家队的集训基地。在不同阶段运动队的训练方面，美国注重打造复合型民主化治理团队，实现了训练、科研、医疗、管理“一体化”，推动了训练参赛的协同治理。美国没有设立长期集训的国家队，各项目国家队一般都是赛前选拔、短期集训后参赛，同时，国家队的组建、训练和比赛涉及职业联盟和俱乐

部的综合利益。美国注重以团队形式对运动训练进行全方位支持，注重将市场、高校、俱乐部、协会、企业等社会资源引入运动队，强化团队合作，团队覆盖多领域、多学科的专业人才，通过集合运动生物力学、生理学、体能训练等多学科人才，在团队构成、分工、职责等方面具有明确的治理条例，从而形成“集体决策”的制度治理优势，实现了多学科、多层次、多成员的集体攻关。另外，不同主体在竞技体育训练参赛中的治理权责不同，在参赛过程中，通常都由学校体育协会、职业俱乐部以及各单项运动协会等组织运动员训练，美国奥委会不参与其中。在运动员选拔培养、训练参赛甚至训练体系设置等方面，形成了以奥委会为主导层，单项体育协会为连接层，大学生体育联合会为具体执行层的协调机制，逐步形成了复合型训练团队的治理模式，教练和科研团队共同协作开展工作。

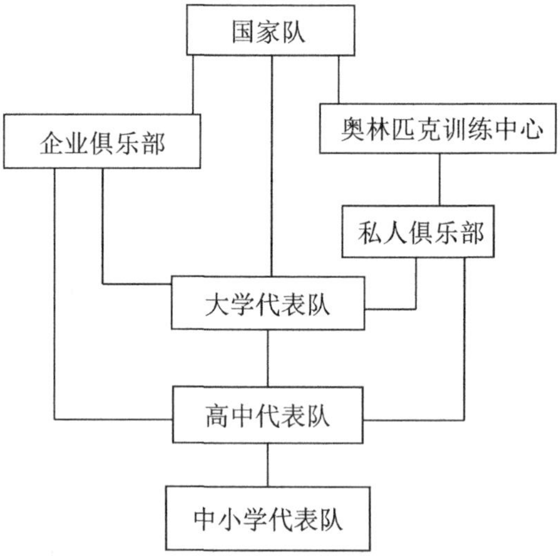


**图 2-6　美国竞技体育训练体制**

**表 2-2　美国竞技体育运动员训练体制要素**

| 基本理念 | 训练形式 | 训练属性 | 训练主体 | 训练资源 | 竞赛特征 | 文化教育 |
|---|---|---|---|---|---|---|
| 体育与教育融合 | 训科医“一体化”团队 | 业余性 | 学校、俱乐部、协会等 | 社会和私人出资 | 多层次、多级别体系 | 运动员文化素质高 |

美国通常不举办全国性体育比赛，国内大型体育比赛一般以单项的形式举办，每年都有很多全国性的单项体育比赛。在准备参赛过程中，通常都是由学校

体育协会、社会职业俱乐部以及各单项运动的协会等组织运动员训练，美国奥委会不参与其中①。美国竞技体育人才培养以教育为载体，学校是竞技体育人才培养中心，走的是一条从小学、中学、大学到俱乐部的“科训一体化”竞训治理体制②。美国青少年训练的治理主体一般包括校内体育组织、校际体育组织和各类俱乐部，另外，一些非营利性单项体育联盟和企业俱乐部性质的体育协会负责青少年精英运动员的训练。总体上，训练主体主要包含两个部分：一部分是社会体育组织；另一部分是学校体育组织。其中，学校组织的训练具有赛季制特征，一般每年只有一个赛季，每个校际体育项目的训练只安排在该项目的赛季中，在其他时间不安排训练，从而保证了学生有充足的时间进行文化课程的学习。训练时间上，一般每天1~2小时，在周一到周五的课后进行训练，周末不安排训练。校内的教练员一般由体育教师兼任，或者学校聘任全职教师兼任教练员。校外训练一般采用全年制，尤其是在一些社会营利性俱乐部的训练计划中表现得最为突出。在训练内容、训练次数、训练周时、训练计划安排等方面不同青少年组织间相差较大，一些俱乐部把训练时间放在工作日的下午、晚上以及周末，每次训练时间一般在1~2小时，假期内的训练安排则更灵活多样。校外体育组织的教练员一般比校际组织的教练员执教水平更高，尤其对于一些私人开办的以营利为目的的俱乐部往往具有相对较高的职业水平。并且，青少年个人参与体育的目的不同，决定了参与训练的机构和训练目标不一致。一些定位于成为精英运动员的青少年，一般选取校外俱乐部，每周训练次数和时数也较多。美国青少年参与体育竞赛的人数庞大，每年有超过700多万人，数量众多的参与人口为竞技体育选材提供了坚实的基础。

## 第二节　美国职业体育的体制制度治理

美国是世界职业体育的摇篮，在职业体育发展过程中，依托联邦政府、社会、市场、协会等多元主体的广泛参与，形成了健全的职业体育治理体制，主要实施了“职业联盟体制”主导的分权治理、“互利共生”的联动式治理、“横向一体化”的多元协同治理、“合作性均衡”的网络化治理和“高度自治”的内生

①雅典奥运美国要拿百枚奖牌［EB/OL］. http：//sports. sina. com. cn/o/2003-06-17/1441466835. shtml.

②George H，Sage. Power and Ideology in American Sport：a Critical Perspective［M］. University of Northern Colorado，1998：6.

式公司治理，保障了各类参与主体的利益最大化。

## 一、“联盟体制”主导的分权治理

联盟是职业体育整合各方利益的组织结构，也是推动职业体育发展、实施内部治理的基本单位。美国职业体育实施“联盟体制”的制度顶层设计，通过联盟内部健全的制度体系规范职业俱乐部发展，尤其是制度规制下的四大职业联盟（MLB、NBA、NFL、NHL）自治模式，成为美国职业体育制度治理的典范。图2-7展示的是美国职业体育联盟体制的特征。

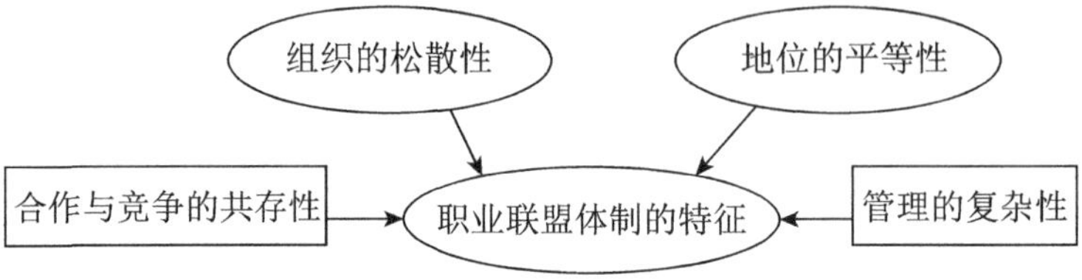


**图 2-7　美国职业体育联盟体制的特征**

作为有限政府，美国联邦政府没有设置专门的体育治理机构，体育事务主要由不同领域的社会组织承担，属于社会化治理体制（分权型），充分保证了体育的分权自治。美国政府并不参与职业体育的具体事务治理和运行，而是运用法律手段加强对职业体育的宏观调控，主要的运行方式倾向于依靠市场力量和政府以外的机构去引导职业体育发展，对具体体育事务很少介入和直接干预，职业体育联盟建立了较为完善的规章制度，职业体育的运行和治理具有法治化、自律化特点①。具体而言，美国职业体育由各种体育协会组织和联合会负责治理，其中，职业联盟作为俱乐部为了合作而成立的利益联合体，具有治理职业体育的直接权力，同时，联盟也是具有多重特性的自治组织，是规范不同俱乐部良性运作的制度制定主体，联盟内部各成员俱乐部作为独立的经济实体，是实施治理的具体单位。美国职业体育联盟通过系列制度的制定实施分权治理，治理特征主要体现在具有高度的自治性，不受政府的直接管控，通过不断完善联盟内部的具体制度来实现对俱乐部运行的协调与监督，以联盟利益最大化为目标引导内部俱乐部运行，协调内部俱乐部之间的商业合作关系，保障使各会员俱乐部在遵守联盟章程

①鲍明晓．体育产业——新的经济增长点［M］．北京：人民体育出版社，2000：12.

的规制下良性运作，有效避免恶性竞争，不断打造出适应社会需求的高质量竞赛产品。美国职业体育并不隶属于任何国际体育组织和美国国内体育组织，其自身有一套相对独立的组织体系和运行体系，体现为职业体育主体以体育活动为载体开展以盈利为目的的经济行为。从治理的绩效特征而言，职业体育联盟是一种节约成本的制度设计，通过合理制定职业体育发展的整体规划，协调俱乐部之间的矛盾与冲突，使职业联盟内部的竞赛表演、竞赛市场开发等生产经营活动有序化，为俱乐部间的公平竞争创造环境，在促进俱乐部健康发展的同时获取利益最大化。高质量竞赛产品是联盟治理的基本目标，职业联盟负责规范竞赛产品的生产及销售，如竞赛电视转播权由职业联盟而非单个俱乐部统一出售。可以说，美国职业体育联盟体制是一种以市场为导向的制度安排，能够克制单一俱乐部独立运营的制度缺陷，通过封闭式的制度设计，推动俱乐部之间的竞争性合作，促进联盟内部的实力均衡。

## 二、“横向一体化”的多元协同治理

现代治理理论认为市场经济条件下的国家单级治理具有局限性，需要在国家和市场之间引入中介组织，形成“政府—社会组织—市场”多元协同治理结构，最终达到善治目的[①]。美国职业体育发展过程中形成了一种“横向一体化”的治理结构，多个治理主体（利益相关者）构成了“企业—市场”综合体，政府与市场、体育协会、非营利组织等多元主体共同分享权利、分担责任，追求公共利益最大化。

“横向一体化”治理结构体现的是美国“有限政府”的引导式治理与现代企业参与式治理相结合，包含政府、市场、联盟、球队、资方、球员等多个主体的协作关系。在这种特殊的组织结构下，政府、单项体育协会、职业联盟和俱乐部之间是一种横向协作的关系，其中，职业联盟与俱乐部的关系最为密切，各职业俱乐部通过市场机制，把俱乐部的经营权委托给联盟，由职业联盟对俱乐部进行具体治理。多个主体之间形成了密切的组织结构，构成了一个以市场垄断为手段，以营利为目的利益共同体，利润最大化是其治理的最大目标（图 2-8）。这个组织结构中，政府不直接参与职业体育治理，国家奥委会、单项体育协会与职

①夏普·雷吉斯特·格里米斯．社会问题经济学［M］．北京：中国人民大学出版社，2000：236.

业联盟也没有直接的行政关系，政府机构只负责监督组织参加各类体育比赛，通过制定相关的制度法规对职业联盟进行间接指导。俱乐部和联盟是一个利益统一体，职业体育通过联盟体制的制度安排，利用完备的法律和规章体系，依据现代企业制度建立和形成了特殊的治理模式和运行机制。这种治理结构的背后是美国政治文化传统下的治理模式与现代竞技文化的有机融合，其中包含了政府、联盟、球队、资方、球员之间的协作关系。此外，在这种组织结构中，为推进职业俱乐部的持久活性，职业联盟设计了两种专门的制度手段，一种是俱乐部之间通过契约（by law）形成“伙伴”关系，契约是联盟内部的制度文件，每个俱乐部都要遵循契约精神来共同维护联盟的运作。联盟的运行以契约为载体，赋予联盟主席或委员会权力来具体执行联盟的市场运作。但是，联盟主席或委员会的权力并非是绝对的，他们的权力要受到相关法律的牵制。另一种是通过集体雇佣合同（Collectivize Bargaining Agreements，CBA），雇佣合同是由职业俱乐部球员工会与联盟签订的合同，是联盟中最具权威性的文件，可对契约中不合理的条款进行修订，且执行效力高于契约的规制。职业联盟以契约和雇佣合同为治理载体，与各个俱乐部紧密联系在一起，在政府和各个单项协会的间接规制下，职业体育既能实现规范性成长又能获得源源不断的活力。

**图 2-8　美国职业体育多元主体的利益关系**

## 三、“合作性均衡”的网络化治理

职业体育联盟是介于企业与市场之间的一种“中间组织”，为促进联盟内部俱乐部协同发展，在实践中形成了以推动联盟内部“合作性均衡”为目标的网络化治理机制，通过提升联盟内部组织协同，使职业体育在多个治理机制护持下实现利益最大化。

制度创新是美国职业体育实现均衡性治理规范化的根本。与欧洲较为开放、自由的职业体育联盟相比，美国职业联盟则相对“封闭”，涉及升降级的联赛规制较少，而且职业体育联盟拥有的运动队数量较为固定、运动员数量较为均衡，其目的在于促进职业体育联盟均衡发展。为实现这种均衡，美国建构了较为完善的制度治理体系，职业体育网络化治理是在联盟内部成员相互合作的基础上形成的社会关系网络，治理过程主要通过确立共同目标建立合作、协商、伙伴关系，治理目标的达成是多元主体间互动的结果。从图 2-9 中可以看出，美国职业体育联盟打造了七大运行机制，第一，目标机制把市场作为运行核心，把打造高规格赛事商品作为赢得市场的核心，把满足市场需求、实现经济利益最大化作为运行的目标。第二，市场机制体现在职业体育联盟是一个完全独立的市场主体，具有自主经营权，在经营治理方面独立于政府外，以市场规律进行运行，完全依托于市场进行生存成长，联盟自负盈亏、自主决策、自我发展。第三，投资机制是在盈利和增长价值取向下各会员俱乐部自身的投资。在市场经济环境中，盈利是职业联盟最根本的投资动力，由于联盟是由多个俱乐部组成的企业实体，因此，如何引导各俱乐部进行市场投资是联盟获利的前提。第四，竞争机制主要体现在两个方面，一方面是使每个俱乐部的收益均衡；另一方面是使优秀运动员在联盟中分配均衡。职业联盟不断创新促进均衡的竞争机制，设计了一系列制度举措，其中包括运动员分配制度和财政收入制度。运动员分配制度主要通过“选秀制度”和“储备制度”来实现，其中选秀制度（逆序选秀）的目的是增强弱队竞争实力，实现均衡竞争，提高竞赛结果的不可预测性。储备制度是为限制运动员的自由流动；财政收入制度则是确保联盟的收入平均分配，使俱乐部群体能够共生与成长。第五，营销机制是从联盟层面在电视转播权、竞赛特许经营权等方面的市场营销，通过实施各类营销战略，提高俱乐部的利润，实现联盟利益最大化。第六，激励机制是利用比赛积分制来激励会员俱乐部运作，使俱乐部利益激励和联盟利益激励一体化，基于各俱乐部“争胜”基础上的激励机制，使个体激励和整体激励相结合，促使联盟整体实力的提高。联盟的约束机制是避免俱乐部不正当竞争而采取的手段，主要包括工资帽制度、准入制度和奢侈税制度等。第七，监督机制通过民主监督的方式以现代公司制度的形式来实现，体现在俱乐部董事会、监事会利用合理的制度规则来监督联盟的行为，促进各俱乐部的良性运营。

总之，美国职业体育联盟的七个运行机制在相互合作与博弈中维持着联盟的高效运行，促成了联盟的利益统一体，这种组织制度安排本身就暗藏着不确定性和非合作博弈的可能性，而联盟所设计的合法契约有效地使非合作博弈转化为合作博弈，从而改变了俱乐部的竞争关系，促进了联盟内部的“合作性均衡”，推动了职业体育在协调共生的机制中高效成长。

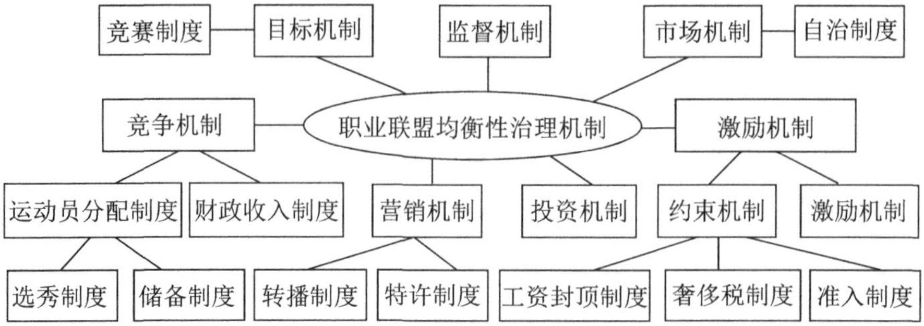


**图 2-9　美国职业体育联盟的治理机制**

## 四、“互利共生”的联动式治理

职业体育联盟是俱乐部合作生产体育竞赛产品并具有自治权利的体育组织，其本质是俱乐部的治理人员、教练员、运动员、营销人员等通过联盟的组织结构，达成一个具有共同利益的组合体，利用联盟这个载体进行合理运作来实现共同目标。

职业体育联盟在发展过程中，通过完善的法律和规章体系，依据现代企业制度协调各个俱乐部之间的关系，兼顾所有俱乐部的整体利益，通过引入多元治理主体，推动联盟内部俱乐部间的协调、合作、博弈和发展，实现了俱乐部间的资源共享。美国职业体育联动治理的显著特征在于打通不同主体的动态关联和支持行动主体的自治，职业体育联盟作为典型的自治组织，其内部俱乐部所有权与经营权分离，这种活性机制为不同参与主体的关联和社会、市场主体的引入提供了一定保障，实现了联盟治理者、俱乐部经营者、教练员、运动员等不同主体之间的高效联动，使职业联盟成为具有共同利益的治理综合体，提升了治理合力。联动治理模式包含紧密贯通的多维治理主体，主要通过协调各参与主体的关系来创造价值，利用联盟载体的合理运作来实现共同目标（图 2-10）。职业联盟不仅为国家提供了财富，更重要的是通过生产高质量的“体育产品”，可以为国家在国际体育舞台上争金夺银，从而实现俱乐部、联盟、社会、国家四方共赢。从治理效益的角度而论，“联盟体制”战略设计可以为市场提供最佳的体育产品，在满足联盟收益的同时为社会提供财富，如美国四大职业联盟俱乐部平均年收入为 6600 万美元，美国每年利用税收的形式从职业联盟中获得的经济利益高达上千亿美元。对美国政府而言，职业联盟不需要花费政府的一分钱，反而能够征税和增加就业机会。并且，联盟俱乐部为美国竞技体育培养了大量后备人才，成为带动美国体育发展的重要载体。在职业体育的良性治理下催生了一系列相关产业，电视媒体、广告、餐饮、服装等产业在提供巨大利润的同时，缓解经济压力，增加体育产业产值在 GDP 中的比重，这无疑是一项最成功制度安排，为美国竞技体育发展提供了源源不断的活力。

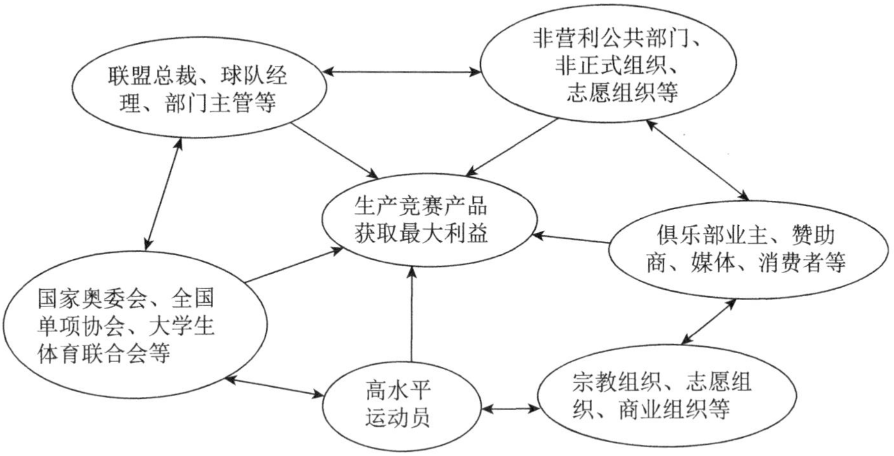


**图 2-10　美国职业体育的联动治理关系**

在治理结构上，美国职业体育由全国单项运动协会（NGB）、职业体育联盟和职业体育俱乐部组成，是一种“三级治理”体制，三者之间是一种和谐的“伙伴”关系，彼此既相互依存，又相互独立，共同促进了竞技体育的稳定发展。从图 2-11 中可以看出，多个治理主体围绕高质量赛事产品生产和获取最大利益两大目标，通过紧密关联形成了一个相互作用、相互影响的治理链。从治理方式而言，联盟运动员、教练员、营销人员属于技术治理层，这些主体直接与联盟竞赛产品的生产相关，将运动员技术作为核心要素，将联盟的政策输入转化为高规格的比赛产品；联盟总裁、部门主管等是联盟的治理者，属于中间治理层，主要是统筹比赛总体，设计和控制比赛产品生产，保障技术层各类人员治理职责正常发挥，将个体作用合理分配到联盟的各个单位，为职业体育成长提供源源不断的动力；决策治理层主要是俱乐部业主，他们是联盟的所有权，拥有最高治理权限，统辖联盟内部整体运作，联盟董事会对联盟有最高控制权限，有权决定任命总裁、设计联盟决策、决定联盟收缩或扩张、与运动员工会进行劳资谈判等。美国职业体育通过多元主体互利共生的联动治理，把生产精彩激烈比赛、吸引更多观众和获取最大利益作为治理的共同目标，促使职业体育始终朝着这一目标不断发展。

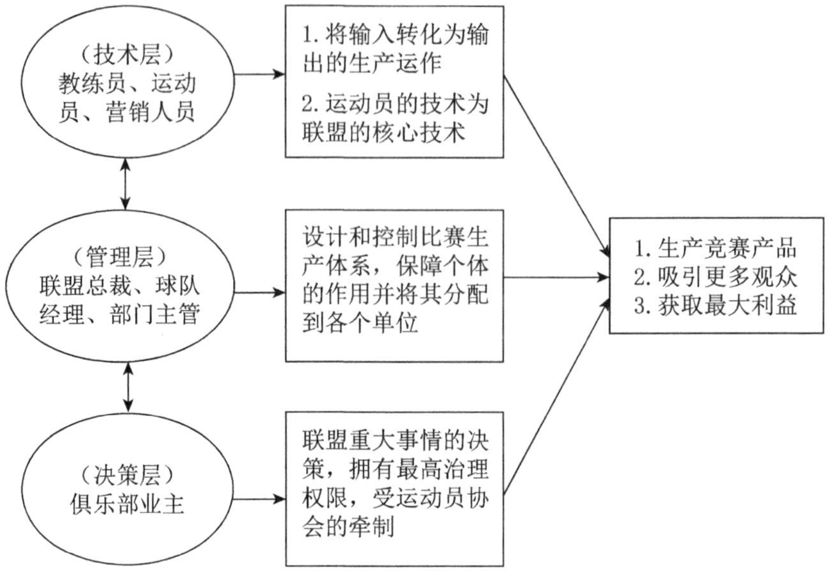


**图 2-11　美国职业体育联盟体制的运作机制**

## 五、“高度自治”的内生式公司治理

“公司治理（Corporate Governance）”的核心在于保障职业体育联盟所有权和经营权分离，既包括向职业经理人授权，又包括对不同参与主体监管，充分发挥俱乐部自治。美国职业体育依托于企业治理模式，在发展过程中形成了相互制衡的结构性制度安排，打造了高度自治的公司治理体制。

公司治理的关键在于协调利益相关者的关系，明确不同利益相关者的权力和责任，职业联盟体制采用高度自治模式，具有现代企业制度治理的基本特征①。这主要体现在：董事会、监事会、经理层等组成了基本的“公司治理”体制框架，联盟球队的老板组成董事会，具有决策权、惩处权、纠纷调解权以及直接监督和控制各俱乐部治理者的权力。NBA 董事会是最大治理主体，由 29 个俱乐部投资者组成，负责联盟内部重大问题的决策，如任免与评估总裁、受理和审议诉讼、联盟战略制定、比赛规则确定、监督财政预算、立法表决与投票、处理商业活动、出售电视转播权等。董事会下设总裁和总裁办公室，负责 NBA 日常运营

①凌平，何正兵．美国职业体育管理体制初探［J］．体育与科学，2003（1）：5-7.

活动。总裁拥有 6 大治理权限，分别是制定规则、批准球员合同、消除俱乐部内部矛盾、协调球员与俱乐部间矛盾、缓解俱乐部与联盟冲突以及有关俱乐部成员的纪律事务。总裁办公室分为娱乐公司、资产公司、NBA 总部、媒体公司和女子职业篮球联盟（WNBA），每个机构都有完整规范的治理分工，NBA 总部下设球队服务部、安全保卫部、球员培训部、篮球运营部、法律事务部及行政管理部等 10 个二级治理机构（图 2-12）。资产治理部负责 NBA 产品的市场开发与营销，设有法律事务、消费产品、信息技术部等 9 个治理部门。NBA 是一个完全自主的治理联盟，不属于国际篮联和美国篮协的监管范围。NBA 篮球运动员的发展主要是通过美国的教育系统进行的。尽管已经自愿与美国篮球协会签订了关于球员参加 FIBA（国际业余篮球联合会）比赛的协议，但 NBA 在合同上没有义务遵守国际篮联通过的规则。NBA 还是一个跨国联盟，它跨越不同的国家法律管辖范围，同时 NBA 也是一个封闭的联盟，新的球队必须在现有的球队同意下才能进入联盟。可以看出，美国职业联盟实行的是一种“单层制”的公司治理体制，采用“委托—代理”的董事会治理，既能节约成本，又能规范职业俱乐部运作，避免单一俱乐部独立运营的缺陷，在提高俱乐部利益最大化的同时保障了职业体育的规范化发展。对联盟俱乐部而言，联盟的公司治理方式使其在获得利润最大化的过程中，不断为社会提供高质量的体育产品（如美国四大联盟高级别赛事），一些高规格体育赛事已经触及世界各地，如 NBA 的全球扩张，使其在扩大利润的同时传播了美国文化，成为美国“软实力”外交的重要组成。

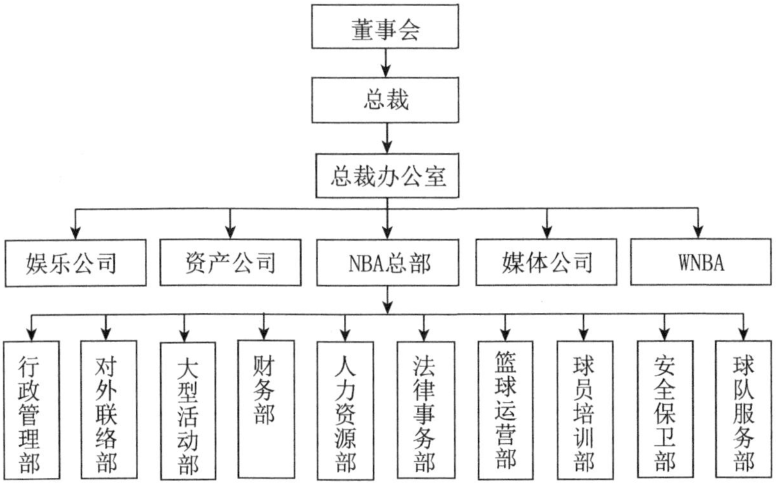


**图 2-12　职业联盟的公司治理体制（以 NBA 为例）**

## 第三节　美国职业体育的具体制度治理

职业体育作为一种产业是美国体育的一道风景。在职业体育发展过程中，联邦政府注重运用宪法和各类制度对其进行有效规制，在长期实践中形成了一套成熟的制度治理体系。其中，联邦体育政策对职业联盟的支持是推动职业体育成长的基础，健全的劳资纠纷仲裁制度解决了职业体育成长中的利益冲突，促进联盟竞争均衡的制度设计推动了职业体育的协同性成长，联盟体制的“事前治理—事后治理”模式推动了职业体育的有序性成长，联盟的特殊制度安排保障了职业体育的健康均衡性成长。

### 一、联邦法规制度的保障性治理

美国政府不仅是职业体育的宏观调解者，而且是职业体育联盟运作的最高仲裁者。美国政府没有设置专门的体育治理机构，不对职业体育直接治理，主要通过制定相关制度实施间接规制，通过颁布系列规范职业体育发展的法律法规，利用基本制度协调职业球队、球员、资方、联盟、政府等多个利益主体间关系。联邦法规制度的“保障性治理”塑造了职业体育发展的法治环境。其中，反垄断法、税法、劳工法、代理法、合同法、电视转播法、版权法等与职业体育的关系最为密切，构成了职业体育发展的法治基础。美国学者劳伦斯·查里普认为，美国政府不仅成为职业体育的宏观调节者，而且是职业体育联盟与职业运动队之间、职业体育中的劳资双方之间的最高仲裁者①。美国职业体育具有代表性的制度治理举措体现在两个方面：第一，反垄断豁免制度的保障性治理。针对职业体育发展中出现的垄断问题，职业联盟的垄断经营被认为损害了消费者利益，联盟限制运动员自由转会，使市场难以买到优秀运动员。1890 年出台的《谢尔曼法案》是美国第一部反垄断法，随着该法案出台，职业体育的发展受到法律保护。为树立职业联盟的权威，保障职业体育的整体利益，美国政府有选择地给予职业体育“反垄断豁免”。其中，职业棒球联盟享有反垄断豁免权，其他联盟都受制于《谢尔曼法案》，反垄断豁免使棒球联盟有权确定职业运动队的分布和数量，

①石磊．美国政府的职业体育政策［J］．国外体育动态，1998（6）．

限制职业运动员的自由转会，使职业联盟垄断了球员转会市场，保持了职业运动队的相对稳定性。20 世纪中期，美国国会又通过了“非法定劳工豁免”“法定劳工豁免”等系列制度，推动了职业联盟治理体系的完善。第二，税收政策的补偿性治理。美国职业体育税收政策门类齐全，包含个人所得税、公司所得税、奢侈税、销售税、门票收入税等，通过税收制度规范职业体育市场，为职业体育成长注入活力。各级政府利用税收修建体育设施和开展体育竞赛，鼓励私人资金流向职业体育场馆建设。此外，政府还颁布《版权法》，将职业体育联盟的电视节目纳入政府的版权保护范畴中；1961 年出台了《体育转播法》，将集中销售电视转播权给予了反垄断豁免，使联盟的电视转播收入增加；通过合同法的集体议价制度（CBA）明确了俱乐部和运动员间的权利义务，利用统一运动员合同（Uniform Player's Contract）和个人服务合同（Personal Service Contracts）契约，保障了运动员的合法权利，规范了职业体育的发展方式。

## 二、劳工制度的协调性治理

职业体育运行中的劳资关系是指职业联盟或俱乐部与运动员之间的关系，其本质是一种利益关系。作为投资者，俱乐部所有者以追求最大利润为目标，在市场机制下，俱乐部和运动员为追求自身利益，运动员与所有者针对“工资封顶”和不合理的“保留条款”不断产生劳资纠纷。《联邦劳工关系法案》（劳工法）的制度设计成为协调美国职业体育发展中劳资纠纷的载体。

劳工法的目的是运用集体行为保护劳动者的权利，劳工制度的“协调性治理”规避了职业体育发展中的利益冲突。从图 2-13 中可以看出，职业体育的劳资纠纷治理模式涉及多个利益相关者，其中政府、联盟俱乐部、经纪人和运动员是主要的参与主体。政府是联盟的宏观治理者，不直接参与联盟的具体事务治理，美国学者劳伦斯·查里普认为，政府不仅成为职业体育的宏观调节者，而且是职业联盟与职业运动队之间、职业体育劳资双方之间的最高仲裁者，政府主要采取立法、司法和行政机构间接治理劳资纠纷。经纪人代表个体运动员的利益，主要负责运动员合同的谈判，执行总裁是联盟的发言人，主要代表职业俱乐部的利益；劳方运动员和工会主要维护运动员的利益，其中，资方和劳方的集体谈判是纠纷的主要解决方式，资方包括职业联盟和俱乐部，代表联盟和俱乐部的利益，主要负责运行制度的制定和具体事务治理，执行集体谈判的相关协议。劳工法重新界定了运动员工会的权力，规定作为劳动力的运动员联合起来与雇员进行谈判是合法的，运动员和雇主集体议价的权利不受《反垄断法》的约束①。在劳资纠纷治理过程中，劳资双方的集体谈判、仲裁、调解等程序均受法律保护，政府通过制定法律政策对职业体育发展进行宏观治理，劳资双方讨价还价，最终达成集体谈判协议，从而最大限度避免了职业联赛的“停摆”。在职业联盟劳资纠纷治理中，美国劳工法的有关规定成为处理纠纷的制度参考，在相关制度框架下，集体谈判成为运动员和俱乐部之间纠纷调解的主要方式，谈判达成的协议决定着运动员的报酬和流动，在保障运动员合法权利的同时，协调了职业体育发展中各个主体的利益关系。此后，美国一系列反垄断法案相继出台，如 1914 年通过《克莱顿法》和《联邦贸易委员会法》、1936 年通过《鲁滨逊-帕特曼法》、1961 年通过《体育反托拉斯转播法案》、1976 年通过《版权法》、1998 年国会通过《柯特·弗勒德法案》，这些法规通过结构的方法、行为的方法和运行的方法来限制垄断行为，保障劳工的基本权利。另外，1935 年美国颁布了世界上第一个《社会保障法》，第二次世界大战以后美国政府不断修订与补充，将美国职业运动员也纳入法律保障范围，为美国职业运动员建立起了养老保险金制度，以解决运动员的后顾之忧，相对成熟完善的职业体育法律体系的支撑，促使美国职业体育先于业余体育体系步入法制化发展轨道。

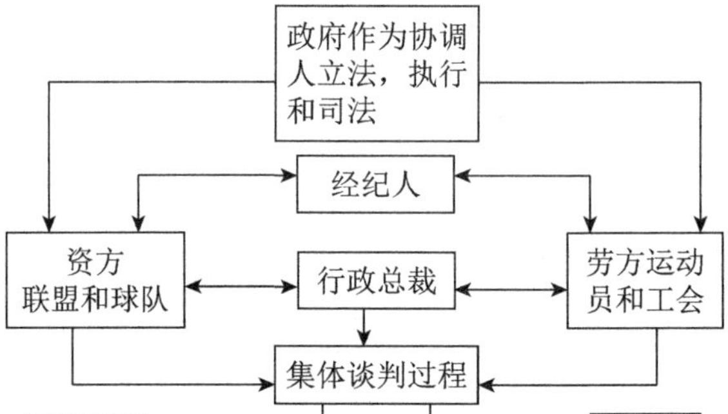


**图 2-13　美国职业体育劳资纠纷协调治理模式**

①张燕冰，张慧峰．论美国职业体育劳资关系［J］．南京体育学院学报，2014，38（1）：31-34.

## 三、联赛制度的均衡性治理

公平、公正、竞争均衡的制度设计是推动职业体育发展的前提。美国职业体育联盟面向全球市场，其受众包含各国观众，因此如何顺应世界市场需求，生产出能够长期满足观众兴趣的高质量竞技产品是保障职业体育持续发展的关键，而联赛制度的“均衡性治理”，达成了职业体育市场效益最大化。职业体育所包含的治理内容包括职业体育联盟、职业体育制度发展、职业体育劳资关系、职业体育反垄断制度以及赛事转播制度治理等多个方面，每个领域都以制度的均衡性治理为重要目标。合理规范的市场竞争是提高职业俱乐部赛事质量的基础，既能保障俱乐部的协同发展，又能创造良性的竞争制度环境，美国职业体育打造了以竞争性均衡为核心的治理制度。按性质主要分为两类：一类是开放式治理，联盟赛制有升降级特征，利用升降级制度建立开放式垄断壁垒，规避俱乐部在成长中因恶性竞争而付出过高的振荡成本，促进联盟内部实力均衡；另一类是封闭式治理，这种制度设计把联盟层面的经济合作与俱乐部层面的竞赛产品融合起来，通过限制运动员人数和俱乐部规模的方式进行治理，在加入职业联盟方面设置准入壁垒，如严格的审批制度和巨额的入会费用等。大多数的职业联盟都采用封闭式制度，封闭式治理能够合理分配竞赛资源，保障联赛结果的不确定性，促使联盟内部处于长期的竞争性均衡状态，促成了各个俱乐部与联盟之间长期稳定的合作，规避联盟因不合理竞争造成成本增加，有利于形成俱乐部间的相互协调与共生生态链。此外，为达成职业体育的竞争性均衡，联盟采用了一系列辅助性的治理制度，如为增加职业联赛的精彩程度，采用选秀制度、收入分享制度、保留条款与工资帽制度等，使各俱乐部在竞争的同时保持相对均衡的获利，尤其是使一些市场份额小或竞争力薄弱的俱乐部财政状况得到改善。此外，联盟内部具有促进收益均衡的资源分配制度，使联盟内部在竞争性平衡的同时实现最大利益回报。这种制度充分扶持了弱势俱乐部，提高了其与强势俱乐部的抗衡能力，增加了比赛结果的不确定性，从而吸引更多观众和媒体投入比赛，维护了联盟收入分配的稳定，促使职业体育能够均衡持续地发展。

## 四、“事前—事后”制度的程序性治理

职业体育实施制度治理的根源在于保障各方利益均衡，通过系列激励与约束

制度，防止个别俱乐部在发展过程中因机会主义行为造成联盟运营的失败，影响联盟收益的最大化。为更好地优化职业体育发展方式，美国职业联盟在治理时序上采取了“事前—事后”制度。事前治理是多方通过协议建立的具有合作关系的契约制度，契约是各俱乐部组建联盟时必须遵循的制度，是实施事前治理的载体。在俱乐部加入联盟前，联盟对一些基本规则都有事先约定，以利于联盟成立后的有序运作。事前治理主要包括联盟俱乐部的选择、财务预算、缔结条例以及俱乐部合作协议的拟定等，通常采用限制进入制度，为俱乐部新成员加入联盟设置壁垒的方式，优化职业体育的成长方式，“事前—事后”制度的“程序性治理”促成了职业体育规范化发展。治理举措体现在：第一，限制球队进入地域。每个俱乐部在本地区都有独占权利，职业联盟通过设定区域半径来实施领地独占权，在半径以内，联盟外的任何其他成员都不能占有。如 NFL 对每个俱乐部都给予一块以主场体育馆为圆心，半径为 75 英里的区域独占权，另一俱乐部进入领地必须支付给现有球队补偿金。第二，限制俱乐部数量。对联盟中俱乐部数量有严格规定，新入会员需缴纳入会费才能加入。如 NFL 扩张费用方面，1998 年克利夫兰俱乐部加入时缴纳了 4.76 亿美元，1999 年休斯敦俱乐部加入时缴纳了 7 亿美元。第三，限制运动员自由转会和不良行为。为减少联盟俱乐部比赛的不良行为，在运动员进入时就对其强调要服从惩戒性的制度，如严厉禁止联盟内部销售酒精饮料、赌博等行为。事后治理是事前治理的补充，其主要在职业体育成长过程中协调联盟内部冲突、解决俱乐部与球员或俱乐部与联盟间的矛盾以及相关冲突与目标控制等。事后治理遵循联盟董事会执行的公司治理模式，主要针对劳资关系、运动员流动、运动员分配、球队分布的地点和数量、门票收入分成、比赛设施标准、比赛规程制定、电视转播等多个方面对职业联盟进行治理，引导各俱乐部按照联盟预先设计的制度顺序进行运作。

## 五、联盟特殊制度的补偿性治理

职业联盟实施制度治理的有效途径是建立了一套广为接受的特殊制度，这些制度面向联盟的不同对象而有针对性地进行了设计。职业体育的特殊制度是在政府围绕商业机构的公共政策和公共立法的背景中产生的①，对处理职业联盟内部

①王波．美国职业体育政策试析［J］．体育科学，1999（7）：54-60.

关系、促进联盟的商业化运作和俱乐部之间的实力平衡起着重要作用。联盟的特殊体育制度主要有以下三类。

第一，针对联盟俱乐部设计了五类具体制度，分别是限制进入制度、收入分享制度、选秀（Draft）制度、工资帽（Salary Cap）制度和奢侈税（Luxury tax）制度（图 2-14）。限制进入制度是为了控制联盟内部俱乐部数量，防止联盟的不合理扩张。收入分享制度可使市场份额小或较弱俱乐部的财政状况得到改善，拉近与强队的距离，有效维护联盟的竞争平衡，但此制度也容易引起“搭便车”行为。选秀制度是联盟促进平衡的重要方式，通过对赛季名次进行拍卖，让名次靠后的俱乐部优先挑选后备运动员，从而维持联盟的实力均衡。工资帽制度是对俱乐部支付给运动员工资的最高数额做出的限制，防止富有俱乐部占有实力最强的运动员，利于保持联盟的竞争平衡。工资帽制度的目的是通过限制运动员工资，降低俱乐部的运行成本，维护职业体育俱乐部财政稳定。奢侈税（luxury tax）制度是限制财政状况好的俱乐部出高价雇佣或占有较多的优秀运动员，达到约束各俱乐部竞争行为的目的。职业联盟规定：奢侈税强迫工资总额超过 5500 万美元的球队，应缴纳等于其超出部分的 35% 的税金给小市场球队的公共基金①。可以看出，针对联盟俱乐部设计的五类特殊制度，从准入、选秀到工资帽，其目的均在于推进联盟内部实力的均衡。

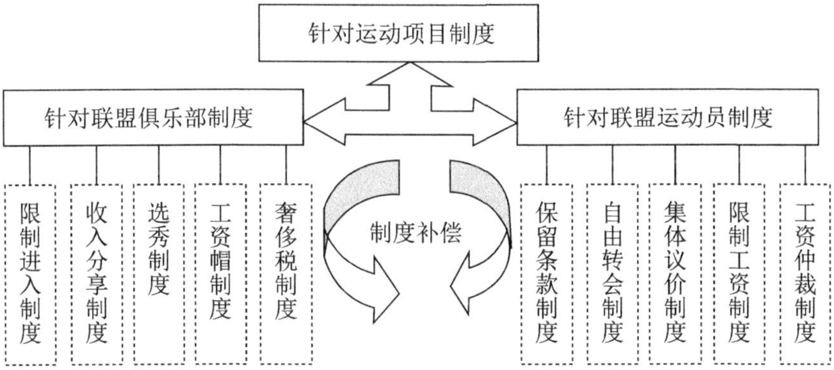


**图 2-14 美国职业体育的特殊补偿性制度**

第二，针对联盟运动员设计了五类具体制度，分别是保留条款制度、自由转

①迈克尔·利兹，彼得·冯·阿尔门．体育经济学［M］．杨玉明，译．北京：清华大学出版社，2003：80.

会制度、集体议价制度、限制工资制度和工资仲裁制度（图 2-14）。保留条款（reserve or option clause）制度产生于早期的棒球运动，这一制度主要是为维护俱乐部利益而设计的，指运动员在合同到期后，俱乐部可以不经过运动员同意而单方面续约，允许运动员被“保留”(除非俱乐部弃用该运动员，运动员没有选择的权利)①，从而达到限制运动员自由流动的目的，维护了联盟的稳定。自由转会制度指运动员可以在市场上展现运动技能，并决定为哪个俱乐部服务。这一制度保障了运动员的权利，运动员的工资往往在自由转会后会迅速增长②。集体议价制度是联盟与运动员工会之间的协议，是由代表运动员利益的工会与代表俱乐部利益的联盟进行谈判，达成共识后签署集体议价协议（CBA），明确俱乐部和运动员之间的权利与义务③。限制工资制度是联盟对运动员最高工资和最低工资的限制，与工资帽和奢侈税一样对运动员的工资做出了严格约束。工资仲裁制度是用来解决运动员和俱乐部之间的工资争议，从而达到调解争议、促成某些中间相互妥协的目的，维护联盟的稳定。可以看出，针对联盟运动员设计的五种特殊制度根本目的在于协调俱乐部与运动员之间的关系，从而达到维持联盟运营稳定的目的。

第三，针对联盟运动项目的制度设计。运动项目的规则统一程度越高，越能保证在更广泛的范围内开展比赛。联盟为运动项目建立了便于治理的规则，使其始终保持竞争的激烈性和观赏性，如 NBA 联盟在比赛中设定的 24 秒，NFL 规定将球门移到离末端护板更远的位置，棒球、橄榄球、冰球比赛要求戴头盔等，增加了比赛的竞争性和观赏性。此外，联盟还制定了对妨碍比赛的“不快因素”进行处理的特殊制度，如在 NFL 比赛中，如果主场球迷为防止客场球队听到分数而过于喧闹，主场球队就要受罚。联盟为了维护运动项目的形象，在比赛场外也做了一系列规定。联盟为了体育的最高利益，对赌球、滥用药物、故意输球等不道德行为进行曝光处罚，有的球员甚至终身禁赛，从而达到维持运动项目良好形象的目的。

---

①LISA PIKE MAS TERA LEXIS，BARR，MARY A. HUMS. Principles and practice of sport management ［M］. Jones Bartlett Publishers，2004：34.

②LISA PIKE MAS TERA LEXIS，BARR，MARY A. HUMS. Principles and practice of sport management ［M］. Jones Bartlett Publishers，2004：34.

③张剑利．职业联盟及其相关法律研究［D］. 北京：北京体育大学，2004：78.

# 第三章 CHAPTER 3
# 美国大学竞技体育的制度治理

大学竞技体育作为美国体育最重要的组成部分，是美国竞技体育最鲜明的特点。美国大学竞技体育发展具有深远历史，经历了由单一主体向多元主体转变的历史过程，形成了由代表各自利益的学校与社会多主体力量共同参与的治理特征，其发展规律及模式符合现代社会多元主体共治的先进治理理念。美国大学竞技体育具有完善的制度治理体系，在长期的实践演进过程中塑造了联动型治理结构、多元协同治理体制、协作化治理机制、分化治理模式以及法治手段。美国大学竞技体育由学校、社会、市场和政府等多主体共同推进，这种多主体协同联动的治理模式也是美国大学竞技体育长足发展的重要原因。并且，美国大学从培养精英人才的国家战略高度，将竞技体育作为完善美国大学人格教育和提高学校声誉的重要手段，倡导“一流的大学，不仅要拥有一流的学术，也要具备一流的体育”，治理绩效的最大特征是把体育与教育融合在一起，不允许把运动员作为获胜的工具，在培育出无数政治、经济、科技、文化、教育领域精英的同时，也培养了众多奥运冠军，促成了美国竞技体育的持续强盛。

## 第一节　美国大学竞技体育的体制制度治理

大学竞技体育是实现高水平运动员培养、赛事举办及校园文化活动开展的重要载体，是体现一个国家竞技体育发展水平的重要标志。大学竞技体育是美国优秀体育后备人才的储存库，并且，在美国大学生体育协会（NCAA）、校际体育联盟、会员学校等多元主体的配合下，美国大学竞技体育形成了系统的制度治理体系，通过多元协同治理体制、联动治理结构、协作治理机制、分化治理模式以及法治治理手段，促成了大学竞技体育的持续发展。

## 一、大学生体育联合会“分层分级”的多元协同治理体制

美国竞技体育遵循社会化治理，联邦政府和各州、地方政府均不设立体育治理机构，业余竞技体育主要由民间协会组织负责治理，如美国奥委会、单项体育协会、大中小学体育联合会等，政府只是通过法律手段对竞技体育运动实施宏观调控。美国大学生体育协会（NCAA）是全美大学体育竞赛治理的最高机构，其受众之广、影响力之深，超过了很多职业体育联盟。NCAA 旗下赛事众多、组织架构完善，主要负责治理 23 个运动项目，每年组织 88 个不同级别的全国锦标赛。从会员单位而言，NCAA 由 1200 多所大学、联盟和单项体育协会组成，是全美规模最大、职能最全、会员学校最多的组织机构。NCAA 具有高度自治权，通过不同层级治理主体的共同参与，促使竞技体育始终与大学教育相结合，保障了大学竞技体育的业余性。美国政府没有专门负责大学竞技体育治理的行政机构，体育事务主要由不同社会组织负责，NCAA 独立于政府职能部门，属于一种社会化的非营利组织，具有特殊的治理体制。NCAA 下设三个级别的治理委员会，通过严格的竞赛分级，设立了各个级别的组织机构，减少了各项事项的审批过程，提高了办事的机动性和整体办事效率。

第一，从治理结构和权限而言，NCAA 属于“分层分级”的多元协同治理体制（图 3-1），NCAA 实施三级联动治理，不同层级具有多元治理主体，第Ⅰ级执行委员会（Executive Committee），是协会内部最高的治理机构，治理权限包括制定协会规章、联盟计划、工作细则和制度；批准年度预算、修改或废除管理委员会的行为；审批联合会内部开支与工资发放规则等。第Ⅱ级为各组别董事会（Division Board of Directors），主要为理事会提供建议，履行执行委员会决议等，负责监督、预算、制订执行细则和制度，对领导委员会提出合理建议，对联合会内部活动做出监督与评价等。第Ⅲ级为各组别的治理理事会，主要负责大学生运动员的资格审查、运动员申诉、规范运动员学业、联盟财务监督和规范冠军赛等。

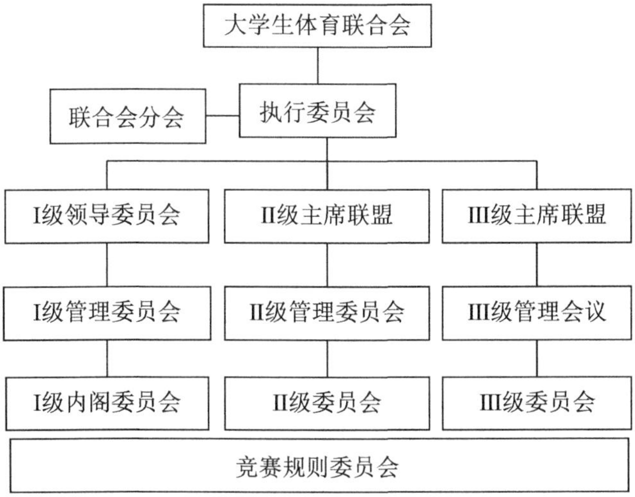


**图 3-1　大学生体育联合会的多元治理主体**

NCAA 执行委员会组织机构由体育道德与伦理委员会、公平竞争与运动医学委员会、研究委员会、妇女委员会、荣誉委员会、奥林匹克运动联络委员会等 14 个分会组成，各分会职责明确，主要包括：对联合会进行战略性全局指导、任免联合会首席执行官、联合会财务预算和治理、解决联合会内部纠纷、对联合会重大问题进行决策、每年至少召开一次各级别负责人治理全会、对联合会规章制度提出修正提案、召集年会或特别会议等。

I 级领导委员会包含 1 名首席执行官和 11 个联盟，主要包括：东南联盟、大西洋联盟、西部区联盟、大十联盟、US 联盟、中部联盟等。主要职责包括：制定治理细则和规章、制订联盟战略计划、制定工作细则和制度、批准年度预算、修改或废除治理委员会的行为、审批联合会内部开支与工资发放的规则等。

I 级管理委员会由 49 名成员组成，主要负责监督制度的执行情况、对领导委员会提出合理化建议、执行领导委员的指示、监督各个分支机构运作、关注妇女体育运动、配合联合会的少数民族计划、对联合会内部活动做出评价、剖析大学体育运动的发展与存在问题等。

I 级内阁委员会由 26~34 名委员构成，主要负责制定联盟发展战略、大学生运动员的资格审查和运动员申诉、了解运动员学业进展、联盟财务监督、配合领导委员会的战略性计划、接受企业赞助和组织冠军赛等。内阁委员会接受管理委员会的领导，管理委员会受内阁委员会的监督。

第二，从治理举措而言，NCAA 是一种具有自治权利的组织机构，并独立于美国奥委会和各单项体育协会之外，NCAA 主要以体育竞赛为载体，以促使运动员完成教育和促进运动员身心全面发展为目标。治理措施包括：①制定全国大学校际体育竞赛治理规则，组织全美大学校际运动计划，把体育与教育相结合，培养优秀运动员。②实行学院式治理，立法是 NCAA 治理的重要方式，通过大会决议对会员学校出现的问题进行立法，监督成员学校遵守联合会的规章制度。③保障联合会举办全国或区域性体育竞赛并为其制定规范标准，利用制度维护大学生运动员的合法权益，对成员普遍关心的校际问题进行协调处理。④不采用直接行政手段控制高校运动竞赛运行，主要借助法律制度对体育比赛进行间接调控，把体育有效纳入学校教育中，促使体育运动成为学生生活的一部分。此外，NCAA 通过设立各级组织机构，由上而下形成严密的治理系统，实施严格的竞赛分级，并规定各个级别赛事的责权，从而有效提高了治理效率，实现了 NCAA 公共利益最大化。

## 二、校际体育联盟“上下互通”的联动型治理结构

美国校际体育联盟是治理区域大学校际比赛的主体，在相关制度规范下，校际体育联盟以地理位置为界，以不同学校联合为方式，以比赛为手段，协同大学生体育联合会共同实施大学竞技体育治理。联盟是组织大学校际比赛的核心，体育联盟在组织全国比赛中发挥了重大作用，美国大学体育联盟是以地理位置为界，以比赛为主要活动的竞赛组织。美国大学生体育联合会规定，至少要满足 6 所学校才能成为一个体育联盟。目前，大学生体育联合会共有体育联盟 130 个，其中三级联盟 55 个，二级联盟 24 个，一级联盟 51 个，如著名的太平洋 12 校联盟、大湖区十强联盟、常春藤联盟、美国东部联盟等。图 3-2 展示的是美国校际体育联盟的治理机构情况。

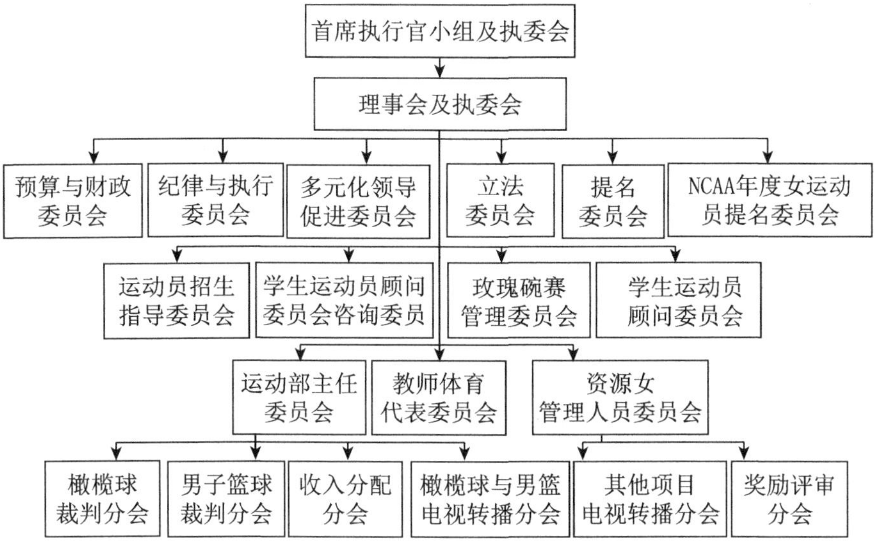


**图 3-2　校际体育联盟的治理结构**

美国大学体育联盟可根据自身情况，通过制度立法对联盟的比赛进行组织与治理。校际体育联盟以促进学生全面成长为治理目标，以联盟章程、操作计划、行政文案的制订为治理手段，通过立法对联盟比赛进行组织与规制，防止校际竞赛过度竞技化和商业化对运动员身体造成损害。校际联盟治理是在大学生体育联合会的制度框架下实施的，有些制度甚至比联合会的章程更为严厉，如常春藤联盟规定成员学校不得增加大学生运动员训练时间，这种规定与成员学校的治理规范相一致。联盟贯彻“上下互通”的联动型治理结构，具体分为 6 个治理层次，各个层级主体之间相互联系、密切协作。每一层级中具有不同的治理主体，通过协调委员会、联盟董事会、运动系主任理事会等多元主体间上下互动的关系，发挥各个主体在竞赛治理中的角色。校际体育联盟治理结构组成和特点体现在：联盟董事会由各成员学校的 CEO（首席执行官）组成，是最高治理机构，对联盟所有事务和财产拥有绝对的管理权力，包括审核批准联盟章程、评价和监督联盟的执行专员、制定联盟总体发展规划等；理事会和执委会下设 6 大三级委员会，主要协助董事会对联盟章程进行制定与修改，提出具有发展性的治理协议等；协调委员会主要由学校校长和运动系主任组成，主要负责协调联盟运动系主任委员会的工作，制订联盟的发展计划、审查联盟经费预算、协调联盟内部冲突等。校际体育联盟将促进学生身心健康作为治理内容，其核心治理理念是“以人为本”，把打造校际体育竞赛的“善治”作为行为目标，保障所有参与者表现出良好的行为规范，通过体育比赛来促进学生全面成长，培养大学生良好的身心素养。

非营利组织治理的终极目的是实现组织善治。善治的根本目标在于政府与民众对公共生活的合作治理，实现社会治理公共利益最大化①。对此，美国大学竞技体育治理的根本目标是在保障大学生合理体育需求的基础上，实现公共体育利益的最大化。大学竞技体育治理体制的特征是在大学生联合会的治理下，三个层次的治理主体能够相互配合，实现大学竞技体育与高等教育融合的目的。NCAA作为非营利组织能够克服政府和市场的缺陷，最大限度地避免治理失效，最大程度地实现组织的公益目标。美国大学竞技体育实行三级治理体制：第一级是由NCAA负责制定规章制度，对体育联合会进行宏观治理；第二级是大学体育联盟，也是美国大学校际比赛的核心部分，负责联盟内部校际比赛的治理；第三级由会员学校组成，属于微观治理，负责各运动队训练与具体治理②。

非营利组织的最大特征在于其公益性定位。非营利组织在治理体制上独立于政府，在制定决策与行为上不受政府的直接约束③。NCAA作为自发形成的非营利组织，是由民间组织机构、委员会、各中间协会和一些为满足个人体育运动兴趣的学生组成，主要依靠政府资助、商业运作、校友捐助、学校扶持来维持组织运作。此外，NCAA还具有自主治理的特性，通过制定内部规章对协会内部行为进行规制，实施组织治理，不受其他利益相关组织如政府、校友会、单项协会、捐赠团体的干预，按组织自己制定的规则严格实施治理，最大限度地保持大学竞技体育的相对独立性。

总之，美国大学竞技体育组织具有非政府性、公益性、自治性、非营利性、业余性等多个特征④，其宗旨是在促进比赛顺利开展中实现崇高运动精神的塑造，把运动员的运动能力、教育与学术水平一起融入教育体系，以平衡和协调参与者的学术能力、运动体验与社会适应能力，实现体育精神与大学精神的深度融合。

---

①Mary A Hums. Governance and policy in sport organizations [M]. New York: Holcomb Hathaway Publishers, 2013: 47.

②池建．美国大学竞技体育运作模式与绩效 [J]. 吉首大学学报：自然科学版，2013 (9): 1-4.

③李维安．非营利组织管理学 [M]. 北京：高等教育出版社，2005.

④Duderstadt, James J. Intercollegiate Athletics and the American University: A University President's Perspective [M]. Ann Arbor: University of Michigan Press, 2000: 116-118.

## 三、会员学校内部“独立—非独立”的分化型治理模式

非营利组织最终是为实现组织预定的公益性目标，从而满足政府和社会营利部门以外的治理空间。会员学校的内部治理体系是在国家法规和大学生体育联合会章程规范下，各大学组织与竞技体育相关事务的各类机构、制度和准则的总称。美国大学竞技体育的内部治理体系在大学董事会、治理部、教授会和大学评议会的制度框架下实施具体治理，提供政府和社会营利部门以外的治理空间。

美国大学竞技体育内部治理体制分为独立型和非独立型，两者在组织机构、培养目标、经费运行以及治理理念等方面均存在区别（图 3-3、图 3-4、表 3-1）。独立型治理体制相对简单，由校长或分管副校长作为治理主体，由学校竞技运动队组成的校内竞技运动系构成治理机构，在学校内部自成体系，具有较强独立性，只负责治理学校体育代表队的训练和竞赛。运动成绩是评价独立型治理效果的主要标准，因此，实施独立型体制的高校一般是竞技体育水平一流的成员大学，这类学校十分重视运动队的竞赛成绩，有着很好的体育传统特色项目，如犹他大学的游泳队、得克萨斯大学的橄榄球队、印第安纳大学的篮球队等。独立型治理体制的高校运动经费主要依靠比赛的商业性运作，学校对经费的控制权大，由于这类学校的运动成绩好，多数运动员毕业后都走向了职业化道路。非独立型治理体制同样具有完善的治理机构，主要由各系分管竞技运动的主任作为治理主体，治理机制相对松散，由多个领域人员共同参与，实施多方共治，如竞技体育运动委员会、竞技运动理事会，治理人员采取专职与兼职相结合的配备方式。经费主要来源于学校投入的教育经费，运动比赛获取的收入较少。运动成绩不是评价非独立型治理学校的唯一标准，运动员主要依靠学术教育，通过学校成绩（而不是运动技能）走向未来岗位。实施非独立型治理体制的运动队把竞技运动作为教育方式来看待，一般都是相对不重视竞技体育的高校，如德大圣安分校。相比而言，非独立型治理体制更加注重学生的文化教育，更加强调学生的全面发展，两种模式尽管宗旨不一致，但各自具备的治理体系都推动了大学竞技体育的规范化发展。

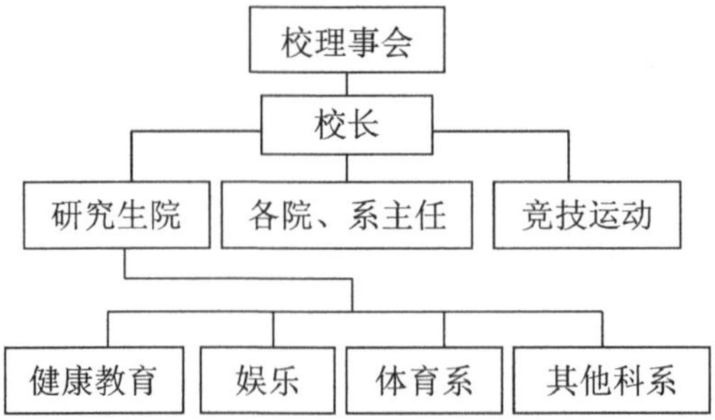


**图 3-3　独立型内部治理体制**

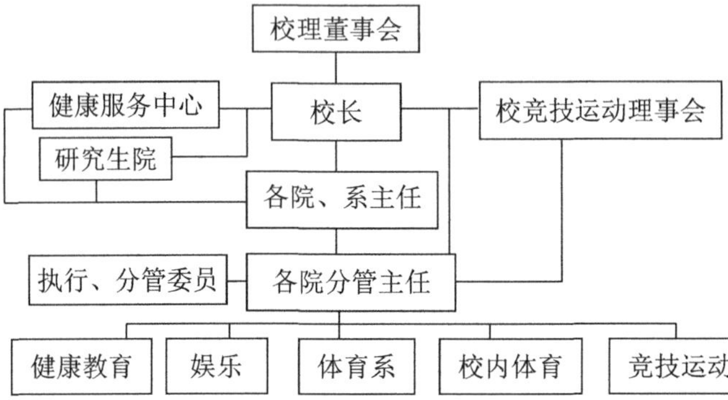


**图 3-4　非独立型内部治理体制**

**表 3-1　美国大学竞技体育内部治理模式①**

| 治理条目 | 非独立型治理 | 独立型治理 |
|---|---|---|
| 治理主体 | 运动部主任 | 校长或分管副校长 |
| 治理机构 | 独立的治理机构，实施多方共治，如竞技运动理事会 | 由运动队组成竞技运动体系，称为“校代表队”或“大学体育局” |
| 治理评价标准 | 运动成绩不作为目标和评价的唯一标准 | 把运动成绩作为衡量运动队制定目标和评价的重要指标 |
| 治理经费 | 主要是学校投入教育经费，运动比赛收入作为补充 | 主要依靠体育比赛来维持，有较大的经费控制权 |
| 与学校其他部门的关系 | 竞技运动作为一个学术团体，与其他部门和学科地位平等 | 自成体系，与其他学术团体和体育教学部不相关，独立性强 |
| 运动员出路 | 学生运动员依靠学术教育走向多个领域 | 运动员依靠运动技能走向职业化 |

①池建．美国大学竞技体育管理［M］．北京：人民体育出版社，2005：102.

## 四、大学竞技体育“相互联通”的协作性治理机制

美国大学生体育联合会作为非营利组织，其治理的根本目标在于实现协会的宗旨和使命。美国大学竞技体育治理机制是在 NCAA 的制度框架下实施的，通过各层治理机构、联盟和会员学校的彼此协作，整合各机制的治理权责，最大限度地挖掘大学竞技体育的教育价值。并且各个治理机制间相互配合、相互联系，共同构成了一个联通互动的治理综合体，维持了大学生体育联合会的正常运行。

美国大学生体育联合会的资源运行机制包括资源收益机制和资源分配机制，其中资源收益来源于多个渠道，包括竞赛产品的商业运作、联邦政府和地方政府的教育资金、社会捐赠、校友捐助以及学校上交的保证金等（图 3-5）。其中，商业收入是主要的财政来源，是 NCAA 保持持续运行的物质基础，包含电视转播以及市场营销、门票、广告、特许经营、赞助、版权等。在资源分配机制方面，由于 NCAA 组织的复杂性，各个运动联盟以及会员学校都具有一定经济收益的分配权利，从而导致了大学生体育联合资源分配出现多样性。其中，联合会层面主要采用合理分配的原则，第Ⅰ级别的高校占据了大部分收益，第Ⅱ、第Ⅲ级别的学校分配基金相对较少；联盟层面秉承平均分配和公平分配相结合的原则来分配联盟内部利益；学校运动系层面中主要按照多劳多得的原则分配相关利益。

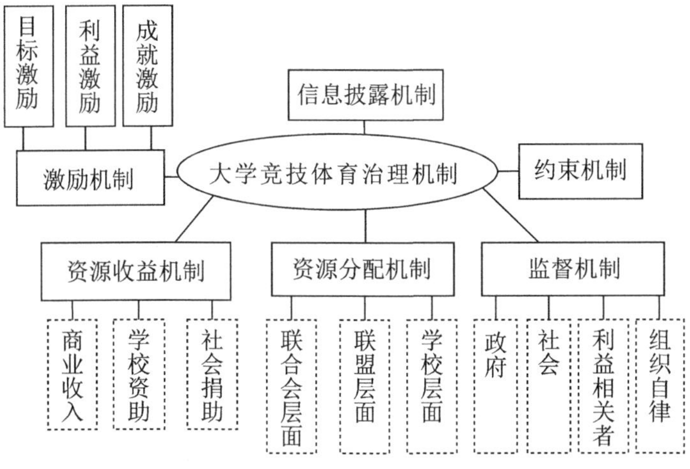


**图 3-5　大学竞技体育的多元治理机制**

监督机制是实现组织治理的重要内容，有利于提高组织运行效率。NCAA 的

监督机制分为政府监督、社会监督、组织自律以及利益相关者监督等多个部分。第一，在政府监督方面，美国政府主要通过相关法律和州教育机构对 NCAA 的会员学校实施间接的监管，规避非营利组织的组织缺陷，NCAA 与政府机构相互配合，以形成一种互补的伙伴关系。第二，在社会监督方面，主要通过民众监督和媒体监督来实现，社会组织监督的焦点主要有学生运动员的多种权益和 NCAA 改革，代表组织有全美反暴力运动员联盟（NCAVA）、全美青年体育运动联盟（NAYS）、美国教授联合会（AAUP）、体育道德研究院（SEI）、美国教育委员会（ACE）等，成为 NCAA 改革的重要推动力力量。媒体监督主要集中在对 NCAA 的商业化运作、NCAA 改革、NCAA 与大学学术活动间的矛盾等领域①。第三，组织自律方面，主要是 NCAA 通过内部成员对组织进行的监督和约束，从而达到完善组织制度和运行机制、改进组织结构、强化组织信念和使命的目的②。第四，利益相关者监督方面，主要通过学校校友、学生运动员、教师、治理人员、运动系教练员等利益相关者对 NCAA 运作进行的监督。

激励机制主要通过目标激励、利益（物质）激励和成就激励三个层面来实现，目标激励是联合会最高层次的激励，主要是把体育和教育高度融合为目标，促进学生运动员的全面发展；利益（物质）激励是 NCAA 实行商业化运作而实现的，主要以社会资本的形式对不同组别的会员、教练员、学生运动员实施奖励；成就激励主要针对低级别的组别，这种激励机制的设计满足了参与者自我实现的需要(图 3-5)。约束机制是 NCAA 按照指定制度有效运作，以便获得最大利益，保证提供更多的高水平的公共服务③。约束机制主要通过对运动员的资格认定、会员学校的资格、业余运动员的界定、NCAA 的商业性的说明以及相关惩罚制度等来实现。信息披露机制方面，NCAA 及时向社会公开相关信息，主要通过招生制度的透明、成员学校资格审核、对学生运动员的学习监督、运动员毕业率通报等方式来获得更多的社会支持，维护良好的社会形象。

## 第二节　美国大学竞技体育的具体制度治理

美国政府主要通过颁布政策法规的形式调控大学体育组织行为，以规范竞赛

①陈薇．美国区域性大学生校际体育竞赛管理机构与制度研究［D］．福州：福建师范大学，2013：40-45.

②Lisa Pike Masteralexis. Principles and Practice of Sport Management［M］. Jones Bartlett Publishers，2011：17.

③American school counselor Association. Asia defines The role of the School Counselor［M］. The ASCA Counselor，1990：10-23.

市场和促进大学生全面发展为目标，架构了大学竞技体育具体制度治理体系。其中，《业余体育法》《教育法修正案》《健康青少年户外法案》《全美大学生协会章程》等制度的辅助性支持，为推动大学竞技体育发展提供了法治基础。

## 一、联邦法规制度的基础性治理

制度是一系列被制定出来的规则、程序和行为的道德伦理规范。在美国这个高度重视制度治理的国度，政府不断通过政策、法规的制定实现对体育发展进行治理和调控。美国竞技体育的治理是在接受《美国业余体育法》制约的前提下行使权力的过程，NCAA 运用法律、法规等手段规范高校竞技体育赛事的开展，同时，NCAA 的组织运行也受多项联邦法律的约束和规制，《美联邦税法》第 501 条规定，在业余体育竞赛、教育、慈善、文学、宗教、科学、公共安全等方面从事非营利性活动的组织可以申请成为慈善组织，并获得税收优惠特权。此外，针对非营利性社会组织的活动，美国政府还设有专门的《示范非营利法人法》，相关法律制度包含 NCAA 免税豁免、竞赛知情法、反垄断相关制度及《教育法修正案》第九条等。立法是美国大学竞技体育治理的重要部分，所有校际体育比赛都有严格的法律约束，如针对校际体育运动中的“重男轻女”现象，1972 年的《第九条教育修正法案》在大学校际体育运动领域消除性别歧视，使男女运动员获得平等资助，维持了 NCAA 在性别上的均衡发展。《反垄断法》是专门针对职业体育的法规，尽管大学业余体育不属于反托拉斯垄断法的管辖范畴，但随着 NCAA 的商业氛围日益浓厚，越来越具备营利的能力，因此成为反托拉斯垄断法的监督对象，使人们对于 NCAA 到底属不属于商业性组织这一问题进行了大量探讨。这些制度安排对大学竞技体育的开展起到了很好的辅助性作用。

联邦法规制度的基础性治理为大学竞技体育发展提供了法治环境，美国各项制度治理的波及面广泛，贯通着国家治理、社会治理等多个治理体系的经脉，是一个治理综合体。为更有效地实现治理目标，需要国家和社会治理层面的制度支持。近年来，美国政府不断颁布新的法案，如《健康青少年户外法案》《滑雪场娱乐法案》《体育教育创造更加健康的国家的法案》《青少年体育 GAO 调研的法案》（*GAO Study on Youth Sports*）、《保障学生成功、安全和健康的法案》（*Successful, Safe and Healthy Students Act*）、《2008 年美国人体育运动指南》等对于大学生业余竞技体育参与也起到了很好的引导作用。尤其是《全美大学生协会章程》，构建起治理美国高校竞技体育的主要制度框架，其内容详尽，对运动员招募、教练员治理、经费的来源与使用及会员学校的权利、义务、参加资格等方面都有详细而严格的规定，并且还对 NCAA 的商业运营、媒体转播、版权、保险等方面做了明确规定。另外，一些主要针对职业体育的相关法律，如劳动雇佣法、平等报酬法、残疾人保护法、合同法、公民权益保护法等也不同程度地对 NCAA 的运行起到间接约束作用，使其始终在美国体育整个大环境中持续发展。

## 二、竞赛配套制度的补偿性治理

体育与商业存在密切的依存关系，挖掘体育竞赛的商业价值是维持美国大学竞技体育持续成长的物质保障。为保障大学竞技体育赛事质量，NCAA 在联邦相关政策的基础上，专门打造了支持竞赛开展的补偿性制度，内容覆盖赛事投入、运作、产出及调控等多个领域，促使竞赛程度更为标准化，最大限度地挖掘竞赛产品的质量。NCAA 的具体制度设计在美国大学竞技体育的发展中发挥了重要作用，竞赛配套制度的补偿性治理推动了美国大学竞技体育赛事的规范发展。

从图 3-6 中可以看出，美国大学竞技体育具有 4 类竞赛补偿制度，第一，收入分享制度，规定 NCAA 要把大部分收益优先分配到具有重大影响的联盟，然后，将剩余收益分配给其他会员单位。如太平洋十校联盟、大十联盟、东南联盟、大东联盟的收入分享数额巨大，尽管有影响力的联盟得到了大份额利益分配，但给予所有会员同等的比赛机会，并建立了严格的制裁制度。如 2009 年，NCAA 的财政总支出为 50. 12 百万美元，而用在第Ⅰ级联盟的支出多达 45. 13 百万美元，占到了总数的 90%①。这种治理制度既提高了大联盟的积极性，又赋予了所有联盟平等的获胜机会，提高了 NCAA 运营效率。第二，赛事投入制度，治理举措体现在 NCAA 制定了强制执行的合谋协议，严格控制市场的赛事投入，保持协会的利润率与稳定性，包括通过限制赛季长度、学生运动员数量、运动员自由流动、运动员资助标准、助理教练薪水的控制等间接手段实施。第三，赛事产出制度，主要是 NCAA 通过控制电视转播权，专门出台了减少一般性联盟比赛的转播规定，目的是打造特色赛事精品，提升赛事影响力。如减少橄榄球 BCS 比赛的数量，并专门出台了减少橄榄球、篮球、棒球等大联盟比赛和训练次数的规

①Fleisher，Arthue. Brian L. Goff，Robert D. The National Collegiate Athletic Association：A Study in Cartel Behacior［M］. Chicago：University of Chicago Press，1992：56.

制。第四，违规处罚制度，主要针对非法招募及非法馈赠、违反规则的投机行为、违反运动员学籍治理、违反运动员训练制度、违反分配规则以及电视合同等行为制定的制度举措，尤其是对学生运动员的非法经济资助和违规招募的治理尺度最大。

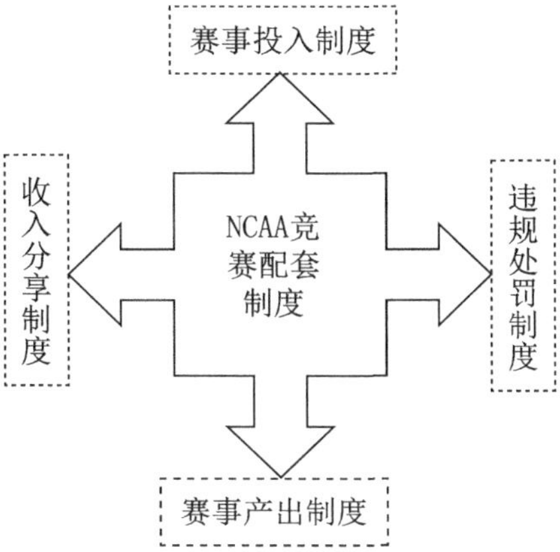


**图 3-6　美国大学竞赛的补偿制度**

总之，NCAA 在保证大学竞技体育业余性的同时，积极引导赛事的投入与产出，建立对违规行为严厉处罚的执行制度，控制各个会员机构避免违规事件的发生，激励和约束内部会员机构，不断提高大学竞技体育产品质量。可以说，美国大学竞技体育配套制度有效维持了内部竞技实力的均衡，降低了组织内部的交易成本和无效竞争，缓解了会员间的利益冲突，使 NCAA 在保持利益最大化的同时实现健康成长。

## 三、人才选拔制度的保障性治理

美国属于典型的地方分权制，各个州行使教育的自主治理，但是每个州在大学生运动员的招募上都有严格的要求。大学生运动员的选拔必须严格遵循 NCAA 相关制度，对招生人员认定、资格审查、学校行为等都有专门的制度约定，任何学校都没有权力单独招收运动员，所有申请者必须向 NCAA 资格审查委员会申请，只有达到要求才能成为一名大学生运动员，严格的人才选拔制度及其治理流程保障了后备人才梯队的质量，促进了大学竞技体育后备梯队水平的不断优化。

从图 3-7 中可以看出，美国大学竞技体育人才的选拔涉及多个治理主体，大学生体育联合会全国办公室从宏观上调控整个招生过程，但不负责申请者的资格审查，每年办公室要对申请者的运动项目做总体上的把握和协调，控制不同项目学生的合理分布。资格审查委员会是审查大学生运动员的全权机构，负责解答招生中的相关问题，所有申请者必须先经过资格委员会的审核。联合会成员学院服务中心负责协助、配合资格审查委员会的工作，负责提供免费的申请指南，对申请者的情况做记录。成员学校负责对经过资格审查委员会审核后的大学生进行面试和评价，并决定是否录取。经过成员学院面试、评价后的申请者，最后在东南联盟的指导下签署国家意向书和经济赞助协议。

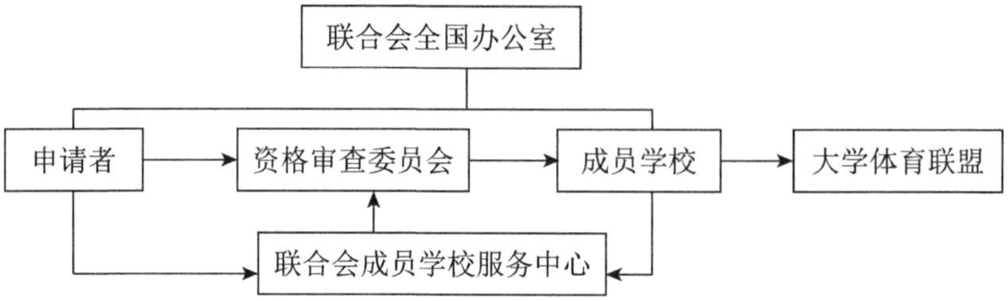


**图 3-7　美国大学生运动员选拔流程**

第一，大学生运动员的资格审查。资格审查包括运动资格审查与学术资格审查两个方面，对大学生的受教育程度、学术水平和运动能力都有严格规定，从开始就做到了体育与教育相结合。其中，学术资格方面大学生必须满足四个条件：高中毕业、各科成绩合格、完成 16 门核心课程、SAT 和 ACT 考试成绩达到最低分数线。学术资格审查是以学生发展为中心，确保了运动员的文化学习基础，不仅有利于大学竞技体育的可持续发展，而且实现了体育与教育相结合的目的。竞技资格主要审查申请者有没有参加职业运动的痕迹，以及是否获得过竞技体育奖学金，资格审查是推进大学竞技体育业余性的保障。

第二，大学生运动员的招收流程。一个完整的招生程序分为接触、评价、安静和封闭四个阶段①。在大学生运动员与成员学校的接触过程中，NCAA 进行着宏观治理和调控，并针对性地制定了有关招生过程中的参观、交通、媒体参与、夏令营、毕业率考察等多个方面的具体制度，双方必须严格遵守。为保证公平性，避免人为地造成不平等，NCAA 对成员学校招生过程中的学校行为及相关的经济行为做了严格规定，尤其是对招生过程中教练员和学生运动员的接触时间进

①邹月辉．美国得克萨斯州大学生运动员人才培养研究［D］．北京：北京体育大学，2011：54.

行严格限制，从而有效避免招生过程中不平等现象的出现。

第三，大学生运动员的招生渠道和方式。为完善后备人才的培养体制，推动青少年参与体育运动，大学生联合会每年都要举办青少年训练营，称为青少年计划（Youth Programs）[①]。大学教练也会通过职业跟踪报告、高中教练推荐及媒体宣传等方式挑选具有天赋的运动员。此外，NCAA 对预科大学生运动员也提供了较为宽松的入学机会，尤其是对国际大学生运动员和残疾运动员也有相关的招生制度。

美国大学的运动员招生机制体现出一种特殊的宗旨：参与竞技运动只是作为学生的兴趣爱好，而非一项任务，运动员称号也只是一个学生的身份，而不是专业的运动员，体现了大学竞技体育的业余性原则。在这一原则的引导下，NCAA 的招生选拔制度特征明显：首先，资格认证制度和录取制度较为完善，对运动员的入学文化成绩和体育奖学金定额有严格规定，旨在促进各成员学院招生过程的平等，保证了美国大学体育的可持续发展。其次，学生入学机会多且选择面广。一些优秀的运动员往往会收到许多学校的关注和邀请，学生也会主动向一流的学校自我推荐。再次，实行学术和竞技双元审查标准。美国的后备人才培养体制没有初级选材，只要有兴趣并达到学术和竞技要求的学生都可以参加，竞赛中采用信任机制和积分制度，扩大了竞技体育选材面。最后，高额奖学金吸引人才。运动员招生是一种双向选择的过程，在这个过程中一些学生通常把奖学金和未来的职业发展作为参加竞技体育的动力，对此，学校通过设立专门的运动奖学金来吸引人才，极大地提高了生源质量。

## 四、多元配套制度的引导式治理

多元治理不仅指治理主体的多元化，而且要求治理目标的多元化，多元治理的最终目标是实现组织善治。多元治理目标需要多元制度引导，通过运用不同制度规范机制运行，推进不同主体间协作，从而最大幅度地增进公共利益，形成了以“多元主体、多元服务、多元平台”为基本架构的共治体系，提升了组织活性。图 3-8 展示的是大学竞技体育多元治理目标体系。

---

①Depken, Craig A, Dennis P. Wilson. Institutional change in the NCAA and competitive balance in intercollegiate football［N］. Westport: Economies of collage sports, 2004: 179-210.

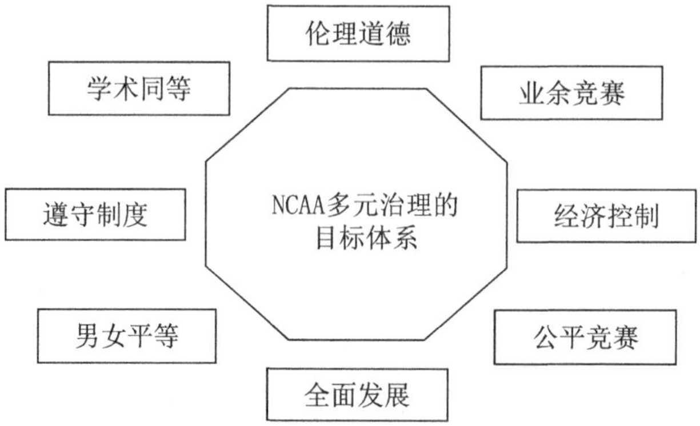


**图 3-8　大学竞技体育多元治理目标体系**

从图 3-8 中可以看出，美国大学竞技体育具有多元治理目标，每种目标的实现都有特殊制度引导。①促进大学生全面发展的制度。为保障大学生运动员在学术水平、竞技水平和思想道德等方面得到全面发展，NCAA 规定成员学校要为大学生运动员提供健康和安全的生活环境，保证运动员享有接受教育的权利，不允许把运动员作为获胜的工具，强调运动员首先是学生，其次才是运动员，始终把运动员的学业放在首位，促进运动员的全面发展。②促进男女平等的制度。联邦法律规定，每个社会组织都要遵循政府颁发的有关性别平等的法律。对此，NCAA 建立了立法制度，在治理章程、教育方案和招生标准中杜绝任何不平等倾向，通过立法促进成员学校遵守男女平等的规定，联合会的任何活动都避免性别歧视。③维护体育伦理道德的制度。为提高大学生运动员素养，NCAA 规定协会中任何行为都要体现公正、文明、诚实和责任心，这些道德素质不仅体现在体育领域，还延伸到了学生运动员的整个教育经历中，从而弘扬了运动员精神，树立了良好的体育道德风尚。④强调运动员学术水平同等的制度。大学体育与教育是紧密相连的，将体育竞赛融入教育是 NCAA 的根本追求，NCAA 规定大学生运动员的招生、学业任务、学术标准及毕业要求等方面都与其他学生相同，运动员的毕业率要与全校学生一致。⑤遵守制度。NCAA 规定任何会员学校都必须遵守联合会的制度，任何大学生运动员、教练员、相关团体都要严格执行联合会制度，所有校际体育运动都要遵循联合会的立法制度，对于违纪现象应进行调查取证并严肃处理。⑥业余竞赛制度。业余性是 NCAA 区别于职业体育的根本属性，始终要求参与体育运动的大学生是业余运动员，他们只是为了爱好而参与体育，目的是通过体育这种教育形式促进身心发展。NCAA 强调不允许把运动员作为获胜的工具，杜绝任何职业或商业比赛。⑦倡导公平竞赛制度。公平是 NCAA 秉承的重要价值目标，NCAA 赋予会员学校在参加各类体育竞赛中具有公平参赛的权力，从竞赛组织、竞赛安排、资源分配等多个领域进行规制，避免运动员参与竞赛中的任何不公平现象。⑧经济控制制度。NCAA 为运动员参与竞赛提供了机会保障，规定运动员所获得的体育奖学金不能超过联合会规定的标准，不经过 NCAA 特许，学生运动员不能接收任何来自学校之外的经费援助，从而有效避免大学竞技体育的商业扩张。

## 第三节 美国大学竞技体育制度治理的特征

美国大学竞技体育在治理理念、治理结构、治理手段、治理过程、治理举措等方面特色显著，体现出遵循“教体融合”的人本化治理、多元主体协同共治、制度基础上的法治治理、贯穿治理过的“业余竞赛”等特征，很好地实现了大学体育与大学教育相结合，保持了大学体育竞赛的业余属性。

### 一、治理理念：始终把体育作为一种教育方式

竞技体育的发展离不开教育，美国体育的本质归属于教育。竞技教育很早就成为美国高等教育的重要内容，随着社会的发展，美国大学人才培养的目标和理念，不断得到提升和完善，把体育作为高等教育和社会活动的一个基本成分，仍然是当今美国一流大学选择未来领袖人才的重要考虑。美国大学生体育协会作为独立的自治组织，坚持学术独立和制度自治，治理理念嫁接于大学教育制度基础之上，始终遵循学校教育的制度治理框架，强调运动员首先是学生，其次才是运动员，最大特征是把体育与教育融合在一起，把体育作为一种教育方式，按照教育规律治理竞技体育。通过发挥大学竞技体育体制制度治理举措，运用 NCAA 多元化治理体制、校际体育联盟“上下互通”的联动型治理结构、“相互联通”的协作性治理机制以及法治化治理手段推进了体育和教育相结合，让运动员在接受教育的过程中学习运动技能、强身健体、培养良好的道德品质，并根据个人特点不失时机地挖掘学生的运动潜能，促进学生的全面成长。从美国大学竞技体育制度治理跨度来看，把体育作为一种教育方式并非偶然，而是贯穿于体育竞赛的每一个阶段。通过强化体育竞赛的“业余”性，把参与竞赛作为大学生的业余爱

好，始终把运动员学业放在首位，不允许把运动员作为获胜的工具，严格划清了大学业余体育和职业体育的界限，通过体育竞赛制度的教育价值使学生得到身体和心理的协调发展。始终遵循一种“教体融合”的制度治理观念，把运动竞赛作为教育方式，保障学生的竞技能力、思想品德、学术素养等多方面协调发展，把运动员的运动能力、教育与学术水平一起融入教育体系，以平衡和协调参与者的学术能力、运动体验与社会适应能力，实现体育精神与大学精神的融合。在特殊的教育治理理念引导下，体育在美国世界一流大学的人才培养中一直占有重要的地位，200 多年来，美国一流大学在培养了数百名诺贝尔奖获得者、无数政企领袖和社会精英人才的同时，也培养了一大批奥运会运动员，这些大学生运动员在世界大赛上的完美表现为美国赢得了无数荣誉。表 3-2 展示的是美国部分世界一流大学学术成就及培养精英人才情况。

**表 3-2　美国部分世界一流大学学术成就及培养精英人才①**

| 学校名称 | 2017 年世界排名 | 学校性质 | 诺贝尔奖人数 | 菲尔兹、普利策图灵奖/院士人数 | 培养奥运会选手 |
|---|---|---|---|---|---|
| 哈佛大学 | 1 | 私立 | 133 | 41/306 | 268 |
| 斯坦福大学 | 3 | 公立 | 64 | 64/282 | 335 |
| 普林斯顿大学 | 7 | 私立 | 41 | 24/135 | 112 |
| 哥伦比亚大学 | 11 | 私立 | 98 | 15/54 | 56 |
| 耶鲁大学 | 13 | 私立 | 57 | 14/116 | 156 |
| 密歇根大学 | 17 | 公立 | 22 | 33/128 | 178 |
| 南加州大学 | 23 | 公立 | 5 | 33/91 | 288 |
| 加州大学伯克利分校 | 4 | 公立 | 91 | 26/225 | 582 |
| 加州大学洛杉矶分校 | 9 | 公立 | 16 | 17/94 | 332 |

注：菲尔兹奖为数学领域的诺贝尔奖，图灵奖为计算机界的诺贝尔奖，普利策奖为新闻界最高荣誉奖院士，含美国国家科学院（NAS）、国家工程院（NAE）、国家医学院（IOM），相关数据统计到 2016 年 12 月。

①王永盛，王超．美国大学竞技体育强势发展的三大因素解析［J］．北京体育大学学报，2017，40（9）：1-8.

## 二、治理结构：凸显多元治理主体协同共治

治理主体是实施体育治理的直接参与者，治理主体的角色和关系决定着治理结构和效果的达成。多元主体的合理介入和共生是推进制度善治的必需，多元主体的联动是美国大学竞技体育制度治理的重要特征，多个治理主体在相互联系、相互配合的关系中提升治理绩效。

美国大学竞技体育存在着包括大学生体育协会、校际体育联盟、会员学校以及各类运动队等组成的多个治理中心，通过多中心的协同联动，实施大学竞技体育多元治理。这种多元主体治理结构的存在并非偶然，而是建立在美国政府分权体制的社会制度之上，美国体育遵循社会化治理制度，政府和各州、地方政府均不设立体育治理机构，大学竞技体育主要由社会组织负责治理，政府只通过法律手段对其实施宏观调控。不同主体间不存在管辖制约关系，而是强调主体间的“横向互动”，多元主体在沟通、协作的基础上达成利益诉求。在国家强调多元主体共同参与的制度框架下，美国大学竞技体育实行三维治理结构，外部治理层由 NCAA 负责，对联合会下属的会员学校以及各类联赛进行宏观治理；中间治理层是大学体育联盟，也是美国大学校际比赛的核心，负责不同联盟内部校际比赛的区间治理；内部治理层由会员学校组成，属于微观治理，负责各校运动队与具体事务治理（图 3-9）。三个层次的治理主体能够相互配合，围绕业余性这一核心理念，以体育和教育为治理载体，在实现大学竞技体育与高等教育融合的基础上促进学生全面发展。总之，美国大学竞技体育尊重多元主体的个性化和多元化，注重主体间协作，通过主体间的互动和监督，整合各主体利益诉求，构成了大学竞技体育联合会主导、校际体育联盟协同、会员学校和运动队共同参与的多元协同治理体系，最大限度地避免治理失效，提升了大学竞技体育的治理绩效。

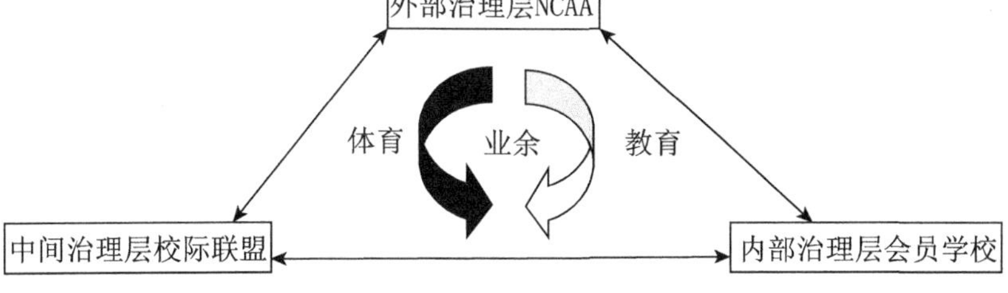


**图 3-9　美国大学竞技体育的协同共治**

## 三、治理手段：强调制度基础上的法治治理

立法是大学竞技体育治理的重要组成，大学竞技体育治理是在遵循《联邦宪法》的法治框架下实施的，所有校际体育运动都要遵循NCAA的立法规范。美国大学生体育协会和校际体育联盟作为公益性非营利组织，其组织运行不具备政府机构的强权特征，而是建立在健全的制度基础之上，通过具体制度地制定实施法治治理，通过法律条例来规制组织内部行为，按系列法律规则实施严格治理。NCAA设有专门的立法委员会，负责制定和解释联合会规章制度，并对违法单位进行调查取证，根据违法程度做出相应处罚。《全美大学生协会章程》架构了大学竞技体育的法律规范，具体立法详尽，主要包括一般条款、联合条款、区域条款和关键条款等，以规范竞赛市场和促进大学生全面发展为法治目标，其法规体系包括运动员招募、运动员培养、内部纠纷、奖学金设置、财务运行、比赛类型与区域划分等多个层面，通过严密的法治执行和监督对各个环节进行约束，防止大学竞技体育脱离业余性，避免竞技赛事的职业化扩张，使参与其中的大学生免受运动伤害，提升了NCAA赛事的品牌效应。并且，美国大学竞技体育具有健全的人才选拔制度，各大职业联盟每年都通过“选秀”制度从学校业余竞技体育系统中选拔高水平学生运动员，定期为自己注入新鲜血液，从而保障了职业体育的可持续性发展。尤其是大学生体育联合会（NCAA），为职业体育输送了大量高水准的学生运动员，成为各职业联盟的主要人才储备库。职业体育通过一年一度的运动员“选秀”，推进了业余竞技体育与职业体育之间形成了自然而紧密的衔接关系，保障了美国竞技体育的可持续发展。具体而言，美国政府机构没有直接治理大学竞技体育的权力，主要通过颁布政策法规的形式对大学竞技体育进行宏观调控，大学生体育协会通过内部法治构建、治理制度搭配、治理机制组建等制度设计，防止校外其他组织干预大学竞技体育的正常运作，通过法律规范建立严格的立法程序，强调法治基础上的组织自治，从而保障了不同治理主体的职责和权限，使大学竞技体育在法治轨道下高效运作。

## 四、治理过程：贯穿大学竞技体育的“业余竞赛”

业余性是美国大学竞技体育制度治理的本质属性。美国大学竞技体育与职业体育的最根本区别就在于其业余性，业余性贯穿于美国大学竞技体育的整个过

程。在大学竞技体育由校际间自发的竞赛活动发展到完备的竞赛体系过程中，始终将体教融合下的“业余竞赛”作为治理的过程性要素，通过一系列严格的制度设计，将校际比赛与职业联赛区分开，规避职业体育和商业资本的负面影响，保持大学体育竞赛的业余性，这也是美国大学竞技体育可持续发展的保障。治理过程的特征体现在：第一，强调大学生接受竞技体育只是大学教育过程的一个经历，而非一项任务；参与竞技运动只作为学生的兴趣爱好，大学生运动员只有一个学生身份，不是专门运动员；保证运动员享有接受教育的权力，不允许把运动员作为竞技工具，杜绝任何职业或商业比赛。第二，以业余训练为主，贯彻体教融合的治理理念，对运动员业余训练做出严格规定，如要求运动训练在业余时间进行，一周内限制学生运动员参与训练的时间不能超过 10 小时，否则将被禁止参加训练和比赛；校内体育竞赛一般安排在周六、周日以及暑假期间进行，避免学生运动训练与文化学习的冲突。第三，遵循“学院式”竞技人才培养模式。依托学校培养后备人才，遵循竞技成绩与学术水平等同的业余主义治理原则，实现大学体育与大学教育相结合，依靠学校的业余训练来培养竞技体育人才，最大限度地挖掘业余竞技体育的教育价值，既能使运动员具有较高的文化素质，又能满足职业体育所需的高水平人才需求。在“业余竞赛”治理过程的引导下，突出的竞技水平并不是选拔大学生运动员的唯一标准，大学生运动员的文化素养、受教育程度也是考察的关键一环，美国高中体育特长生在入学前均需通过大学统一组织的学业测试，即使是奥运会冠军也不会享受降分或加分的优惠政策。可见，美国大学将文化教育摆在了首要的位置，通过体育与教育的深度融合，为美国竞技体育的可持续性发展提供了重要保障。这种治理过程重视学生的人格发展，将体育作为精英教育的重要内容，视体育为教育的一大核心，认为“体育是一切教育的基础，体育是完善人格的重要手段”。这种治理模式促成了学习成绩与运动成绩的共同提高，如“常春藤”体育联盟高校代表了美国和世界竞技体育的最高水平，至今为止，“常春藤”8 所高校已经在奥运会上获得了 542 枚奖牌和 227 枚金牌，一流的竞技体育水平可与其崇高的学术地位相媲美（表 3-3）。

表 3-3 “常春藤”联盟大学竞赛成绩、运动队规模及奥运会奖牌①

| 学校名称 | 奥运会奖牌数/枚 | | | | 运动员人数 | 运动队数量 | NCAA 及联盟冠军 |
|---|---|---|---|---|---|---|---|
| | 金牌 | 银牌 | 铜牌 | 奖牌总计 | | | |
| 哈佛大学 | 46 | 44 | 24 | 114 | 1000 | 43 | 148 |
| 耶鲁大学 | 51 | 26 | 30 | 107 | 838 | 38 | 106 |
| 普林斯顿大学 | 38 | 22 | 23 | 83 | 942 | 38 | 84 |
| 宾夕法尼亚大学 | 24 | 28 | 22 | 74 | 765 | 27 | 92 |
| 达特茅斯学院 | 24 | 24 | 15 | 63 | 842 | 34 | 67 |
| 康奈尔大学 | 28 | 19 | 8 | 55 | 653 | 20 | 61 |
| 布朗大学 | 11 | 8 | 16 | 35 | 840 | 37 | 56 |
| 哥伦比亚大学 | 5 | 4 | 2 | 11 | 797 | 29 | 48 |

注：表内成绩为 NCAA 一级竞赛和联盟比赛成绩统计，截至 2016 年 12 月。

## 五、治理举措：推动竞赛适度商业化与人才流动职业化的有机衔接

美国大学竞技体育的发展先于职业体育的发展，它为美国职业体育贡献了大批优秀运动员，也贡献了无数观众，大学竞技是美国人最关心的体育赛事之一。商业化作为募集社会资本的方式促进了大学竞技体育的发展。美国大学竞技体育制度治理的一大目标是避免竞技赛事的过度职业化扩张，同时不排斥商业化和产业化运作，通过开发竞赛的商业价值，利用门票收入、电视转播、标志物开发等获得收益，追求社会价值和经济价值双重利益。如何从制度层面保障大学竞技体育的商业化泛滥扩张，协调市场环境下教练员、运动员、治理人员和赞助商等多个主体间的利益关系是治理的关键。美国大学体育竞赛商业化的成功运作，为其发展提供了雄厚的资金支持，对无法做到收支平衡的院校，学校都给予足够的预算拨款。NCAA 的治理宗旨在于将校际体育竞赛纳入教育体系中，使体育运动真正成为大学生活的一部分，NCAA 制定了严格的制度保证学生运动员的业余性，但对于大学体育赛事活动，则完全按照商业化和市场化的运作模式。NCAA 围绕赛事资源完成了一系列商业开发，以卓著的社会效益和显赫的经济效益，成为全

①王永盛，王超．美国大学竞技体育强势发展的三大因素解析［J］．北京体育大学学报，2017，40（9）：1-8.

球最成功的大学体育联盟，近 44 万名大学生运动员参加 NCAA 组织的各类竞赛。NCAA 通过收入分享制度、利益平衡制度、资源分配制度和监督制度等，对大学竞技体育业余性与商业化的冲突与平衡进行治理，避免过度商业化对业余性的影响，推动了大学竞技体育市场化、社会化与业余性的融合，在保障大学竞技体育良性运作的同时，将比赛产生的经济收益回馈学校。此外，美国大学竞技体育组织积极与职业体育俱乐部合作，通过共同打造后备人才梯队的良性治理制度和相互衔接的人才培养机制，推动大学生运动员向职业层次流动。将“学院式”治理体制作为实现竞技体育后备人才培养的载体。在这一制度下，各大职业联盟每年都通过“选秀”制度从大学竞技体育系统中选拔高水平运动员，NCAA 与职业联盟形成了自然而紧密的协同治理关系，高校成为职业联盟的人才储备库和孵化园，实现了学校业余竞技体育带动职业体育发展的共生治理效益，不仅培养了大学生的体育参与意识和顽强品质，而且为职业体育提供了大批后备人才，保障了美国职业体育的可持续发展。

# 第四章 CHAPTER 4 美国大众体育的制度治理

美国作为世界大众体育开展状况最好的国家之一，始终把大众体育作为体育事业的基础，在国家发展的不同时期，大众体育担当了重要角色，由大众体育催生出的庞大体育人口，推动了美国体育的不断成长。美国大众体育活动主要在社会治理框架中实施，大众体育具有健全的制度治理体系，包括横向联动的社会化多元协同治理体制、有限政府的参与式治理机构、地方政府的联动型治理机制、多元社会组织的自主治理和协作化治理模式。不同时期，美国注重将制度作为有效手段融入大众体育治理，利用制度规制下的治理体系引导大众体育发展，在长期实践中形成了显著特征。美国大众体育的制度治理是联邦政府、州（地方）政府以及社会非政府组织共同实施的一种治理体系，大众体育主要由地方政府体育治理机构和社会组织负责，这种治理模式能够充分调动社会组织的主体地位，多元主体在沟通、协作的基础上，形成了横向联动的多个治理中心，不同组织与政府部门、社会组织、非营利体育组织通过积极的互动，保障了高质量社会公共体育产品供给，满足了不同人群的体育需求。

## 第一节 美国大众体育的体制制度治理

美国大众体育的制度治理是联邦政府、州（地方）政府以及社会非政府组织共同实施的一种治理体系，其中，横向互动的社会化管理体制是推动大众体育发展的基础，有限政府参与的调控型治理为大众体育发展增添了活力，地方政府参与的联动型治理推动了大众体育的协同性发展。通过完善的大众体育治理机制架构，保障了高质量的公共体育产品供给，满足了不同人群的公共体育需求，并以大众体育的制度善治为最终目标。

## 一、横向联动的社会化多元协同治理体制

美国大众体育主要在社会组织的治理框架中成长，在美国固有的政治文化和社会治理体制下，美国政府没有专门的体育治理机构，政府不对体育事业进行直接治理。美国大众体育的治理体制属于社会主导型，注重发挥不同政府机构、社会组织、协会和俱乐部等多元主体的横向互动。其中，政府在整个过程中主要通过制定相关制度、提供经费支持、修建体育设施等方式实施间接治理。

美国体育治理主体具有多元化特征，大众体育的治理体制分为三个层级，分别是联邦政府、州政府和地方政府，三个治理层级的不同主体既相互独立又相互关联，州政府和地方政府拥有高度自治权，与联邦政府互相监督（图 4–1）。大众体育领域的具体工作也是由各州政府和地方政府负责治理，联邦政府虽然没有专门的大众体育治理机构，但很多政府的重要部门，如国家公园委员会、内政部、教育部、劳工部等 12 个部门都参与到体育治理中，这些部门与大众体育制度的制定密切相关①。

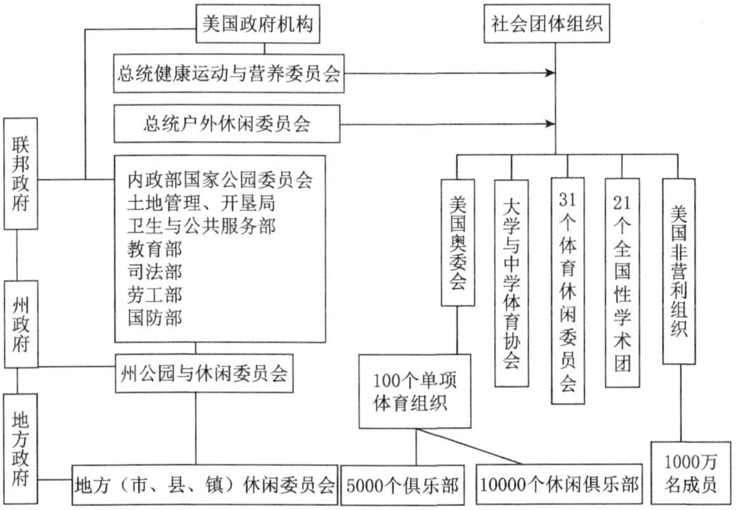


**图 4–1　美国大众体育治理体制②**

①Progress Review of Physical Activity and Fitness of Healthy People 2010 [S]. Department of Health and Public Service, Washington, DC: Public Health Service, 2008.

②中国群众体育现状调查课题组．中国群众体育现状调查与研究 [M]. 北京：北京体育大学出版社，1998：29.

本着“小政府”的治国理念，美国联邦政府不直接参与体育政策的制定，而是把权力交由地方和社会机构，在整个大众体育的治理过程中政府通过制定相关制度、提供经费支持、修建体育设施等方式实施间接治理。政府主要依靠“总统休闲委员会”与“总统健康运动与营养委员会”负责为公民提供咨询、进行监督、决策和宣传体育运动的重要性，通过制定公民健身政策，提供科学健身指导等，但这两个机构不负责大众体育或资金的筹集与活动的组织。在各个州政府和地方政府中设置了相应的“公园与休闲委员会”，它们主要负责地区大众体育的咨询与指导服务。参与美国大众体育治理的主体集中在社会体育组织，主要有美国奥委会、31 个体育休闲委员会、21 个全国性学术团、大学与中学体育协会（NVAA）以及一些非营利组织，其中美国奥委会是最主要的治理主体，包含 100 个单项体育组织，下设 5000 个俱乐部①。

美国强调社会体育组织的独立自治和不同组织间的相互配合，在大众体育治理方面，美国政府与各州政府、地方政府之间并非是上下级关系，而是一种“自下而上和横向互动”的平等法律关系。三者之间相互协作、密切沟通、分工明确，联邦政府负责体育的宏观治理与调控，地方政府从资金投入、健身指导、公共服务供给等方面支持大众体育的发展，各地方的社区体育则由地方各级休闲委员会、非营利组织和各类休闲俱乐部等具体负责，各类组织之间相互联系，密切协作，共同推动了美国大众体育的发展。

## 二、有限政府的参与式治理机构

从国家层面而言，作为有限政府，美国实施制度治理主要是通过限制政府的权力，扩大社会的权利而实现的。通过把权力交由社会，增加了社会体育组织治理的活性。早在中华人民共和国成立前，《独立宣言》中就有对政府权利进行约束的规定，《权利法案》则进一步明确了制约政府权力的制度机制，最终把政府的权力牢牢束缚在制度的“笼子”里，形成了对政府权力的有效约束②，把更多权力交由社会，提升了不同社会组织参与体育治理的活力。

---

①Robinson J J. Time expenditures on sports cross ten countries［J］. International Review of Sport Sociology，1990（2）：67-87.

②Barrie Houlihan. Sport，Policy&Politics：A Comparative Analysis［M］. London：Routledge Press，1997：107-145.

美国联邦政府不参与大众体育的直接治理，主要通过一些与大众体育相关的组织机构间接参与，通过多个政府机构的“参与式治理”，从不同领域规范大众体育发展。联邦政府中与大众体育相关并承担相应职能的部门多达 13 个，如教育部、内政部、农业部、劳工部等，其中有 6 个部门负责修建与维护运动休闲设施，提供体育活动的场所；1 个部门（总统与体质运动委员会）负责大众健康咨询；1 个部门（卫生与社会福利部）制定大众健康政策和体育活动标准（表 4-1）。各类政府行政机构将体育治理的核心定位于推动制度的制定、相关法规的调控与指导以及对体育活动监督治理的职能上①，主要涉及健康教育、公众健康与身体活动指导、户外运动交通服务、运动康复咨询服务以及娱乐场地设施的提供与修建等方面。如教育部负责向大众开放学校场馆，对残疾人实施体育教育与休闲服务，负责组织社区比赛②。国防部主要负责联邦的军队建设与国防部署，下设的军事工程部主要负责治理河道、水库和水路的修建等，相关领域同样是开展水上娱乐体育活动的场所，从而实现了对大众体育水上活动进行治理的目的。司法部则具有批准体育俱乐部的合并与收购、调解社会体育纠纷、制定相关体育政策的权力。

**表 4-1 美国联邦政府参与大众体育治理的机构及其职能③**

| 政府机构 | 大众体育领域的治理职能 |
|---|---|
| 总统体质与运动委员会 | 对群众提供政策咨询与健康指导服务，大型活动的宣传与组织等 |
| 卫生与社会福利部 | 制定大众健康政策、大众体育活动标准；定期发布大众健身指导方案，负责健身指导培训 |
| 教育部 | 向大众开放学校场馆；组织残疾人的体育教育与休闲、社区比赛等 |
| 内政部 | 治理户外运动休闲场地，提供户外娱乐场所用地等 |
| 司法部 | 批准俱乐部的合并与收购，调解社会体育纠纷，制定体育政策等 |
| 劳工部 | 主要提供资金，支持体育活动和各种大众体育项目发展 |
| 国防部 | 治理大众水上娱乐设施场所，开展军队体育比赛等 |

①史小强．美国公共体育服务体系研究［D］．上海：上海体育学院，2014：26.

②Barrie Houlihan. Sport，Policy&Politics：A Comparative Analysis［M］. London：Routledge Press，1997：107-109.

③赵爱国．国际政治视角中的中美体育体制与政策［M］．武汉：华中师范大学出版社，2013：60-62.

续表

| 政府机构 | 大众体育领域的治理职能 |
| --- | --- |
| 商务部 | 体育专利审批，处理体育垄断的法律事务等 |
| 农业部 | 对各州农业部门提出运动休闲土地使用的建议等 |
| 交通部 | 提供到郊区参加户外休闲运动的交通条件等 |
| 环保部 | 对老年人体育锻炼提供服务，资助“老龄化健康社区”项目等 |
| 房产与城市事务部 | 对把体育休闲设施作为建设内容的城市提供资助，支持资金修建体育娱乐设施 |

联邦政治参与体育治理的职能体现在三个方面，一是修建公共运动休闲场馆设施，提供各类体育健身休闲资源，尽可能地保障不同群体参与大众体育的机会；二是通过税收为大众体育提供经费，向社会提供具有社会效益的体育休闲项目；三是制定大众健康政策和体育锻炼标准，同时在各类组织间进行沟通与联络。大众体育治理过程中，联邦政府机构有着明确的职责和工作内容，联邦政府只扮演决策者的角色。政府为负责各类体育健身与休闲资源的组织提供服务，重心主要在体育场地设施建设、体育资源开发及群众健康的引导，从而保障民众获得尽可能多的参与体育的机会。美国政府尤其重视体育活动场地设施的治理，如20世纪60年代开始，联邦政府实施“伟大社会”计划，专门有涉及促进民众参加体育活动，政府制定了大量的体育活动促进法案，如《联邦水上娱乐法案》（1965）、《野外风景区法案》（1968）、《教育法修正法案》（1972）、《国家探险路径法案》（1968）等，此外联邦政府还投入6.5亿美元用于修建城市公园与娱乐设施，并向市民免费开放，使其成为居民主要的体育健身场所①。

近年来，联邦政府参与体育治理的趋势日渐凸显，但是对于一个“有限政府”而言，怎样在政府部门中建立一个稳定的体育治理机构尚有困难。对此，联邦政府把重心放在了与地方政府和社会各类体育组织建立一个协调的工作关系上。另外，在其他相关政策领域也努力涉及体育，如1964年的“7号人权法”、1972年的教育法修正案和1990年的残疾人法案等，为群众平等参与体育活动提供了保障。

①周兰君．美国政府参与体育管理方式之研究［J］．西安体育学院学报，2009（1）：24-26.

## 三、地方政府的联动型治理机制

美国大众体育治理主体多元，具有政府、市场、社会组织构成的“多中心”网络治理机制，强调多中心治理和多元主体协同治理，多个治理主体在相互联系、相互配合的联动关系中促进了大众体育健康发展。作为一个典型的联邦制国家，美国实行的是国家分权治理体制，美国行政机构分为联邦政府、州政府和地方政府三个部分，其中，州政府有 50 个，地方政府多达 87000 个（包括市、县、学区和特区政府）①。作为一个联邦制国家，美国实行国家分权治理体制，联邦、州与地方有着各自独立的行政执行系统，州政府和地方政府都高度自治，各州都有自己的自治条例（Home rule），地方政府对联邦和州的法律只有不违反、不抵触、不越权的义务，而并没有直接执行的职责。州政府和地方政府拥有高度自治权，与联邦政府互相监督。到 20 世纪 90 年代，美国各个州都设立了以户外娱乐为首要责任的专门机构，21 个州有专门的休闲体育治理机构，其余各州设立了综合治理机构②。

地方政府参与大众体育治理的主体是公园娱乐部（图 4-2）。美国大众体育主要依靠地方政府和社会组织进行治理，各州政府以下的市、县也设立了体育治理机构，主要负责基层大众体育治理。地方政府治理体育和休闲娱乐事务的部门是公园娱乐部，该机构是负责社区体育休闲的综合治理机构。据统计，80%以上的美国地方政府都设立了公园娱乐部，其他的地方政府分别设立了公园委员会和休闲委员会。公园娱乐部的主要职能体现在调查群众对体育运动的兴趣和需求，组织大众体育活动，协调地方社区体育服务组织，引导社区开展体育活动；负责地方用于体育休闲活动的土地和水资源的规划治理；动员社会体育资源，向社区所有成员提供平等的体育休闲计划；向地方政府提供用于对场地设施进行规划和开发的拨款；在地方政府各部门、各类体育协会和俱乐部等组织之间进行联络；根据联邦、州法律及地方规定组织开展大众体育活动；接受用于大众体育活动的赞助、捐款、礼品等援助③。

---

①托马斯·帕特森．美国政治文化［M］．顾肃，吕建高，译．北京：东方出版社，2007：19.

②Geoffrey Godbey. Leisure in Your Life：An Exploration［M］. Venture Publishing，Inc，1999：369.

③赵爱国．国际政治视角中的中美体育体制与政策［M］．武汉：华中师范大学出版社，2013：59-60.

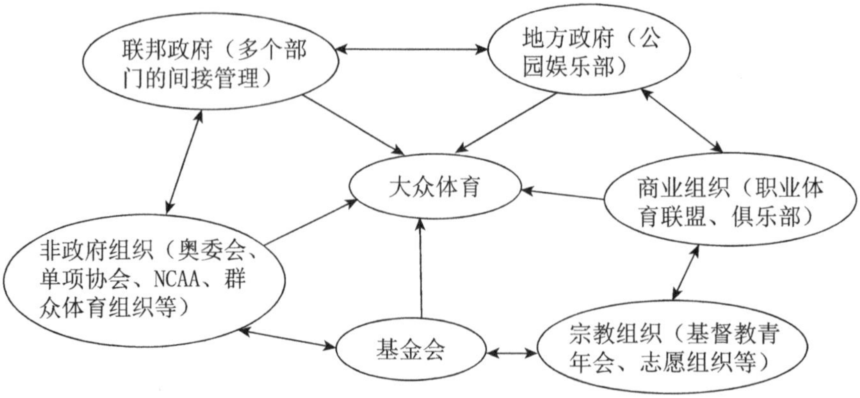


**图 4-2　美国大众体育的联动治理关系**

地方政府的公园娱乐部与其他多个组织合作，形成多方联动的治理体系。尽管公园娱乐部是主要的地方大众体育治理部门，但它并没有独立运作，而是与其他多个组织机构共同协作，共同对大众体育进行治理。联邦政府的 12 个职能部门实施间接治理，而美国奥委会、单项体育协会以及大学生体育联合会（NCAA）等大众体育组织实施协助治理，如成立于 1980 年的中央公园治理委员会，大力支持社区体育活动的开展，不仅投入 1600 万美元的大众体育活动经费，还向社会组织提供了数千小时的志愿者服务①。此外，一些商业性体育组织、基金会、宗教组织和志愿组织也发挥了重要作用，公园娱乐部不断与商业组织和志愿者组织合作，共同开展一些促进大众体育活动开展的相关活动，如商业组织赞助植树、志愿者清洁公园、动物学协会为动物园筹资等。

可以说，地方政府以公园娱乐部为主体的治理机构在大众体育治理过程中发挥了重要作用。虽然近年来在美国经济缓慢发展的影响下，许多地方城市都削减了公园娱乐部预算，降低了提供公共体育服务的能力。但是，社会对体育休闲服务普遍支持，许多公园由州、市和商业资金共同资助运营，各类体育活动基金会、非营利组织、志愿者协会紧密合作，共同推动了美国大众体育的持续发展。

## 四、多元社会组织的自主治理和协作化治理模式

美国是社会组织高度发达的国家，尤其是一些非营利的社会体育组织，在推

①Barrie Houlihan. Sport，Policy&Politics：A Comparative Analysis［M］. London：Routledge Press，1997：108.

动大众体育开展中扮演了重要角色。社会体育组织的发展与美国多元的文化背景密切相关，自由结社的美国社会为非政府体育组织的发展搭建了平台。美国联邦宪法规定：社会组织的自由经营和自我治理具有无上权威①。因此，无论是营利性社会体育组织，还是宗教组织和基金组织，美国政府都强调组织的自主和自治。社会体育组织在美国属于完全独立的团体，国家除对其进行经费支持外，基本不对其直接干预。但是，社会体育组织具有很强的自治能力，国家体育资源的配置、体育政策的制定和实施以及具体体育治理等多领域的工作都是由社会体育组织承担。

第一，非政府体育组织的“公司治理”。包括美国奥委会、各单项体育协会、大学生体育联合会、业余体育协会、美国残疾人体育协会等。美国奥委会是大众体育的中央协调机构，负责协调美国各类体育组织的关系。美国奥委会实行“公司治理”方式，设立董事会和企业性质的治理机构，下设了 72 个单项协会，负责协调各类体育组织关系。美国奥委会每年都向政府提交业务报告，包括奥运会及妇女、残疾人、有色人种等群体参与体育活动的情况，对其他社会体育组织没有支配权力。

第二，各单项体育协会及大学生体育协会等的自治。各单项体育协会负责协调国内的业余体育活动，目前，全美的 206 个单项体育协会中多数都设立了州级和地方级分会，负责在全国范围推广体育项目②。各单项体育组织独立运营，奥委会无权干涉。大学生体育协会负责治理业余体育的运作，与美国健康、体育、娱乐和舞蹈联盟一起治理青少年体育活动，成功地把校际体育运动纳入了教育体系之中。

第三，宗教组织、基金会、种族团体等的协作治理。宗教组织在大众体育治理中起着重要作用，据统计美国志愿活动中，宗教活动占 50.5%，与体育有关的健康活动和娱乐活动分别占 22.7%和 13.5%③。并且，基督教青年会是美国最大的非营利社区服务组织，以志愿服务的形式对大众体育活动进行指导。并且，一些社会志愿组织如美国女童俱乐部、美国男童俱乐部、美国少女营火团、男童子

①托克维尔．论美国的民主（下卷）[M]．董果良，译．北京：商务印书馆，1988：635.

②周兰君．美国政府参与体育管理方式之研究 [J]．西安体育学院学报，2009（1）：24-26.

③刘文臣．对国外群众体育发展的研究探索 [J]．哈尔滨体育学院学报，2006（3）：9-11.

军营、女童子军营等也加入大众体育的指导培训工作中[①]。此外，体育基金组织以及一些种族团体如犹太社区中心协会，通过组织各种体育活动，来保持种族凝聚力。

总而言之，参与体育治理的社会组织基本都是一些非营利组织，这些组织与政府部门、社会组织、营利体育组织之间具有很好的互动关系。首先，非营利体育组织与政府互动。社会组织与政府间职责、权限的划分明确，基本在美国业余体育法的制度框架中行使权利，非营利体育组织受政府与社会的监督，同时也配合政府和社会组织执行相关的体育制度[②]。其次，非营利体育组织与营利性体育组织的互动。非营利体育组织和营利体育组织是美国社会中提供体育治理和服务的两大主体，在功能上两者具有互补性。通常，营利体育组织侧重职业化的体育俱乐部治理，而非营利体育组织则在大众体育咨询指导、体育场馆设施提供、体育志愿服务等方面发挥作用。营利组织通过体育竞技的高端形式，唤起社会公众参与体育运动的热情，促使更多群众参与非营利志愿服务；而非营利组织通过提升公众的体育意识和培养他们对体育的热情，不仅培育了潜在的体育消费人群，还为职业体育培养了具备运动潜质的人才[③]。非营利体育组织与营利体育组织形成了共赢的联动机制，加速了大众体育大国的成长步伐。

## 第二节　美国大众体育的具体制度治理

美国政府充分运用制度手段实现对大众体育的治理和调控，从 19 世纪 60 年代内战结束开始，美国政府就开始关注大众体育的开展，并加大业余体育的治理力度[④]。1919 年，联邦政府出台了第一个全国性的体育立法“体育法案”，推动了全美体育工作的开展。之后，各州相继出台体育立法，到 1919 年年底，超过 50%的州有了自己的制度条文[⑤]。20 世纪 90 年代后，以奥林匹克运动为主体的

①Nixon H L. Social Network Analysis of Sport: Emphasizing Social Structure in Sport Sociology [J]. Sociology of Sport Journal, 1993 (10): 315-321.

②Nixon H L. Social Network Analysis of Sport: Emphasizing Social Structure in Sport Sociology [J]. Sociology of Sport Journal, 1993 (10): 315-321.

③赵煊民. 美中非营利体育组织比较研究——从 BGCA 看中国青少年体育俱乐部 [D]. 北京：北京体育大学，2011：67.

④石磊. 美国政府的业余体育政策（上）[J]. 国外体育动态，1998（1）.

⑤赵爱国. 国际政治视角中的中美体育体制与政策 [M]. 武汉：华中师范大学出版社，2013：66.

业余体育进入了一个新的发展时期，美国政府进一步完善了体育法规，形成了从中央到地方的体育制度体系。美国大众体育制度以联邦宪法为依据，根据制定法和判例法的有关条款和程序实施，按制度的职能可分为四类：一是覆盖全面的基础性体育制度；二是重视公共场所设施供给的保障性体育制度；三是推动全民健身开展的持续性体育制度；四是维护“弱势群体”公平的补偿性体育制度。

## 一、覆盖全面的制度基础性治理

美国充分运用制度手段治理大众体育，通过政策、法规的不断制定实现对大众体育调控，“法治”理念贯穿于大众体育治理的整个过程，覆盖全面的制度体系为大众体育发展提供了法治环境。美国大众体育受到多个基本法律的约束，包括保护体育参与权的拉纳姆法、联邦劳动法、联邦和州的相关民权法；限制体育竞赛垄断行为的克莱顿法、谢尔曼法；有关赛场侵权的契约法、合同法、机构法、判例法、公共治理法、劳资法、平等权利保护法；保障个人体育参与权的平等报酬法、教育法修正案、人权法、个人隐私保护法、反对性别歧视法等。各类制度内容覆盖全面，为大众体育开展提供了法治基础。同时，相关法规内容具有分散性，不同制度都针对大众体育某一个领域进行规范，如平等权利法涉及对不同人群体育参与权的规定，教育法修正案涉及对女性平等享受体育权利的约束，民权法禁止种族和性别歧视等。相关法规制度的针对性强，通过利用制度手段鼓励大众体育发展、扶持校园体育发展、保障商业体育发展，促成了大众体育的良好基础，从而带动了全民健康、学校体育、体育产业等各项体育事业共同发展，体现出美国大众体育制度治理的基础性和普适性。

随着大众体育在美国社会的不断发展，大众体育制度在社会的覆盖面越来越广、影响力越来越大。20 世纪 90 年代后，以奥林匹克运动为主体的大众体育进入了一个新的治理时期，美国政府进一步完善了制度建设。为使国家对业余体育的治理更为统一、有效，实现大众体育运动的国家目标，1978 年美国国会颁布了《业余体育法》(*Amateur Sports Act*)，1998 年又修订为《奥林匹克与业余体育法》(*Olympic and Amateur Sports Act*)，成为美国唯一一个专门针对业余体育运动的基础性立法①，形成了由美国奥委会为主导，国内各单项体育联合会配合的

①Mary A. Hums, Anita M. Moorman, Eli A. Wolff. The Inclusion of the Paralympics in the Olympic and Amateur Sport Act [J]. Journal of Sport and Social Issues, 2003, 27 (3): 262.

“横向互动”型治理体系。《业余体育法》的宗旨在于“建立一套完整的治理系统，以保障大众体育的良好发展”①。美国奥委会治理全国大众体育活动，从整体上监督美国业余体育运动的发展，单项体育联合会对特定项目的业余体育进行治理。《业余体育法》涵盖内容全面，对规划美国现代奥林匹克运动、支持业余体育、提高公众体育参与度等多个领域都有明确的规定，对美国奥委会的治理权限做了具体定位包括：协调业余体育运动，发展和指导业余体育运动，促进公众参与业余体育运动；协调与各类体育组织之间的工作关系，积极参加国际业余体育比赛；建立争端解决机制并保护运动员权利，促进体育运动设备的发展；为群众提供健身指导、安全防护、体能训练等知识，对运动医学和运动安全领域进行研究并普及相关知识；鼓励有色人种、妇女、残疾人等群体进行体育参与，并为他们提供帮助；对于运动员或运动组织参赛以及国内单项体育联合会的相关问题进行说明。《业余体育法》不仅是规范美国大众体育开展的风向标，而且为后续相关法规的建立提供了参考，成为体育领域覆盖全面的基础性体育制度，为大众体育的发展提供了法治基础。

## 二、重视公共场所供给的制度保障性治理

美国政府参与大众体育治理的重要方式是保障体育活动开展的物质条件，强调在大众体育领域提供多样性的公共服务，把体育参与机会和健身休闲资源供给作为治理绩效，为保障民众获得更多优质的体育设施，联邦政府从多方面加强了制度规制。

第一，大众体育专门治理机构的支持。为加强对公园户外休闲资源的统筹与供给，联邦政府成立了专门的治理机构，1916 年，联邦政府成立了国家公园治理机构“国家公园服务部”，负责对全美 15 个大型公园与 21 个国家纪念馆的治理，并制定了一些具体制度来规范户外休闲场地的使用，如 1956 年的“使命 66 计划”，提升了国家公园的娱乐服务功能②。1958 年，联邦政府又成立了“户外休闲资源审查委员会”，对各地区组织的娱乐活动资源配备情况进行定期的审查与反馈。1962 年，联邦内政部设立了“户外娱乐治理局”，主要负责对户外娱乐

---

①Konstanti. Save amateur sports: protection from liability under the amateur sports act in eleven Line [J]. Villanova Sports and Entertainment Law Journal, 2002 (8): 394.

②赵爱国. 国际政治视角中的中美体育体制与政策 [M]. 武汉：华中师范大学出版社，2013：67.

活动进行协调、治理以及提供专项经费资助户外体育活动的开展等。

第二，制定和推行相关制度法规。早在1789年《美国宪法》颁布前，《联邦条例》通过了1785年《西北法令》，规定留出一部分土地出售，其收益用于支持大众体育发展。1961年，美国城市规划部发布了“开放场地计划”，大力支持社区公园及体育场地建设。1862年和1890年出台的两部《莫里尔法案》中，“规定地方政府的‘赠地’资金被用于公共设施建设”①。1965年，美国国会通过《联邦政府规划休闲法》《联邦水上娱乐法案》和《土地与水资源基金法》，督促政府为民众提供基本健身场所设施，保障基本公共体育服务。1968年，国会又通过《野外风景区法案》和《国家探险路径法》，重新对休闲体育设施建设提出了新规划，为户外资源的拓展提供了制度保障。目前全美50个州都有法律规定“政府可通过多种方式获取用于支持社区体育设施的土地，如购买、赠送、赞助、特许等②；在地区休闲场所和社区健身资源方面，社区政府可以单独与有关机构合作，修建社区体育设施。在某些特殊情况下，政府可与社会团体和个人谈判，若谈判不成可以市场价格强行征用土地③。

第三，提供经费扶持。联邦和地方政府规定每个社区必须配备必要的休闲娱乐设施，重要内容是建设社区公园，相关经费由地方政府提供。1932—1937年，即使在经济大萧条时期，联邦政府还拨款15亿美元修建各种社区体育设施④。20世纪60年代，约翰逊总统实施旨在保障民权、提高生活质量的“伟大社会计划”，联邦政府围绕计划投入约6.5亿美元修建城市公园与体育场所，供群众免费使用⑤。1965年出台的《土地与水资源保护法》，达成了每年拨款7.8亿美元用于大众体育设施的规定⑥。目前，公共体育场所设施主要由各级政府利用税收的财政拨款修建，由政府公园与休闲部门治理，多数地方城市都设立了专门的公园与娱乐部门，负责对社区公园的规划、建设，体育休闲设施的维护、安全保卫和卫生保洁等，并每年提供专项基金用于添加和更新设施。

---

①韦恩·厄本，杰宁斯·瓦格纳．美国教育：一部历史档案［M］．周晟，译．北京：中国人民大学出版社，2009：402.

②赵爱国．国际政治视角中的中美体育体制与政策［M］．武汉：华中师范大学出版社，2013：72.

③何文璐，张文亮．“健康公民”的美国社区体育设施［J］．环球体育市场，2009（4）：24.

④Richard Kraus. Leisure in a Changing America：Trends and Issues for the 21st Century［M］. Boston：Allyn and Bacon，2000：39.

⑤Richard Kraus. Leisure in a Changing America：Trends and Issues for the 21st Century［M］. Boston：Allyn and Bacon，2000：39.

⑥何文璐，张文亮．“健康公民”的美国社区体育设施［J］．环球体育市场，2009（4）：24.

第四，提供技术指导服务。美国多数州政府通过立法，授权地方政府承担娱乐和公园服务，派专家帮助地方建立公园和娱乐治理部门，并提供休闲场地使用的技术支持，帮助地方购买和开发空地。州政府还通过举办定期培训等方式，对从事娱乐和公园服务的人员进行技术指导，给熟练的专业人员颁发证书，以此来推动地方休闲场所建设。

## 三、促进国家健康的制度持续性治理

美国将健康促进作为大众体育治理的重要价值定位。美国的全民健身是在政府、社会和公民共同组成的“三位一体”的制度治理机制下开展的，在长期的实践中，逐步形成了一种自觉的体育健康运行系统。早在 1935 年，罗斯福就颁布《社会保障法》（SSA），把体育作为美国人享受健康的基本权利。20 世纪 80 年代后，美国提出构建“更加健康美国”（Healthier US）的倡议，把体育健康促进纳入“预防优先政策”（prevention priority），通过不断颁布制度促进体育融入国民健康生活方式。近年来，美国政府不断推出新的制度法规，从多个方面保障了民众的体育参与，形成了系列性的制度体系，为全民健身的开展指引了方向。美国围绕国家健康颁布的系列制度主要有以下三类。

第一，健康公民系列制度。20 世纪 70 年代以来，美国政府制订了若干国民健康促进方案，1979 年，《健康公民：美国卫生署关于健康促进和疾病防治报告》发布，此后，政府开始从国家层面关注国民健康，不断颁布新的制度，主要分为以下两大类。一是《健康公民》系列计划，目的在于提高国民整体健康水平，从 1980 年开始，每隔 10 年颁布一次，20 世纪 80 至 90 年代，联邦健康与公共事业部相继推出了《健康公民 1990》《健康公民 1990 中期回顾》及《健康公民 2000》。2005 年，又出台了《健康公民 2010 中期回顾》，2010 年，颁布了最新的《健康公民计划 2020》（表 4-2）。健康公民系列计划的根本目的在于“让所有的美国人动起来”[①]。表 4-3 展示的是《健康公民计划 2020》的规制领域与举措。二是制定的健康防御制度，主要包括 1975 年制定的“国家关节炎行动计划——公共健康策略”、2001 年制定并实施的“国家蓝图——增加 50 岁以上成

①Kann L，Brener N D，Allensworth D D. Health education：Results from the school health policies and programs study 2000 [J]. Journal of School Health，2001，71 (7)：266-278.

年人的体育活动”、2009 年的“预防心脏病、中风计划”等①。制定健康防御制度的目的在于通过制度引导，规范国民体育活动参与，强调运用体力活动矫正公民行为，塑造良好的生活方式。

**表 4-2　美国四代健康公民系列制度**

| 项目 | 健康公民 2020 | 健康公民 2010 | 健康公民 2000 | 健康公民 1990 |
|---|---|---|---|---|
| 颁布时间 | 2010 年 | 2000 年 | 1990 年 | 1980 年 |
| 总体目标 | 消除层次健康差异，实现健康公平；构建全民健康社会环境；改善各年龄段健康行为；满足高质量生活方式，疾病预防，降低死亡率 | 帮助各年龄段国民提高生活质量，延长健康寿命；消除不同层次人群健康差异 | 减少因年龄、性别、种族、地域等因素造成的健康差异；增加健康生命年限；提高预防性健康服务供给 | 消除健康差异，提高国民生活质量；实施合理的体力活动提升健康水平 |
| 健康领域 | 42 个健康领域 | 28 个健康领域 | 22 个健康领域 | 15 个健康领域 |
| 健康目标 | 接近 600 个健康促进目标 | 467 个健康促进目标 | 319 个健康促进目标 | 226 个健康促进目标 |
| 健康指标 | 12 个健康指标 | 10 个健康指标 | 无 | 无 |
| 领导部门 | 联邦机构工作组（FIW）、HHS | HHS | HHS | HHS |
| 策略标准 | 4 个基础卫生策略标准 | 无 | 无 | 无 |
| 实施框架 | MAP-IT | 无 | 无 | 无 |
| 宣传方式 | 门户网站、新闻发布、社区宣传、微博、社交网络 | 门户网站、社区宣传、新闻发布 | 社区宣传、新闻发布 | 宣传手册、新闻发布 |

**表 4-3　《健康公民计划 2020》的规制领域与举措②**

| 规制领域 | 治理举措 |
|---|---|
| 公共健身娱乐 | ①开放公共空间和公共娱乐场所，为全民运动提供场所 |
| | ②在民众的生活、工作、学习等区域，提供安全经济的健身器材 |
| | ③由职业、非职业和大学体育等组织体育竞赛，培养指导人才，提供参与机会 |

①边宇，吕红芳．美国《全民健身计划》解读及对我国的启示［J］．体育学刊，2011（2）：69-73.

②PAP. Physical activity plan the plan［EB/OL］. http：//www. Physical activity plan. org，2010-05-13.

续表

| 规制领域 | 治理举措 |
| --- | --- |
| 卫生保健 | ①健康专家要对所负责的社区学校提供运动指导<br>②医生建议病人把体育活动作为康复途径，提供监测与评估<br>③积极对缺乏或厌恶运动的群体进行预防和介入治疗 |
| 教育 | ①学校要公开为提高体育教育质量而采用的合理措施<br>②学校对从幼儿园到高中的学生提供体育锻炼机会，保证学生的锻炼时间<br>③学校和社区合作，提供更多体育运动项目供青少年选择 |
| 工商业 | ①雇主要负责为所有工人提供锻炼项目<br>②保障进行运动的场所是工作场所的一部分 |
| 公共健康 | ①内政部、教育部、国防部等 8 大部门要协同优化公众的健身选择<br>②公共健康部门的全体员工要全力支持国民体力计划 |
| 交通城市规划 | ①雇主因倡导员工使用积极的出行方式而受到财政支持<br>②倡导民众采用步行、骑自行车作为日常通勤方式<br>③学校应建在离学生家较近的地方使学生可步行上学 |
| 媒体 | 电视、杂志、网络、手机短信等传播媒介，要加强宣传提高国民健康水平 |
| 自愿者组织 | 非营利组织、志愿者和其他成员要倡导出台制度支援国民体力活动计划 |

第二，青少年体质健康系列制度。联邦政府针对青少年健康制定了一系列制度，1938 年出版了最早的体育课程规章《体育课程活动指南》，促进了青少年的体力活动参与。针对青少年肥胖率上升，1956 年，艾森豪威尔政府成立了“总统体适能促进咨询委员会”，专门为青少年体育活动提供咨询服务①。1961 年 7 月，肯尼迪总统颁发《学校青年身体健康总统咨文》，呼吁青少年加强体育锻炼。此外，美国还推出了青少年锻炼标准，1995 年制定了《运动走向未来：国家体育锻炼标准》，1996 年，联邦政府发布《身体活动和健康报告》，督促青少年进行身体活动锻炼，并养成积极的健康生活方式。1997 年，美国健康与公共事业部发布了《促进青年人终身体育学校和社区规划指南》，2000 年，又发表了《通过身体活动和竞技运动提升青年人健康水平》的报告，指出 21 世纪

①Bulwer B. Sedentary lifestyles, physical activity, and cardiovascular disease: from research to practice [J]. Crit Pathw Cardiol, 2004, 3 (4): 184.

美国青年人健康水平面临继续下降的风险，通过制订家庭活动计划、学校后规划、娱乐活动计划以及社区体育支持等行动来促进青年人体育活动的开展①。2004 年，美国《国家体育锻炼标准》第二版出台，为青少年体育活动参与提供了重要参考。

第三，体力活动系列制度。联邦卫生与公共服务部（HHS）把体力活动作为疾病预防的重要举措，通过颁布体力活动计划引导国民体育参与。2001 年，美国推出由社会体育组织（NASPE，AAHPERD 等）负责实施的《大众体育计划》，从政策支持、场地修建、活动指导与服务等多个领域促进了大众体育的开展②。2001 年，美国疾病控制和预防中心（CDCP）制定了《增进身体活动：社区预防服务建议报告》，报告中指出美国民众的体力活动缺乏，强调发挥社区在促进公民参与体力活动中的作用，实施健康预防与服务计划，包括学校体育计划、社区体力活动战略以及创设社区体育基础设施等③。2008 年，美国卫生与福利部（HHS）出台了《美国人体育活动指南》，强调对民众的日常体育活动锻炼提供指导，尤其对社会弱势群众如妇女、老年人、儿童、残疾人等参与体育活动制定了具体标准。2009 年，美国卫生及公共服务部（HHS）通过了"个人健康投资法案（Personal Health Investment Today Act of 2009，PHIT）"，规定公民用于大众体育活动和健身活动的花费不计入消费税，推动了更多民众参与体育。2010 年，美国颁布了第一个《国民体力活动计划》（表 4-4）。2011 年，《国家蓝皮书：促进 50 岁以上成年人身体活动》出台，提出加强对老年人的体力活动引导，由联邦政府推动中老年人"体适能"计划的开展。

**表 4-4 《国民体力活动计划》的蓝图、使命和目标④**

| 项目 | 内容 |
|---|---|
| 蓝图 | 未来全体美国人经常进行体力活动，健康并且富有活力地生活和工作 |
| 使命 | 实施《国民体力活动计划》，不断增加参与体力活动的人口数量，执行《体力活动指南》 |

①CDC. School health policies and programs study 2006 [J]. Journal of School Health，2007 (8)：50-55.

②龚正伟，肖焕禹．美国体育政策的演进 [J]. 上海体育学院学报，2014 (1)：18-24.

③Green M. Elite sport development：policy learning [M]. New York：T&F Press，2005：154.

④岳建军．美国《国民体力活动计划》研究及启示 [J]. 中国体育科技，2015 (2)：126-134.

续表

| 项目 | 内容 |
| --- | --- |
| 目标 | 提供各个群体体力活动促进策略，协调其共同发展；营造进行体力活动紧迫感和危机感的文化氛围；提供新颖并且富有创造性的策略；提供长期、中期和短期的发展路线；定期对《国民体力活动计划》实施情况进行评估；创造社会环境，保证各个部门伙伴关系、执行能力、评估等方面共同发展 |

## 四、维护弱势群体的制度补偿性治理

体育公平是大众体育制度治理的重要内容，美国通过设计补偿性制度来保障妇女、残疾人以及有色人种等多个群体的体育权利，维护弱势群体获得公平的体育公共服务，消除不同层次人群的健康差异，保障大众体育在不同人群获得均衡发展，推动了大众体育均衡性成长。

美国注重妇女、残疾人以及有色人种的体育权利，积极推行参与平等，禁止歧视，维护弱势群体获得公平的体育权益。早在 1940 年，美国就成立了“国家盲人保龄球协会”。自 20 世纪 60 年代民权运动开展以来，联邦政府颁布了一系列保障特殊人群参与体育的制度条款，如 1964 年发布的《民权法》，禁止种族、性别歧视，从此，美国黑人开始涉及以往只有白种人参与的项目，如网球、游泳、高尔夫等①。此外，大量的社会组织也为此奔波，如 1990—1996 年，波士顿大学体育社会学研究中心实施的团队工作计划，主要为了改善社区中的种族关系，规定不同种族的运动员能进入学校②。1964 年颁布的《7 号人权法》，禁止居住、教育和公共活动参与等多个方面存在种族歧视，严禁对种族、肤色、原国籍、宗教与性别方面的区别对待。1967 年颁布的《年龄歧视法》（ADEA），有关于对雇佣关系中的年龄歧视、教育以及公共设施享用歧视方面的规定。并且，一些州出台了《平等权利修法案》，构成了美国在体育领域反性别歧视的主要政策框架；1973 年，国会通过了《康复法案》，支持残疾人机会平等；1975 年通过了《残疾人全员教育法案》，在满足残疾人学校教育公平的同时，对其体育参与提供了法律保障；1975 年颁布的《儿童教育法案》，明确了残疾儿童接受体育教育的合法权利。

①罗纳德 B. 伍兹．体育运动中的社会学问题［M］．田慧，译．北京：人民体育出版社，2011：318.
②编译组．美国体育社会学［M］．国家体育总局政策法规司，2003：27.

1990 年《美国残疾人法》（ADA）要求公共集会场所、体育场馆、剧院与健身中心等必须对残疾人没有限制，一些公共体育场馆要附加专门针对残疾人的设备，为残疾人观看体育比赛和参与体育活动的权利提供了保障（表 4–5）。《美国残疾人法》通过后，许多特殊体育项目的治理机构都为残疾人新增了项目，一些机构的教练手册、运动指南、光盘中都有残疾人运动员的身影①。并且，《美国残疾人法》还消除了各类人群之间的障碍，为保障残疾人的平等体育权利奠定了社会基础。美国残疾人协会（AAPD）作为一个非营利组织，通过组织活动和四处游说的方式确保残疾人有参加休闲活动的权利。1997 年通过的《残疾人教育法案》，成为维护残疾人在学校参与普通体育课程的权利的制度性法规。

1972 年美国《教育法修正案》为女性提供了一个与男性公平竞争的机会，该法案规定：任何人都有能够享受联邦资助的任何教育项目或活动的权利，不能因为性别而被剥夺受益机会或遭受歧视。② 1974 年，美国国会通过了《民权复原法案》，明确指出《教育法修正案》第九条适用于体育。20 世纪 80 年代和 90 年代初，妇女权益在女权运动中获得了巨大发展，社会市场对女性运动员也给予了肯定，公众要求对妇女体育增加更多的投入，女性运动员的比例迅速上升，妇女可以通过体育改进自身形象，促进身体健康。1993 年，联邦申诉法院规定，学校必须为男女运动员提供平等的参与体育活动的机会，在校女生的比例和女运动员的比例不能出现不平等现象③，确保了女性平等参与体育的权利。相关制度从各个领域维护了“弱势群体”的体育公平，促使大众体育在发展中能够兼顾社会的各类群体，保障了大众体育的均衡性成长。

**表 4–5　美国针对特殊人群颁布的主要制度法规**

| 公民体育平等 | 重要的制度法规等 | 意义 |
|---|---|---|
| 黑人体育权利 | 《退伍军人调整法》（1944） | 黑人军人赢得了公平参与体育活动的契机 |
| | 最高法院对学校中黑人的决议（1954） | 促成了公立学校黑人运动员参与体育运动 |
| | 《民权法》出台的“7 号人权法”（1964） | 禁止体育领域的种族偏见 |

①Green M. Elite sport development: policy learning [M]. New York: T&F Press, 2005: 159.
②罗纳德 B. 伍兹. 体育运动中的社会学问题 [M]. 田慧，译. 北京：人民体育出版社，2011.
③石磊. 美国政府的业余体育政策（上）[J]. 国外体育动态，1998（1）.

续表

| 公民体育平等 | 重要的制度法规等 | 意义 |
| --- | --- | --- |
| 女性体育权利 | 《教育法修正案》（Title IX）（1972） | 标志着美国开始重视女性学生体育权利 |
| | 《民权复原法案》（1974） | 各项体育计划受到第九教育修正案保护 |
| | 联邦申诉法院对在校女生运动员的决定（1993） | 根据《第九教育修正案》，在校女生的比例和女运动员的比例不能出现不平等现象 |
| 残疾人体育权利 | 《康复法案》（1973） | 给予残疾人参与体育、校内活动的权利，使残疾人与正常人有平等的机会 |
| | 《残疾人全员教育法案》（1975） | 保障残疾人免费参与体育的公共权利 |
| | 《儿童教育法案》（1975） | 明确残疾儿童接受体育教育的合法权利 |
| | 《美国残疾人法》（ADA）（1990） | 要求公共集会场所、体育场馆、剧院与健身中心等必须对残疾人没有限制 |
| | 《残疾人教育法案》（1997） | 使残疾人在学校能顺利参与普通体育课程 |

# 第五章 CHAPTER 5
# 美国体育产业的制度治理

体育产业是为社会提供体育产品的同一类经济活动的集合以及同类经济部门的综合。作为世界体育强国，美国体育产业门类齐全、产业结构合理，具有独一无二的经营模式和相对完备的创新政策，架构了较为成熟的商业化运作模式，发展规模与水平一直处于世界领先地位。美国体育产业内部结构复杂，包含体育健身娱乐业、职业体育、体育场地服务业、体育用品业、体育广告业、体育经纪业等多个门类，具有多样性、商业性、竞争性、娱乐性以及与其他产业高度关联性等特征。美国体育产业发展遵循市场经济规律，在百余年的商业化运作中成功地运用联邦宪法和各类制度对体育产业运作进行有效规制，形成了一套成熟的治理体系和运行机制，具备强大的核心竞争力①。美国体育产业的发展模式是市场主导型，在长期发展过程中形成了一套成熟的治理体系，塑成了一系列源于社会文化深层的制度治理模式，包括政府规制与市场主导衔接的分权治理体制、利益相关者多元协同治理结构、产业组织的内生式自治模式以及关联共生的联动治理机制，注重发挥多元主体的协同治理和各类制度的法治治理，打造了联邦系列制度、联盟特殊制度、反垄断豁免制度和公司治理制度等法治体系。

## 第一节　美国体育产业的体制制度治理

在联邦政府分权分级的制度规制下，美国体育产业建立了市场主导型治理体

①David Broughton, Jennifer Lee, Ross Nethery. The Answer: 213 billion the question: how big is the U. S. sports industry [J]. Sports Business Journal, 1999 (12): 23-29.

系，形成了利益相关者协同治理体制，包括政府规制与市场主导相衔接的分权治理体制、利益相关者多元协同治理结构、产业组织的内生式自治模式以及关联共生的联动治理机制，合理架构了政府、体育企业和社会市场的关系，注重通过有限政府、市场、俱乐部等多个主体参与治理，目的在于实现多个主体在沟通、协作的基础上达到利益诉求最大化。

## 一、政府规制与市场主导相衔接的分权治理体制

政府规制是一种专门用于影响企业和消费者供需决策或间接干预市场配置的制度设计，是规范市场社会经济发展的制度基础①。美国的政府规制有着悠久的历史，1887 年美国州际商业委员会（ICC）成立，开始创建政府规制制度模式。此后，经历了"国会控制"、独立规制机构"自我控制"和"集权式的总统制监管"3 个阶段，发展成为一种成熟的规制方式②。受建国时期三权分立和制衡原则的影响，个体本位成为美国社会文化的核心，政府则主要扮演"守夜人"的角色。因此，政府规制始终遵循以充分尊重和保护个人权益为基调，政府只是监督者和宏观治理者，充当弥补市场失灵的角色，通过制定相应规则对社会组织行为进行调控，以尊重和保护公共权益为目标，利用立法的形式保护市场不受政府强制力的"侵犯"，从而赋予了体育产业极大的自治空间，为体育产业的成长提供了宽松的环境。

美国体育是典型的社会化治理体制，联邦政府没有专门的体育治理部门，政府对体育产业各类市场主体实行放任政策，主要对体育产业发展实施调控型规制。美国体育产业的政府规制主体多元，主要通过立法、司法、行政 3 个系统进行分权治理，纠正市场失灵，提高运行效率（图 5-1）。在具体规制中，3 个部门各司其职，其中立法机构主要通过国会制定与颁布各类体育产业的相关法规进行治理，如《税法》《劳工法》《体育广电法》《反垄断法》《联邦贸易法》《版权法》等；行政机构通过执行立法机构的制度，对体育产业的发展进行具体的规制；司法机构负责监督产业制度的执行情况，主要通过司法和立法两大部门发挥作用。实际上，在体育产业具体事务治理中真正的话语权更多掌握在以职业联盟为主体的社会体育组织手中，主要包括社会公众、主流媒体、消费者群体等，它

①丹吉尔·F. 史普博. 管理与市场［M］. 余晖，译. 上海：上海人民出版社，1999：45.
②周武. 美国职业体育产业政府规制体制探析［J］. 中国体育科技，2008（3）：52-57.

们也是重要的外部规制主体，行政机构的执行作用相对较弱。因此，我们也可以把美国体育产业的治理体制归结为政府规制与社会治理的集合体。

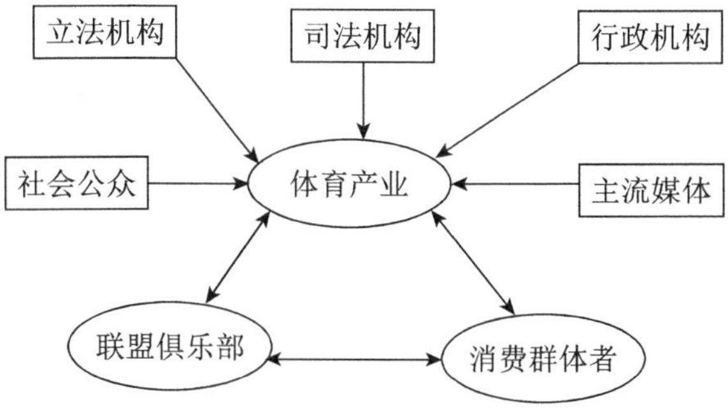


**图 5-1　美国体育产业的政府规制**

首先，从政府规制的运行机制来看。立法机构一般采用针对体育产业具体问题开设听证会的方式来收集信息，然后有针对性地制定或修订相关立法。例如，2005 年，众议院委员会根据职业联盟没有遵守法规（The Clean Sports of 2005）而使用兴奋剂，举行了专门的兴奋剂调查听证会，仔细检查相关问题后，制定了反兴奋剂制度。1996 年，众议院委员会根据职业体育球队的城市特许权扩张问题开设两次听证会，并批准了（HR2740）议案①。联邦司法机构主要利用法律和诉讼案件的制度解释权，依据《发托拉斯法》《劳工法》以及《教育法》第九条修正案等法规进行诉讼案件判例。联邦行政部门在体育产业领域执行法规的自由空间较大，在体育产业治理中出现巨大问题时，会借助特殊的规制途径，如“总统发布强制执行命令”。

其次，政府对体育产业采取分权、分级治理。联邦政府通过政府相关部门的规制机构实施运作，例如，全国劳资关系委员会依据劳工法，负责治理职业体育产业中的劳资关系；联邦贸易委员会（FTC）执行《反托拉斯法》与《消费者保护法》，确保产业市场的良性运行；联邦通讯委员会通过《电视转播法》监督体育赛事的电视转播等。相对于联邦政府，州政府对体育产业的规制范围小，虽然一些州也通过了专门立法，但主要是协助联邦政府规制手段的实施。

最后，从政府规制的途径和价值而言，体育产业市场的失灵是促使联邦政府

①WEINTRAUB　LISA　CLAGETT. Panel approves preference in granting sports teams［J］. Congressional Quarterly Weekly Report，1996（12）：1152-1169.

实施政府规制的内因，规制的目的是提高产业创利效率、纠正市场紊乱、维护公共利益。在体育产业的法规制度中，虽然没有专门针对体育产业的法规，但约束体育产业运作的相关制度数目众多，主要有《反垄断法》《合同法》《体育广电法》《谢尔曼法案》《税法》《版权法》《克莱顿法案》《联邦环境法》《雇佣法》《民权法案（Title vi）》和《女权法案（Title ix）》等①。这些制度从不同的领域对体育产业进行着持续性的规制，促使美国体育产业大国在相对宽松的制度背景下灵活性成长。

## 二、利益相关者多元协同治理结构

美国体育产业是典型的社会治理模式，这种模式与社会意识形态和价值取向中所倡导的市场规律和经济自由有关。美国体育产业的治理体制与美国社会市场经济的影响密切相关，美国是一个自由放任的社会，自由主义是社会的重要理念，经济上主张市场决定一切，自由结社的社会文化和实用主义为体育产业治理体制的发展提供了可能，独特的社会背景塑造了多元的体育产业治理体制。

美国政府、职业体育联盟和职业俱乐部等在体育产业发展中担任着重要角色（图 5-2）。不同主体以维护公共体育利益最大化为纽带，共同推动体育产业的健康发展。这种治理体制的特征主要体现在以下四个方面。第一，政府是体育联盟运作的制度制定者和监督方。政府不设立专门的体育治理机构，不直接干预体育产业市场，政府对体育产业发展只是发挥监督和引导作用，主要通过制定相关的法律政策，实施间接规制，如立法、制定产业政策等来对体育产业发展进行引导。第二，职业体育联盟和俱乐部担当体育产业的具体治理主体，在市场环境下，尽可能地赋予体育产业极大的自主空间，提高了体育产业运营主体的能动性、积极性与创造性，激发了体育产业创新的活力。第三，职业体育联盟为维护联盟的整体利益而不断采取治理制度的创新，能够避免单一俱乐部独立运营的缺陷，是一种能节约成本的制度安排。第四，多边治理的目标是遵循市场规律，通过协调政府和会员俱乐部之间的经济竞争，使各俱乐部在规则制度的制约下进行商业化运作，进而在维护各俱乐部个体利益的基础上，实现政府、职业体育联盟和俱乐部的共赢目标。

---

①Gil Fried. Safe at First［M］. Durham, NC: Carolina Academic Press, 1999: 57.

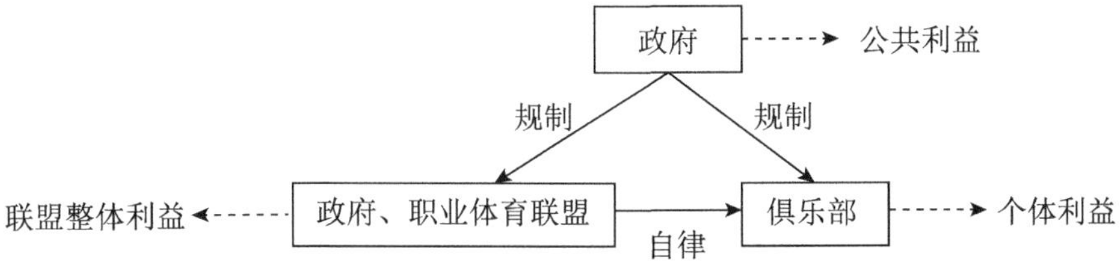


**图 5-2 美国政府、职业体育联盟、职业俱乐部利益关系**

政府之所以有限介入体育产业的治理，根本原因在于政府作为公共利益的捍卫者，追求公共利益是其存在的根本宗旨。但是，政府、职业体育联盟和俱乐部三者之间追求的利益取向不一致，政府追求公共利益，职业体育联盟追求整体利益，俱乐部追求个体利益，三者之间经常出现利益冲突。为实现体育产业公共利益最大化，政府必然要对职业体育产业进行治理。但是在市场经济条件下，政府过度干预又会影响另外两者的利益，因此，政府始终扮演着有限政府的角色。通过联邦政府、职业联盟和俱乐部的协同，从多个方面对体育产业进行多边治理，使体育产业在市场化运作中实现最大利益均分。可以说，美国体育产业实行制度治理的根本目的就是在政府、联盟和俱乐部之间实现利益共享的过程。这种多边治理的特点表现在政府的宏观调控与社会系统的微观治理相结合；体育产业与其他产业紧密关联，形成利益共同体；始终遵循社会市场经济的规律来运转体育产业，保障了体育产业在成长过程中能够满足各方利益的最大化。

## 三、体育产业组织的内生式自治模式

内生式自治是通过有效发挥组织内部的体制、机制和规则运行，提升组织创新能力的一种治理模式。在社会化治理体制中，美国体育产业形成了内生式的自治模式（图 5-3），这种模式受社会外界影响较小，凭借体育产业组织内部良好的制度治理实现自我规范。自我规范是产业内相关成员通过一个代理组织的治理彼此共同遵守相关规则的行动程序①，相关规则是为组织附属成员的行为规范或标准而制定的。整体而言，相关规则的实施使所有成员都相信这将给产业带来最大的经济利益。体育产业组织的内生式自治是体育企业内部通过体育代理组织实施的治理模式。为推动体育产业产值的持续增长，一些规范机制（如规则、政策与程序等）

①李明，苏珊·霍华思，丹·马宏尼．体育经济学［M］．叶公鼎，译．辽宁科学技术出版社，2005：160.

被体育代理机构所运用而规范其组织内的成员（如球队、机构等），在职业体育领域，自我法规机构通常包括收益分配、全国电视转播合同、业余选秀以及联盟对标志和商标的控制等。职业体育的自我规范通常采用两种主要形式：一是美国联盟的整体管制制度政策，如全国性联盟的管制政策包括豪华税和收益比例、薪资上限、业余选秀、全国性电视合同的集体协议、全联盟的赞助合同等；二是行使联合会组织的所有权。无论采用哪种形式，职业体育产业的自我规范都是迫于自由竞争的市场压力而形成的存活策略，能够有效地将产业间不必要的竞争减少到最低程度，避免因无效竞争而产生的交易费用，防止俱乐部之间的竞争实力的差距被拉大。

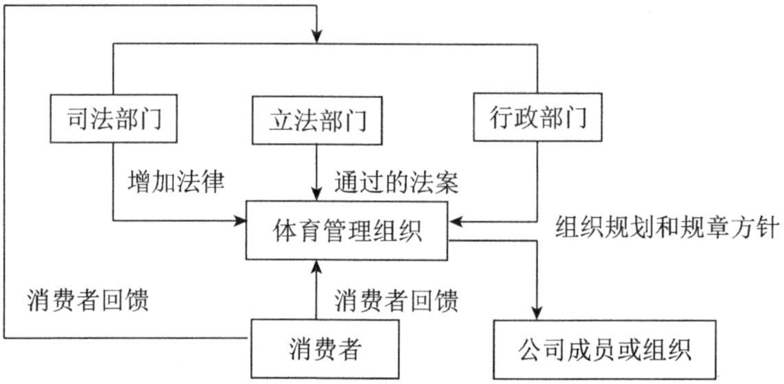


**图 5-3　美国体育产业的自我规范模式①**

购买体育产品和服务的消费者在规范程序中也扮演着重要角色，消费者通过向政府和体育治理组织两个部门反馈有关个别企业提供产品或服务时触犯了他们的权益，如果控诉合法，而且有较多消费者受到影响，政府就可能要出台增加新的法规，通过体育治理组织施压于被牵涉的企业。体育治理机构通过执行符合规范的法规来处理问题，产生影响消费者的意见。体育产业中的问题尤其是职业体育领域的问题，可以通过产业自我规范的运作获得最终解决。产业规范的措施和目标体现在以下几方面：第一，促进成员间竞争的均衡性。通过体育治理组织的管控来维持各个加盟成员实力的均衡，通过运用实施了工资帽、奢侈税、收入分享、自由代理和选秀等一系列制度规范促使竞争均衡，激发各个企业成员的积极性。第二，促进和维持结果的不确定性。结果的不确定性是体育产品竞争中最不可或缺的因素，因此，所有体育治理组织均制定规程，扶持实力弱小企业，控制实力强的企

①李明，苏珊·霍华思，丹·马宏尼．体育经济学［M］．叶公鼎，译．辽宁科学技术出版社，2005：161.

业，以担保竞争的公平性。第三，使企业组织利润最大化。虽然利润最大化是所有公司的共同目标，然而，许多体育产业的控制代理组织以此为终极目标，并制定特别的规制和治理政策来担保个别加盟组织的利润能够最大化。第四，担保参赛者和观众的安全以及提高成员在市场的竞争力。在不同体育产业实施各种规范和政策，可使会员位于同一个结构中，进而改善其财务状况以及在市场运营中的竞争力，从而保持体育产业大国的稳定性成长。图 5-4 展示的是美国体育产业的结构。

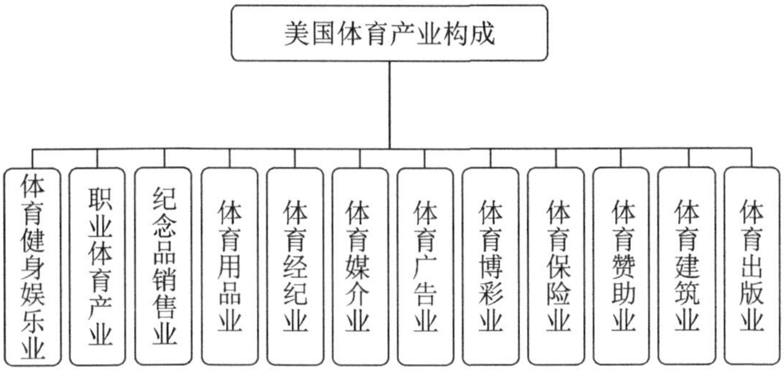


**图 5-4　美国体育产业的结构①**

美国体育产业是市场经济长期发展的产物，具有良好社会基础，其根源在于国家层面对体育发展的多元定位，将体育作为民众的生活方式，在体育与社会紧密融合的背景下，美国体育消费呈现出普遍化、生活化、多元化特点，庞大的体育人口成为推动美国体育产业持续发展的根本动力。在复杂的治理体系中，商业化是美国体育产业自治的重要目标导向，也是美国体育产业保持活力的根源。在长期的内部治理规范下，美国体育产业经过百余年的发展形成了比较稳定的发展模式和产业结构，在整体国民经济体系中与其他产业形成了良好的外部关联，自身也形成了以体育培训为基础，以健身休闲业为根基，以体育竞赛业为主导，以体育用品制造业为基础的业态结构，以竞赛表演、健身娱乐、硬件制造为核心的内部结构。国家自下而上、创新的商业运作模式成为不同产业形态发展的动力源。一般而言，在国家和社会的治理引导下，美国体育产业进行了内部分化，主要包括体育健身娱乐业、职业体育产业、体育用品业及体育赞助业等 12 个门类。在内部完善的制度规制下，美国各类体育产业间协调发展，其中最重要的 5 种体育产业（职业体育、竞赛表演、健身服务、体育用品制造、体育中介）高度发

①阮伟，钟秉枢．中国体育产业发展报告（2013）［M］．北京：社会科学文献出版社，2013：172-176.

达。在门类众多的产业中，以职业体育为主体的体育竞赛表演业成为主导产业，职业体育又以棒球、冰球、篮球和橄榄球四大职业联盟为主体。不同产业之间存在密切关联，竞赛表演产业带动着体育用品制造业、健身娱乐产业、体育广告产业和体育经纪产业等一系列产业的发展。在美国产业结构中，大众体育健身服务业占到整个体育产业产值的32%，体育用品制造业占30%，体育观赏业（体育媒介、体育比赛标志权和纪念品、电视转播、体育广告等）占到了25%，体育产业成为美国第三产业中的支柱产业，同时带动了美国经济的持续增长。

## 四、关联共生的产业内部联动治理机制

美国体育产业规模较大，还拥有很高的消费占比，其商业体育的主体是具有营利性质的职业体育，它是支撑美国体育强盛不衰的基石。美国体育产业在长期市场化运营中注重与多个相关产业组织协同，以生产高质量体育竞赛产品为中心，体育产业组织与外围机构建立了协同治理机制，发挥外围机构对体育产业的扶持。同时，通过体育产业带动了外围相关产业的共同发展，形成了关联共生的联动治理机制，推动了产业结构的合理化和效益最大化。

体育产业内部联动治理的本质在于内部体育资源的分配、生产与消耗，表现为各部门间相互依赖、相互协同的关系。体育产品的生产活动需要多个部门共同参与，不同部门在资源投入、产品生产和分配运作等方面实施内部协同治理①。首先，在治理举措上，美国体育产业联动治理体现在一个产业部门的生产活动需要多个部门的共同支持（图5-5），单一产业部门的体育产品可以供给多个部门使用，体育产业内部治理的关键在于通过制度协调多个产业部门的关系，实施体育产业部门间的治理关联，让不同部门通过制度载体相互渗透，形成以利益最大化为基础，以健身娱乐、竞赛表演和产品生产为核心的治理效益，保障产业内部间的运作协调。其次，在治理角色分工上，体育产业支持部门属于体育产品生产部门的外围治理主体，主要分为六大部门，包括体育行政和管理协会、体育设施建筑及从业者、体育传播媒体、体育用品制造、批发和零售业及体育管理公司等，这些部门具有不同的职能分工，主要用来支持核心部门的产品生产②。其

①Cabane. Unemployment duration and sport participation [J]. International Journal of Sport Finance, 2014 (3): 261-280.

②Ianob, Trish B. Sport governance: International case studies [M]. London: Routledge, 2013: 6-13.

中，体育行政和治理协会往往扮演治理的中介角色，主要协助各级竞赛产品供给部门为观众制定和解释比赛的规则；体育设施与建筑部门的治理职能主要体现在协调竞赛产品的场地空间布局，提供用于举行体育活动的公共设施，服务于竞赛表演业。最后，在协同治理绩效上，美国体育产业具有广泛的社会辐射力，在为社会提供产品的同时也在消耗其他产业的产品和服务，通过产业关联，实现资源共享，通过将多个组织机构纳入体育产业治理中，充分发挥其他外围产业对体育产业的推动作用。不同体育产品生产部门根据职能为社会提供不同性质的体育产品，正是依靠这种密切的关联关系，体育产业企业之间形成了协同联动的利益共同体，不仅提升了相关产业部门的收益，而且保证可持续提供高质量的体育产品和服务。

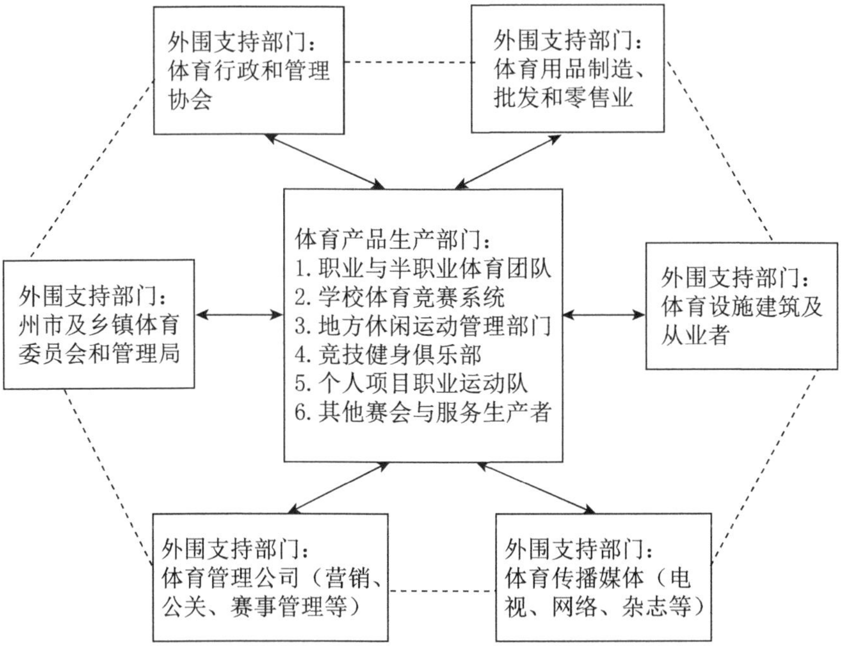


**图 5-5　体育产品生产部门与支持部门间的联动关系**

## 第二节　美国体育产业的具体制度治理

美国高度重视体育产业的法治治理，注重运用联邦宪法和各类制度对体育产业进行规制，打造了较为健全的体育产业制度体系，其中，灵活变通的制度法治化治理为体育产业发展提供了法治环境，联盟特殊制度的调控性治理促成了体育产业的规范化成长，反垄断豁免制度的补偿性治理保障了体育产业市场利益最大化，成熟而创新的制度输入式治理催生了体育产业的持久活力，一系列制度的辅助性支持推动了体育产业的持续发展。

## 一、灵活变通的制度法治化治理

与欧洲西方国家体育文化的发展情况相比，美国的体育产业政策更多的是强调传统的“自由主义”市场化作用，从表面上看美国的体育产业政策“无为而治”，其实不然，现实中恰恰是“无所不能”。在体育产业的商业化运作中，美国政府运用联邦宪法、各州相关制度以及体育领域内部的法规对体育产业进行调控，为打造体育产业的核心竞争力形成了完善的法治治理体系。从 19 世纪 20 年代美国体育产业萌芽开始，1820 年前后出现的双人马车俱乐部是美国体育产业的发端①。1820—1830 年，纽约赛马协会改进《赛马制度》，采用门票收入分成，促进了比赛水平的提高，带动了美国体育产业的快速成长。19 世纪 50 年代，出现了商业性体育赛事，城市化进程为体育产业的发展提供了环境基础，为体育产业成长的商业化、专业化和制度化提供了可能。1858 年，22 支纽约的业余棒球队组成了美国历史上第一支业余棒球联盟，职业棒球成为第一个开始面向市场收费的体育联赛②。金钱成为俱乐部协会发展的重要因素，面对商业利益中的违规事件，俱乐部开始制定协会制度，以规范俱乐部和运动员，吸引更多的参加者和获得更高的收入③。1869 年，第一个职业运动队（辛辛那提红袜棒球队）成立，成为美国最早的职业运动队，从此，职业体育的运作模式成为体育产业发展的重要角色。1876 年，美国成立了棒球全国职业联盟，由俱乐部所有者控制治理，代替了由运动员控制的联盟，成为第一个真正具有职业意义的体育联盟，从此，职业体育的联盟治理代替了俱乐部治理。1888 年开始，俱乐部行业垄断情况日趋严重，对此，1890 年，美国第一部《反垄断法》（谢尔曼法案）颁布，职业体育的成长开始受到美国法律的关注。通过职业体育领域的“联邦联盟”诉“国

①国家体育总局政策法规司．美国体育管理理论与实践［M］．北京：国外体育社会科学译丛，2002：3.

②S. W. Pope. The new American Sport History：Recent Approaches and Perspectives ［M］. Urbana and Chicago：University of Illinois Press，1997：47.

③Morgan，William J. Ethic in Sport ［M］. Champlain：IL：Human Kinetics，2007：416-420.

家联盟”案和“美国职业棒球俱乐部联盟”诉“Chase”案等，确立了职业棒球“反垄断豁免权”，职业体育相关的案例法开始出现，代表着美国以职业体育为中心的体育产业大国的成长受到国家制度的支持。

进入20世纪后，美国率先在职业体育领域建立和完善了联盟治理体制，《反垄断法》不断对体育产业进行调控。1914年，《克莱顿法》（Clayton Act）提出“工会的主要目的在于解决职业联盟中的劳资纠纷，而不是‘限制贸易自由的非法组织或共谋主体’，解决了职业体育发展中的劳资问题”①。“20世纪20年代，美国现代职业体育的基本结构已建立起来”②。与此同时，美国联邦政府所制定的《税法》《合同法》《体育广电法》《版权法》《克莱顿法案》等政策法规都在这一时期得到了很好的运用。从20世纪20年代开始，美国各大职业体育联盟相继成立，职业体育联盟实行经营权与所有权的分离，按照法人治理模式（Corporate Governance Model）对职业体育实施“公司治理”。并且，这种体制遵循现代企业制度规范，不同职业体育产业主体（俱乐部）构成了法律上的合作实体和经济上的合资企业，通过垄断经营来获取利润，被美国商界称为“体育卡特尔”。政府对体育产业发展不直接提供经费，但在联盟“公司治理”模式和政府对体育产业提供的税收优惠政策支持下，美国职业体育获得了更大的经济收益。20世纪50年代，美国通过出台法律支持体育产业发展，使职业联盟获得了“反垄断豁免权”，促进了美国职业体育产业的利润最大化。

20世纪60年代后，美国职业体育取得快速发展。然而，伴随现代电视媒体的进步，诸多俱乐部的赛事营销违反了《反托拉斯法》，为支持竞赛表演产业发展，1961年，美国颁布了《体育转播法》（Sports Broadcasting Act，简称SBA），支持篮球、棒球、橄榄球、高尔夫等项目的竞赛开展，尤其支持四大职业联盟赛事，并对一些项目的转播给予《反托拉斯法》下的特殊待遇。1972年，美国国会颁布第11条教育修正法案，涉及人权基本法、平等报酬法（工资平等法）、劳动关系法、反垄断法、残疾人保护法、贸易法、商标法和许可证法等多个领域。美国税法、版权法和劳工法等都从不同层面对体育产业发展进行了调控。在税法方面，通过取消购买职业运动队股份的税务优惠，州政府和地方机构通过税收政策鼓励私人资金投入公共场馆建设，《1976年版权法》成为美国版权法律保护制

①胡乔．美国体育产业发展的法律调控分析［J］．体育文化导刊，2014（2）：131-133.

②Jay J. Coakley. Sport in Society: Issues and Controversies［M］. McGowan-Hill Companies，1998：95.

度的最高级别法律。在博彩法方面，1988 年颁布第一个联邦法案《印第安游戏治理法案》，成为体育博彩业不断拓展的催化剂，各州花费大量经费制作广告以推广体育彩票，但不允许在大学和职业体育中赌博，规范了竞赛表演业的发展。在体育经纪产业方面，20 世纪 60 年代后，体育经纪的出现、美国劳工法的完善和职业体育项目的“反垄断豁免”出台推动了体育经纪业的迅速发展。20 世纪 70 年代后，四大职业体育联盟开始开发运动员的自由转会制度，在《美国统一运动员经纪人法（NAAA）》及《联邦体育经纪人责任与信托法（SPARTA）》等制度规范下，体育经纪产业发展成为最发达的体育中介产业①。1978 年，联邦政府颁布了《业余体育法》，规定了对特定名称、印章、标记等的专有权。2009 年颁布的《个人健康投资法案》规定通过税收优惠政策为体育产业发展提供间接的财政支持。此外，1992 年的《美国残疾人保护法》以及 2005 年的《障碍者歧视法》(Disability Discrimination Act)、2010 年的《平等法》(Equality Act 2010) 等政策法规在保障特殊人群体育运动参与权利的同时，也规定特殊人群同样具有观看比赛的基本权利，促进了体育消费。

可以看出，在各类体育产业相关制度的颁布与治理下，美国的体育产业经历了一个漫长的成长过程。在这一过程中，联邦政府通过不断颁布并实施的相关制度有效地推动了体育产业的发展，促进美国体育产业形成了完善、齐全的制度体系，相关法规内容详尽具体，又不失灵活与变通，在体育产业的各个领域进行着有效的治理，为体育产业健康发展提供了法治环境，推动美国不断成长为体育产业大国。

## 二、联盟特殊制度的调控性治理

美国体育产业在实践中形成了成熟而创新的制度体系，对体育产品生产、市场纠纷、参与主体的良性竞争和均衡发展等方面进行调控，促使体育产业形成了一套特殊的制度治理体系，具体包括以下三方面内容。第一，针对俱乐部的制度顶层治理，在职业体育产业中形成了一个功能强大的治理机制，即运动卡特尔(Sport Cartel)，遵循现代企业制度来治理体育产业，向市场生产最佳的体育产品，在满足企业收益的同时为社会提供财富，如美国四大职业联盟平均年收入为 6600 万美元，每年从职业联盟中利用税收形式获得的利润多达上千亿美元。第

①张滨．美国体育经纪人管理制度研究［J］．体育文化导刊，2007（5）：71-73.

二，促进产业创新驱动的系列制度治理：①创新驱动投入制度，通过制定多元技术创新鼓励政策，推动产业投入资金的合理化与社会化；②创新驱动实践制度，为体育产业发展提供创新所需的金融政策，为体育企业提供创新资金，运用激励政策鼓励产业风险投资；③创新驱动保护制度，美国在保护知识产权方面具有完备的法律基础，形成了完善的法律体系，避免体育产业创新产权的流失，防止投资者因得不到回报而退出；④创新驱动引入制度，利用制度鼓励体育产业的革命性升级，满足多样化市场主体对资本的需求，推动体育产业的转型升级，使体育产业向规范化发展。第三，针对体育产业市场的制度补偿性治理。从 19 世纪初《赛马制度》颁布开始，各个体育产业市场不断对产业运作中的章程、规定和细则等进行补充，如 1876 年棒球职业联盟成立后，面对商业利益中的违规事件，俱乐部开始制定协会制度，将职业体育的联盟治理代替了俱乐部治理。1988 年，NBA 工会代表与资方代表达成的协议多达 138 页，覆盖全面的系列制度与条款，规范了体育产业的发展方式。此外，为保障体育产业的健康均衡发展，职业联盟建立了一套广为接受的特殊制度体系，包括奢侈税制度、限制进入制度、选秀制度、工资帽制度、集体议价制度、保留条款制度、收入分享制度、自由转会制度、限制工资和工资仲裁制度等，通过系列制度推进了俱乐部市场运作的实力均衡，保持了职业赛事的无限活力，达到了维持联盟运营稳定的目的，对于处理职业联盟内部关系、推动联盟商业化运作和产业利润最大化发挥了重要作用（图 5-6）。

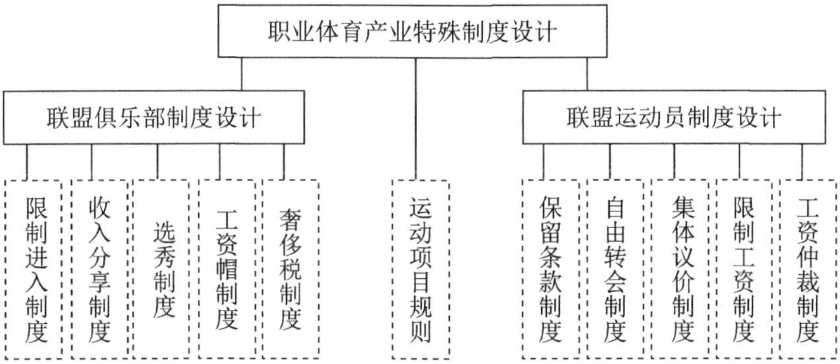


**图 5-6　职业体育产业的相关特殊制度**

## 三、反垄断豁免制度的补偿性治理

在体育产业的商业化运作和法律纠纷的治理过程中，政府能够成功地运用联邦宪法和各州的体育制度对其进行有效调控，并形成完善的制度体系，从而推动了美国体育产业的迅速成长，保障了体育产业市场利益最大化。

自由的市场竞争环境是美国体育产业保持持久活性的基础。现代市场规律的主旨在于打破市场行业垄断，建立自由均衡的竞争市场，以职业体育联盟为主体的美国体育产业具有独特的反垄断豁免权，具有独立的市场支配权力，能够将竞赛产品的价格和产出保持利润最大化。如何保持有限的市场竞争，对职业体育产品实施补偿性的反垄断豁免，成为支持体育产业发展的重要举措。以《反垄断法》（谢尔曼法案）为例，该项法规与体育产业和市场关系甚密，对体育产业实施反垄断豁免是美国体育产业治理的重要内容。1890 年，美国国会颁布了反托拉斯垄断法，目的是推动自由市场的竞争、打破超级垄断、限制贸易壁垒、保护竞争需求、提高消费者福利。美国《反垄断法》源于联邦的判例法和成文法，其立法的基本规则是允许大部分的竞争性行为，除非一些活动对竞争显示出实质性的限制才构成违法行为。在《反垄断法》的治理中遵循两种原则：一是“本身违法原则（Perserule）”，指限制竞争的行为从其本质上而言是反竞争的，对于这类行为（如职业联盟瓜分市场份额、肆意提高产品价格、限制产量），法院不用对其商业目的与商业过程进行调查，即可进行判决。二是“合理分析原则（Rule of reason）”，适用于表面上不能判定其是否违反竞争性的实例，需要根据情况，慎重考虑企业的行为意图及后果后才能裁决。运用这一原则可以更为合理准确地判定违反行为，但往往存在治理期间冗长、费用高昂、判断复杂等缺陷。目前，针对体育产业的特殊情况，联邦法院逐渐转向“合理分析原则”，在适用《反垄断法》方面推行两种标准：一是在四大职业体育领域宽松适用《反垄断法》，尤其是职业棒球，享有反垄断豁免权；二是其他体育项目严格适用《反垄断法》。目前，《反垄断法》的治理范畴不断扩大，业余体育组织日益成为反垄断法的治理范围，如随着大学业余竞技体育组织 NCAA 盈利能力的增强，其商业性运作成为反托拉斯垄断法的调查对象。治理范围的拓宽，能够有效地规制业余体育组织的商业性，确保美国体育产业能始终维持在一个稳定的制度框架中。

从《反垄断法》的规制内容可以推断，美国体育产业制度的设计细致且针对性强，且能在具体操作过程中发挥灵活与变通的功效，从而能够很好地提高治理效率，弥补市场失灵的制度缺陷，为美国体育产业的健康成长起到保驾护航的作用。此外，美国联邦政府在产业领域制定的制度规范不仅名目繁多，而且各类制度条目清晰全面。从 19 世纪 20 年代美国出现体育产业开始，联邦政府就在不断摸索中追求制度的完善，颁布并修订了多种法律法规，其中与体育产业的市场治理有关的制度种类众多，除《反垄断法》以外，主要还包括合同法、版权法、商标法、许可证法、残疾人保护法、公共治理法、代理法、服务品牌法、平等权利保护修正法、教育修正法案、劳动雇佣法、无理搜查侵犯法、人权基本法、平等报酬法、个人隐私保护法、公民权益保护法、人身自由和财产不受侵害修正法、反对年龄歧视法、国家劳工关系法、许可证法等，名目众多的制度体系为美国体育产业的发展提供了保障。

## 四、成熟而创新的制度输入式治理

美国的体育产业发展具有自由化和完全市场化的特征，在体育产业发展过程中，政府不断完善产业创新政策体系，经过长期的积淀与完善，美国体育产业形成了一套自上而下的输入式治理制度，政府主要运用制度方式干预体育产业发展，在资源配置、体育市场拓展、体育消费引导、体育公共体育服务供给等多个方面输入了专门性制度，政府主要担当“元治理”角色，不断由体育资源配置向规则制定和秩序维护转变，催生了体育产业的持久活力。

第一，形成了职业体育公司治理的高度自治模式。公司治理（Corporate Governance）是对企业的经营治理和绩效进行监督调控的制度安排①。美国的体育产业具有自由化和市场化特征，在体育产业发展过程中，政府不断完善产业创新政策体系，经过长期的积淀与完善，体育产业内部形成了一套自上而下的治理制度。职业体育产业是美国体育产业的重要组成部分，以职业体育为主体的竞赛表演业是体育产业利润收益最多的产业。美国体育产业是一种市场主导型治理模式，每个行业协会都设有一个功能强大的治理组织，即体育卡特尔（Sport Cartel）或称职业联盟②。目前美国拥有数十个职业体育联盟，如众所周知的四大职业联盟（NFL、NBA、MLB、NHL）等，这些组织除需遵守相关法律法规外，不受政府的治理，具有高度的自治性，且经过长期发展，已形成了成熟的运行机制与组织结构（图 5-7）。公司治理涉及诸多利益相关者，如董事会、资产公司、娱乐公司、NBA 总部、媒体公司等，不同主体以职业联盟作为制度治理枢纽，

①Mary A Hums. Governance and policy in sport organizations [M]. New York：Holcomb Hathaway Publishers，2013：17-19.

②周波．论体育产业核心竞争力［D］．长沙：湖南师范大学，2013：196.

主要治理理念在于保持企业所有权和经营权的分离，既包括向职业俱乐部授权，又包括对俱乐部运作进行监治。公司治理特征体现在三个方面：①按照法人治理制度对职业体育俱乐部实施公司治理。遵循现代企业制度规范，不同产业主体（俱乐部）构成了法律上的合作实体和经济上的合资企业，通过垄断经营来获取利润，政府对体育产业发展不直接提供经费，在联盟公司法人治理制度下，职业体育获得经济收益。②采用“委托—代理”的董事会治理制度，由联盟球队的老板组成董事会，权力源于各球队的所有者，具有决策权、惩处权、纠纷调解权，以及直接监督和控制各俱乐部治理者的权力等，既能节约成本，又能规范职业俱乐部运作，避免单一俱乐部独立运营的缺陷，保障俱乐部利益最大化。③注重发挥公司治理绩效的辐射作用。在公司治理的推动下，以职业联盟为载体的竞赛表演业作为主导产业，成为领域内利润收益最多的产业类型。在主导产业治理模式的示范下，其他产业团体纷纷效仿，从而把整个体育产业打造成以公司治理为基础，开发与生产高端竞赛产品为主要目标的产业盈利共同体，一些关联产业如体育广告业、体育经纪业、体育用品业、体育中介业等也获得长足发展，使体育产业得以保持旺盛的生命力。

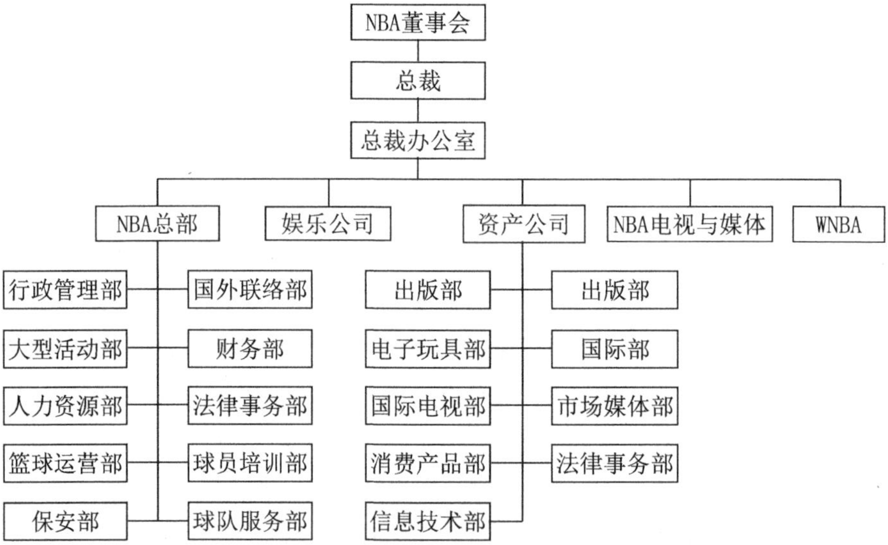


**图 5-7　NBA 联盟的组织结构①**

①王瑞麟．NBA 联盟的利益关系及启示［J］．西安体育学院学报，2011（2）：172-177.

第二，打造了相对完备的体育产业创新政策。联邦政府不断完善产业创新政策，主要表现在三个方面：一是强化体育产业创新驱动的投入政策。政府注重产业政策创新，不断加大创新机制投入力度，采取多种政策推动产业技术的不断创新，通过制定多元化的政策鼓励引导产业创新的社会化。1979 年“美国 R&D（研究与开发）投入强度为 2.38%，到 20 世纪 90 年代达到了 2.6%，步入 21 世纪的头 5 年内，R&D 上升到 2.7%”①。二是加强创新驱动的实践政策。政府利用多种激励制度鼓励企业进行风险投资，并为高新技术在体育产业领域的实践提供资金支持，为产业创新机制的培育提供金融环境。三是加强产业创新驱动的保护政策。美国在保护知识产权方面具有完备的法律基础，避免体育产业创新产权流失，防止投资者因得不到回报而退出的现象出现。可以说，美国的体育产业通过实施创新政策引入及实践和保护政策的协调，实现了体育产业革命性升级，不仅满足了多样化市场主体对资本的需求，而且很好地推动了体育产业的成功转型，使体育产业走向了规范化发展②。

第三，注重发挥主导产业对体育产业发展的辐射和带动作用。美国体育产业并非是均衡成长的，在体育产业的长期发展过程中，一些特征鲜明并具有核心竞争力的产业成为主导产业。例如，美国的体育竞赛表演服务业占到整个产业创收的一半以上，是名副其实的主导产业③。主导产业具有很强的示范、辐射和带动作用，在主导产业的示范作用下，其他产业纷纷效仿，步其后尘，从而把整个体育产业打造成为以开发与生产高端竞赛产品为主要特征的产业特色。此外，由于美国体育产业之间具有极强的关联性，因此在强盛的主导产业辐射和带动下，一些体育关联产业如体育广告业、体育经纪业、体育用品业、体育中介业等也会获得长足发展，从而使美国体育产业形成了强大的核心竞争力。此外，美国政府不断地对体育产业领域各个方面的制度进行适时修缮，尤其是在职业体育领域，政府发挥了很好的监督作用。在政府与职业联盟的协作下，有关职业体育各方面的治理规定、章程、细则等得到不断地修订与完善，体育产业制度得以不断规范，推动了体育产业的健康成长。

---

①姜同仁，宋旭．欧美日体育产业发展方式的经验与启示［J］．上海体育学院学报，2013（2）：19-24.

②高巍．完善我国体育产业政策体系研究［D］．长春：东北师范大学，2014：54.

③周波．论体育产业核心竞争力［D］．长沙：湖南师范大学，2013：199-200.

# 第六章 CHAPTER 6
# 美国体育教育的制度治理

教育是立国之本，美国体育的本质归属于教育。美国作为世界体育强国，群众体育是其雄厚的社会基础，学校体育是其发展的核心因素。在美国，体育通常作为一种教育方式和手段存在，体育活动的参与就是实现良好的教育过程。美国体育教育的发展建立在灵活的教育体制上，联邦政府和地方分权的多元教育体制是体育教育发展的重要基础。联邦政府在教育领域主要通过教育立法的形式进行治理，这种体制不仅对不同主体的治理权限进行了清晰划分，而且通过权力的下放，实现联邦、州和地方横向互动的治理举措，能够充分发挥不同主体的活性，为体育教育的发展提供了制度基础。从建国至今，美国国会通过的教育立法达百余项，其中不乏众多有关体育教育制度的颁布与实施，使学校体育在美国教育的怀抱中不断汲取营养。通过体育教育制度、计划、方案、标准等的不断创新，培养青少年良好的体育参与意识，发展儿童青少年基本运动技能，从而促进儿童及青少年在体质、精神、社会和情感方面全面健康发展，并为美国竞技体育、体育产业、群众体育等领域培养了源源不断的后备人才。

## 第一节　美国体育教育的体制制度治理

美国的体育教育依托地方分权型教育体制，形成了特色鲜明的体制制度治理体系，联邦政府注重利用制度引导社会多元主体参与，实施体育教育的治理主体不仅包括各级政府部门，一些社会组织、社区组织和家庭等也广泛参与其中，并实施了分权化治理、保障性治理、协同化治理、法治化治理等多种方式，很好地提升了学校体育教育的治理效益。

## 一、联邦、州和地方教育部门上下联动的分权化治理

制度既包括国家层面的根本性制度，也包括协调各部门关系和组织运行的体制制度。美国政体主张“三权分立”，强调权力相互牵制与内部平衡，这种体制制度实现了地方分权治理。美国教育分为三级治理体制，分别由联邦、州和地方共同治理，多级教育部门的上下联动成为学校体育分权治理的基础（图6-1）。

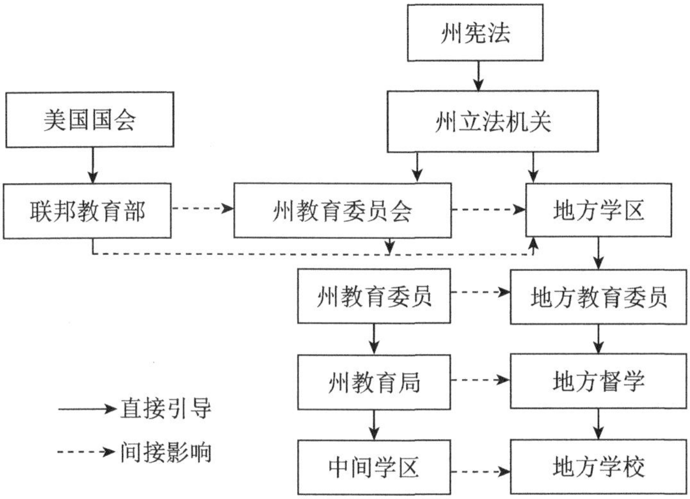


**图6-1　美国教育分权治理的多元主体①**

本着“小政府”的治理理念，联邦政府的治理权限被分割，政府通过权力下放，实现联邦、州和地方教育部门的横向协作，充分发挥不同主体的自治活性，保障了体育教育的治理法治化。美国的教育行政体制属地方分权制，教育行政机构在行使权力时要受到司法系统的影响和监督，在联邦、州、学区三个层次上，联邦政府主要通过国会下设的教育执行委员会负责制定全局政要方针，例如，国家体育教育标准、学校体育教育计划以及一定时期的教育发展战略等；州负责制定具体的教育规章、政策，主要通过州教育委员会和地方督学行使具体的治理权限；地方学区则根据本地区的实际情况，在联邦教育部和州教育委员会的

①常颖．美国城市化进程中的教育行政体制［D］．杭州：浙江师范大学，2007：20.

间接监督下，依靠当地社会条件，灵活地经营和治理区内各类学校的教育实施①。联邦司法系统对教育实施间接监控，主要通过对教育事务的研究和咨询，并监督各级教育行政的具体运行状况，与教育的立法与司法机构共同促进了美国教育行政的法制化和民主化②。

第一，联邦政府的治理权限。国会主要拥有教育法律的立法、教育经费的预算与筹划、联邦最高教育官员的任命等大权。联邦教育部具有分配和治理联邦补助的教育经费、搜集全国教育数据，提高教育信息服务、开展教育研究、推进教育改革等职权。联邦教育部对州教育委员会和地方学区没有直接领导权，只起到间接影响的作用。联邦主要通过立法机构、行政治理机构、特别委员会等确立某些有关中小学的政策法规或行动目标和框架，通过资助相关的教育改革与发展计划，为各州和地方的教育提供支持和帮助，对中小学教育事务施加影响。

第二，州政府的治理权限。作为联邦制国家，州在国家权力结构中是重要一级。依据联邦宪法的规定，美国教育的管辖权在州，州有权制定教育法规，制定自己的教育目标与策略。州对中小学的治理主要通过立法和政策手段，州通过教育委员会、州教育委员、州教育局和中间学区行使教育职能，一般具有指导或认可学区的建立、改变学区委员会结构、建立公立中小学校历及教学课程、规定学校的修业年限与入学标准、决定学校收支的来源与使用等权力。州对地方的相关部门只有间接管辖权。在对中小学的治理上，各州的情况不尽相同，有些州可能较宽松，有些州则可能较细致和严格。

第三，地方政府的治理权限。地方学区是美国基层教育的行政治理部门，是美国实施教育制度治理的基本单位，地方学区在教育问题上享有很大的自主权。学区下设地方教育委员会、地方督学、地方学校，其中地方教育委员会是基层教育行政的决策机构，具有制定地方教育政策、雇佣教育人员、处理劳资关系、治理财政、协调与社区的关系等职能。如图 6-2 所示，地方学区由学区分管副局长执行具体治理，下设课程助理、财务助理、人事助理和后勤助理，不同助理各司其职。地方学区一般分为地方学校和中间学区，分别由州教育局和地方督学治理，地方学区实行高度自治，其任务是制定教育具体规划、为教育计划的实施提供经费和聘请教师等。

①陈丰伟．放弃·选择·自主办学——美国基础教育管理体制改革分析［D］．上海：华东师范大学，2004：6-9.

②常颖．美国城市化进程中的教育行政体制［D］．杭州：浙江师范大学，2007：19.

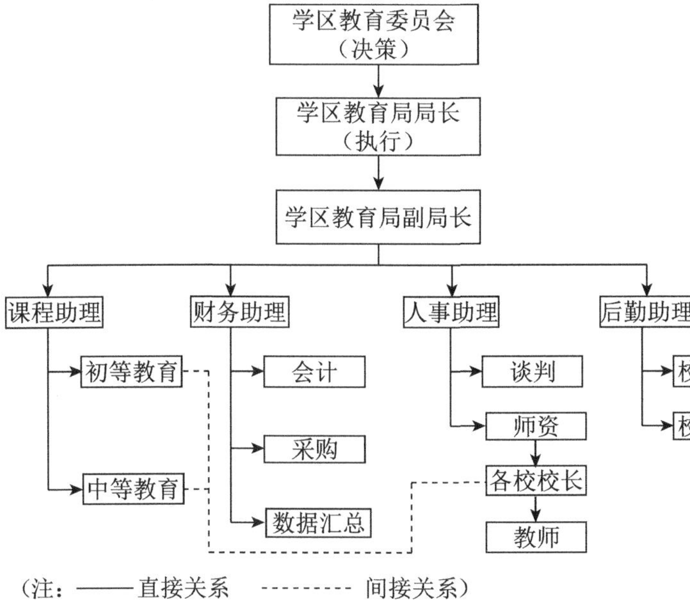


**图 6-2　美国地方学区教育治理体制的结构①**

美国体育教育的发展建立在完善的教育行政治理体制之上，这种体制不仅对不同主体的治理权限进行了清晰划分，而且通过权力下放，实现联邦、州和地方横向互动的治理举措，能够充分发挥不同主体的活性，为体育教育发展提供了制度基础。

## 二、地方学校、社区和家庭多元主体参与的协同化治理

作为地方分权制国家，美国教育部门注重打造多元主体共同参与的体制制度，学校体育教育受美国政治体制的影响，在治理方式上具有多样性和灵活性。美国的教育体制分为三级模式，分别由联邦、州和地方共同治理，但治理学校体育教育的真正权限属于各州，各州都设有专门的教育委员会，具体实施的体育教育计划由教育委员会制订。因此，美国的学校体育教育都是由各州自己负责治理，在联邦的50个州中，各州都根据地方特点制定了适合自己的治理方式，进而使各地区学校的体育课程差别较大。各州担任治理学校体育教育的主体，地方

①杨华．美国基层教育行政体制研究以及对中国基础教育行政体制改革的启示［D］．重庆：西南师范大学，2001：23.

学区承担具体责任，联邦政府则起到宏观调控的作用。这种治理体制的最明显特点在于各地区学校没有统一的体育教学大纲，各地区根据自己的条件制订适合地方需求的教学方案。在各地方政府中，美国的体育教育由学校和相关协会共同负责治理，州和州体育协会协管，全国性的体育活动由中学体育联合会或大学生体育协会治理。美国没有全国统一的具体教育目标，体育也一样，各州制订的学校体育目标不尽相同，但实质上均是通过体育促进学生在身体、认知、社会以及情感 4 个方面的发展。图 6-3 展示了美国中小学体育教育治理体制的情况。

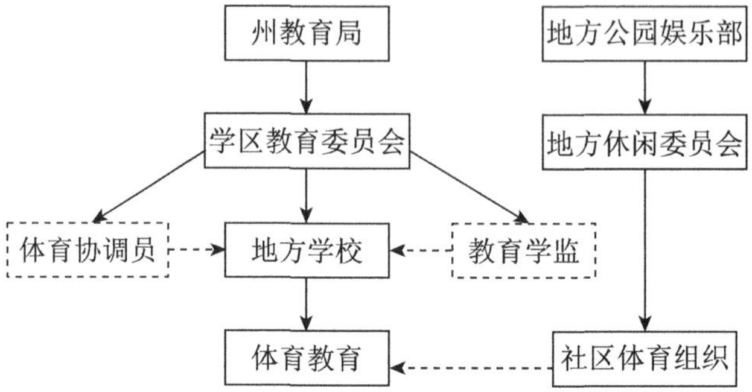


**图 6-3　美国中小学体育教育治理体制**

美国体育教育实施多元主体参与的内部互动型治理。各类学校倡导多元主体协同互动，不同参与主体间存在密切关联性，美国中小学体育教育治理体制由直接治理体制和间接治理体制两部分组成，直接治理体制的实施由各州教育局下设的学区教育委员会负责对地方学校进行治理，学区教育委员会下设专门的体育协调员和教育学监，具体对各个学校的体育教学、体育活动等方面的开展进行监督与指导，社区体育组织作为体育教育的间接治理机构，是地方公园娱乐部和地方休闲委员会下设的体育组织机构，地方学校教育机构和社区体育组织的共同治理促进了美国中小学体育教育的健康发展。美国的中小学体育教育主要依靠体育部或体育运动俱乐部组织治理①，国家层面虽设有教育部，但只是一个宏观调控机构，并没有治理中小学体育教育的行政组织，体育教育治理相对松散。美国的中小学体育教育由各州自己负责治理，在州教育局中设有学区教育委员会，其中设有一名专门的体育协调员。州体育协调员的人数有限，因此很难对州内各地方学校的体育教育情况进行全程细致的治理，他们充分相信学校自治。体育协调员的

①王雪梅．美国中小学体育研究［D］．石家庄：河北大学，2004：20-21.

行政色彩很淡，主要工作是为学区学校体育教育的开展提供指导性建议，如有关州体育教育标准的制定、学区体育教育情况的调查、体育教育资源的提供等。此外，学区的教育行政治理工作主要由学区教育委员会聘任的教育学监承担，教育学监一般由一名教育专业的人员担任，其对地方学校没有统辖权①。学区组织具有较大的教育自主权，有权对联邦和州的教育制度提出异议，有权制定本区的教育制度。学区组织对体育教育的重视程度一般，在全美 50 个州中，只有纽约要求每个学区配备一名具有体育教师资格的人作为体育协调员。在中小学，除了少数学校把体育课作为必修课外，体育课多以选修课的形式出现，多数州规定学生必须接受某种形式的体育教育（不一定是体育课）②。

美国体育教育充分发挥社区体育组织的参与式治理，最大特点在于拥有地方学校和社区体育组织构成的两大治理主体。在美国，教育包含学校教育、社区教育、家庭教育等多种形式，各州将学校、社区的体育活动视为促进儿童青少年全面发展的关键，尤其社区对青少年学生体育教育的作用功不可没。美国在注重家庭、社区参与的支持作用、榜样效应和引导作用方面，始终以学生身心健康为首，并一直秉持“学校与家庭、社区携手合作”的治理理念。社区体育组织（如各类体育兴趣协会、体育比赛、体育运动队等）实施对体育教育的间接干预，可以教授学生在学校体育教育中学不到的运动知识。社区体育组织可以说是美国学校体育教育的补充，是发展学生体育的强大力量。由于美国没有专门的体育治理机构，因此，各州一般下设负责体育活动的专门组织，一般由地方公园娱乐部负责群众体育工作，地方公园娱乐部下设地方休闲委员会，负责治理社区体育活动。社区在学生体育教育过程中发挥了巨大作用，社区体育组织大多是非营利性质，教师团队多由学生家长组成，有些组织也雇佣教练。社区组织的体育活动丰富，项目设置灵活多样，融合了竞技、休闲和教育的要素，并为学生提供自主选择的空间，成为学生课余体育教育的“第二课堂”。灵活多样的地方教育制度为体育教育的成长提供了土壤，在社区体育组织的协同支持下，美国体育教育保持了持续成长。

---

①杨清琼．美国中小学体育教育研究［D］．北京：北京体育大学，2010：36.

②唐炎．对美国中小学体育教育的考察与思考［EB/OL］．http：//www.doc88.com/p-7059820914309.html.

## 三、以青少年体质健康促进为导向的法治化治理

体育教育治理体系的价值目标是保障学校体育目标的实现而构建的一系列制度体系的总和。美国学校始终把体育作为一种教育方式，注重通过体育教育活动强化体质健康，促进青少年的全面发展。美国学校体育教育治理体系价值目标围绕治理的合理性和有效性进行构建，旨在保障体育教育治理价值的成效性、规范性和经济性，将治理的潜能发挥到极致。在美国体育教育的发展过程中，始终围绕促进学生体质健康这一主题，体质健康成为评价美国学校体育教育治理效益的根本目标。在这一主导性治理目标的作用下，美国各类学校都注重挖掘体育的教育功能，注重体育带来的知识、技术和素养教育。这种理念能够激发学生形成主动参加体育活动的意识，并享受体育带来的运动感和体验感，同时也完善了学校竞技体育后备人才培养的资源配置。一些学校的教育理念中对体育有着明确定位，认为“追求快乐”是美国体育目的的突出特点，良好的体育教育有利于培养学生形成正确的竞争意识，使他们适应社会挑战。一些美国知名学者进一步深化了健康促进治理目标的内涵，认为体育在培养学生竞争意识的同时，也宣扬了团队合作意识，尤其是在团体项目中，体育的团队合作意识尤为重要。此外，美国家长在对孩子的体育培养中，将合作理念看得非常重要，家长在鼓励孩子自我表现的同时，也在教育孩子默契配合，形成团队合作的理念。为在联邦各个地区学校推行健康教育治理的目标，美国通过推行全国性实验干预并向社会、学校推广后提高了学生的健康水平，其中如“运动是良医”（Exercise is Medicine）、“总统挑战杯”（The President's Challenge Cup）、米歇尔·奥巴马发起的“动起来”（Let's Move）等影响广泛的学生健康促进计划，协同学校体育活动方案在提高学生健康意识及行动方面发挥着积极作用。表6-1展示的是以健康促进为轴心的体育制度内容。

**表6-1　以健康促进为轴心的体育制度内容①**

| 政策文件 | 主要内容 |
|---|---|
| 国家和地方体育活动行动计划 | 支持制订和执行国家、区域和社区各级的综合体育活动行动计划 |

①李娜，马鸿韬，姜勇，等．美国学校体育健康促进政策特征及启示［J］．体育文化导刊，2019（1）：105-110.

续表

| 政策文件 | 主要内容 |
|---|---|
| 国家体育活动报告卡 | 开发并宣传国家体育活动报告卡，定期评估美国的体育活动和体育活动的开展情况 |
| 增加体育活动经费 | 提倡地方、州和国家政策制定者增加活动经费，以执行国家体育活动计划中的体育活动促进战略 |
| 联邦体育运动和健康办公室 | 在美国疾病控制和预防中心设立一个体育运动和健康办公室，并向该办公室分配有效的资源 |
| 全民体育活动 | 开展一项与国家和地方资源协调的全民体育活动，引导美国人采取有效的行为策略、方案和增加体育活动场所 |
| 综合监测系统 | 建立一个健全的监测系统：遵守美国各阶层的体育活动指导方针；促进体育活动相关环境、政策和方案正常发展 |
| 体育活动发展政策 | 促进将政策推广到国家、州、社区和各级机构的体育活动中 |

从美国体育教育治理过程来看，青少年体育与健康组织在整个治理过程中发挥着重要的作用，它们成为联系政府与学校、社区、家庭、青少年的桥梁和纽带，是青少年体育治理部门开展和实施体育工作、促进青少年体质健康水平提升的有效补充。在美国不同时期的教育发展过程中，都将体质健康贯穿始终。20世纪20年代，以促进身心健康的“新体育”体育教育思想影响着体育教育内容的设置，将学校体育的目标重新划分为机体教育、神经肌肉活动教育、品德教育和智力教育4个方面，重点强调了体育教育的健康促进价值，一些现代体育项目如足球、手球、羽毛球、游戏也进入了体育课程规划。为更好地推动健康促进理念的执行，美国在全国各州颁布了大量政策，各类学校体育政策不仅涵盖了从活动策略、实施计划到增拨经费、开发资源等方面内容，还通过体育活动报告卡、建立综合监测系统等助力提高体育活动水平，并以非政府组织、基金组织、社会团体及个人捐赠与资助活动形式作为学校各项健康促进计划的重要补充，旨在保持和促进美国学校体育政策的生命力。政策保障作为美国学校体育制度治理的特征之一，从侧面客观地反映了美国政府了解学校体育活动具有影响儿童青少年健康作用的事实。可以说，美国学校体育政策切实保障了各州、社区和学校综合体育活动方案及模式的形成，例如，整个社区、整个学校的全人教育模式，聚焦学生教育与健康相一致的目标，秉持“健康、安全、参与、支持和挑战”的教育理念，以学习与健康并举来巩固学生的教育中心地位，肯定了学习与健康具有同等价值，鼓励学校与社区、卫生部门之间的密切协作，以关注体育教育、体育活

动及注重健康、饮食、心理等知识传授为核心来促进学校与社区联合发展全人教育，意在从宏观上构建学校促进学生健康的支持环境。例如，美国颁布的各类国民健康计划和青少年体育发展战略，都是在青少年健康组织、疾病控制中心、体育社会组织、卫生服务部门等各种体育与健康组织的共同参与、协同努力下形成的成果。并且，美国学校体育课程内容尊重学生发展阶段的特点，丰富多样的教学内容给学生提供了很大的选择空间，对培养学生在身体、认知、社会、情感 4 个方面的发展起到了极大的推动作用。美国学校体育课程内容一直都具有多样化的特点，教学内容不仅有传统的竞技项目，更多的是有利于终身体育锻炼的各项健身运动和娱乐运动。通过各个阶段的身体能力和成熟度的提高来发展身体技能，这种教育理念适应了学校体育发展的需要。

## 四、以教育理念创新为轴心的制度保障性治理

教育理念通常源于社会需求和文化观念，美国学校的体育治理理念受其教学理念的影响，在国家发展的不同时期不断对教育治理理念进行创新，逐渐形成了独特的体育教育治理模式。首先，“多轮驱动”的制度保障。受进步主义教学理念的影响，美国学校发展出了独特的体育教育治理模式，其中，不断调整政府与社会、市场的关系是推动美国社会和青少年体育活动发展的核心动力。美国体育教育的治理主体包括各级政府、学校、社区、家庭、基础医疗保健机构等，美国学校通常会与所在社区共同建立治理体系，例如，当地社区的学校会将本社区的传统体育项目列为本校的重点课程，从小学直至高中，学生可代表本地区的同年龄段学生参与州级别的联赛。当学生毕业后，可在家乡的业余社团中继续参与该项比赛。在教育治理理念的转变方面，美国政府从简政放权到多元网络治理主体形成，政府权力逐步回归社会，在此背景下，学校通常会鼓励学生建立自治组织，引导形成政府与社会多元主体协同共治的网络格局，从而为美国青少年体育活动发展提供了良好的运作机制和制度保障。其次，以学生为中心的治理主体深受基督教文化的影响，认为每个人皆被上帝赋予不同的使命，应当通过个人努力完成这一使命。在这一观念的影响下，美国教育极为关注学生的个人需求与发展，注重培养学生独立的人格，强调发展儿童青少年基本的运动技能，促进终身运动，从而促进儿童青少年在体质、精神、社会和情感方面的全面健康发展。并且，体育教育还注重培养学生的责任意识。履行责任是美国社会对其公民的基本

要求。美国历史是由社会个体推动的，在早期的发展过程中，各殖民据点的移民独立发展，并在取得联络后逐渐统一为联邦制的国家。这样的历史进程决定了美国对于公民责任的重视。受公民责任意识的影响，美国中小学体育的治理目的尤为强调发展学生身体素质，包括发展技术和发展体能，终身参加体育活动，养成良好体育习惯，以致成年后仍能坚持参加体育活动，培养学生对体育参与形成良好态度。最后，在教育理念创新的过程中，美国将体育教育与学生的社会化密切联系在一起，注重通过体育培养学生的社会意识。美国观念中的社会，是由独立的社会个体，通过实际需求而连接成的分工体系，在这一体系中，社会个体应通过工作体现自身的价值，从而使社会整体保持良好的运行，其他的社会个体也不会受到损失。在这一观念的影响下，美国体育教育将社会的运行逻辑投射到部分运动中，对美国青少年养成体育锻炼习惯、享受体育乐趣、形成积极的生活方式提供了基本保障。

## 第二节 美国体育教育的具体制度治理

美国政府注重打造体育教育的具体制度，将体育教育活动建立在健全的法制上，实施了以体质健康促进为导向的法治治理，以体育教育健康法案为载体的靶向性治理，以国家体育教育标准为核心的保障性治理，以学校体育教育计划为方向的引导性治理，并围绕学校体育缺失和不公平等问题设计了专门性教育法案，实施了特殊体育教育制度的补偿性治理，保障了学校体育的持续发展。

### 一、不同时期学校体育制度的衔续性治理

美国体育教育的发展并非是一蹴而就的，而是经历了一个漫长的过程，不断颁布并实施的相关教育制度有效地保障了体育教育的健康发展。参考美国国家教育的历史分期和学校体育发展的重要史实，将其体育教育制度的演进历程分为了4个阶段。

第一阶段，19世纪初至19世纪末：美国体育教育制度的萌芽期。19世纪初期开始的“公立学校”运动促使各类学校如雨后春笋般不断涌现，1825年，美联邦颁布了第一份教师证法令，推动了体育教育从业者人群的出现，一些州通过教育立法，把培养体格健全的劳动者作为重要内容。19世纪60年代以后，美国

学校体育教育开始出现，经历了从最初的欧洲模式发展为适合本土特征的美国模式，从最初的单调、盲目和零散状态成长为具有政策制度保障的学校体育教育体系的过程。1860 年，波士顿创办了最早的体育师范学校，公共体育教育开始进入美国学校①。1866 年，“美国体操联盟师范学校”成立。同年，美国加利福尼亚州通过了公共教育必须包含体育教育的法规（美国历史上第一个体育立法），要求体育进入学校，并规定所有学校都要讲授卫生知识，每日至少进行 2 次自由体操和呼吸练习，每次至少 5 分钟，标志着体育教育结束了“放任主义”的自由发展阶段。1870 年，基督教青年会（YMCA）引入保龄球、赛艇、游泳、棒球等项目作为学校体育教育的内容。1880 年，美国体操联盟在全国会议上通过决议，促进了各地公立学校强制开设体育课②。1885 年，美国体育促进会（AAPE）成立，体育开始正式纳入美国的国民教育体系，成为学校教育的重要部分，美国体育从此开始自发自由地快速发展③。1885 年，俄亥俄州奥柏林学院制订了第一个“专业体育教育计划”，成为美国高等体育职业教育的起点。1891 年，美国全国教育协会（NEA）正式将体育（Physical Education）纳入学校教育课程。1893 年，NEA 正式成立体育与卫生部，确立了教育而不是医学为体育的母学科，从此，新的体育教育理念全面进入学校教育课堂。1899 年，北达科他州颁布法令，要求所有学校教授体育，通过系统的操练来锻炼学生身体，促进学生健康。到 19 世纪末，美国有 31 个州通过立法的形式将体育列为了必修科目④。可以说，19 世纪前美国的体育教育制度处于萌芽阶段，从最早体育教师法规的出现，到强制体育列入学校科目，美国的体育教育实现了初步成长。

第二阶段，20 世纪初至 20 世纪 50 年代中期：美国“新体育（New Physical Education）”教育制度的创新期。1904 年，《美国体育法》修订为所有学校一律设置体育课，受其影响，到 1910 年，体育在学校中已稳固确立了正规科目的地位。进入 20 世纪，体育课已成为美国大部分学校尤其是大学的必修课。到 1914 年，美国已有 8 个州制定了学校体育法规，“一战”后，有一半的州制定了有关体育教育的制度⑤。1919 年，国会通过了美国历史上第一个全国性体育立法——

---

①Ari Zyskind. The Politics of Physical Education Reform [D]. California: Claremont McKenna College, 2012: 26.

②D. B. 范达冷，B. E. 本奈特 . 美国的体育 [M]. 张咏，译 . 北京：人民体育出版社，1991：45.

③龚正伟，肖焕禹 . 美国体育政策的演进 [J]. 上海体育学院学报，2014，38（1）：18-24.

④马良 . 美国近代体育发展研究 [J]. 体育文化导刊，2010（5）：157-159.

⑤Mechikoff R A, Estes S G. A History and Philosophy of Sport and Physical Education: From Ancient Civilizations to the Modern World [M]. New York: NY: McGowan-Hill, 2006: 12.

《体育法案》，成为体育教育改革的起点。20世纪初，随着进步主义教育思潮的兴起，美国学校出现了以注重学生人格培养，强调自然活动的“新体育”思想，强调体育作为教育的重要方式，是中小学课程中不可或缺的一部分[①]。体育的概念也从身体的教育转向为通过身体进行教育。自此，学校体育教育逐步探索适合美国教育现状的教学模式，开始走上专业化成长道路。到1930年，美国已有39个州确立了自己的体育教育法规制度，承认体育是正规科目，规定各类学校要将体育列入必修课程，同时规定依靠增加学时、增多教学内容、增设场地设施等措施促进学校体育的快速发展[②]。1935年，《美国体育教师标准》开始由全美教育协会主持制定，到1938年，全美教育协会出版了最早的体育课程著作《体育课程指南》[③]，体育教育在学校中的地位进一步得到稳固，推动了体育教育的快速发展。

第三阶段，20世纪50年代中期至20世纪末：美国学校健康促进制度的推进期。从20世纪50年代中叶开始，美国学校体育教育走向了教育质量全面提升的阶段[④]。这一时期，青少年体质备受国家重视，《国防教育法案》掀起了学校教育课程改革运动，推动了学校体育的发展。1956年，美国总统艾森豪威尔成立联邦政府机构“总统青少年体适能咨询委员会”，发布提高学生体质的“蓝皮书”，在促进公民健康和全民体育开展的同时也推动了学校体育教育的发展。1959年，《体育画报》报道了艾森豪威尔的治理观念，把5月3日所在的周定为国家青少年健康周[⑤]。20世纪60—70年代，国家体质测试出现，引导体育教育要重视学生体质的提高。1972年的《教育法修正案》第9条与1975年的《残疾儿童教育法》保障了学生的体育教育公平。20世纪80年代以来，随着美国“优秀教育”改革及《学校体育国家标准》出台，学校体育课程方案得到进一步完善与实施。此外，这一时期推行了促进全美青少年体格健全的“四步规划”和“国家青少年体育计划”，为所有学校制订了一套全面的健康教育与体育运动方案，要求体育课至少包括15分钟活泼激励的运动，并发布了《学校体育及格测

①Burgeson, Charlene. Status of Physical Education in the U. S ［R］. PCFSN Meeting, 2011.

②马千越，刘君红．美国体育教育制度对中国中小学校体育教育的启示［J］．体育文化导刊，2015（7）：174-177.

③吕俊莉．美、德体育政策嬗变的经验与启示［J］．体育与科学，2014（2）：19-23.

④Mabel Lee. A history of physical education and sport in the USA ［M］. New York：John Wiley&Sons, 1983.

⑤Jessdrey Montez Oca. All-American Sport for All Americans：Collegiate Gridiron as Citizenship Practice during the Early Cold War ［M］. University of Southern California, 2006：81.

验标准》和《建议以学校为中心的青少年教学纲要》，形成了以学校为中心的体质促进计划①。1987 年，美国国会通过了《体育教育决议》即第 97 号决议案，通过立法的途径为中小学体育教育的开展提供了制度支持，鼓励州和地方机构开设学校体育教育，规定学校为幼儿园到 12 年级的儿童、青少年提供高质量的每日体育活动，推动了学校体育教育质量的全面提高。

第四阶段，21 世纪后：美国体育教育制度的改革深化期。随着美国“国防教育”“生计教育”“回到基础”运动以及“优秀教育”改革的推进，美国学校体育教育环境发生了巨大变化。此外，20 世纪 90 年代以后，美国重视国民健康水平的提高，发布了《健康公民 2000》《身体活动与健康》和《疾病预防中心（CDC）对于学校和社区活动项目指导意见》等法规，呼吁加强学校体育教育工作，注重青少年的体育教育效果。与此同时，1990 年，布什政府通过了《全美教育目标》报告，1991 年又签发了《美国 2000 年教育战略》，提出了雄心勃勃的体育课程改革目标。1993 年，克林顿宣布了题为《2000 年目标：美国教育法》的全国性教育改革计划，把制定国家教育标准写入联邦法律。在多重背景下，1995 年，美国颁布了第一个（K-12）学校体育国家标准《运动走向未来：国家体育锻炼标准（1995）》（*Moving into future-National Standards for Physical Education*），提出了“一个受过身体教育的人（The physical education person）”的概念和标准，使体育教育开始进入标准化改革。1996 年，美国卫生署推出了《身体活动和健康报告》，该文件主要针对现代生活方式下青少年的肥胖现象，强调抵御肥胖症，促进儿童青少年的身体活动和健康生活方式。2000 年以后，美国的体育教学在国家体育锻炼标准（NASPE，2004）的指导下，由各州具体制订相应的教学大纲、体适能计划和（K-12）阶段的学校体育教育计划，增进了青少年的身心健康，推动了学校体育的发展。2009 年，美国《FIT 儿童法案》颁布，强调了体育教育的重要性，指出学校应根据《美国人体育活动指南》的要求，规定体育教育的时间为小学每周 150 分钟，初、高中每周 225 分钟，保障儿童、青少年身体活动和体育教育的时间，并引导学生养成良好的生活方式，保障青少年基本体育教育权利。2015 年，学校综合体育活动方案（CSPAP）颁布，提出打造高质量体育课程（QPE），米歇尔·奥巴马发起了“动起来”青少年健康促进计划。2017 年，美国健康和体育工作者协会又提出了“课间活动计划”，涉及步行

---

①赵爱国．国际政治视角中的中美体育体制与政策［M］．武汉：华中师范大学出版社，2013：87.

校车计划、课余体育活动计划等，成为学校体育教育的重要补充。

## 二、学校体育教育计划的引导性治理

美国体育教育制度具有较强引导性，注重通过专门性制度引导学生形成良好的行为，保障体育活动开展，其中，美国学校体育教育计划具有典型的代表性。20 世纪 90 年代，国家体育教育和运动协会（National Association for Sport and Physical Education，NASPE）制订了体育教育计划，对“K-12（包括 K-5 年级、6-8 年级和 9-12 年级”3 个阶段的体育教育方式进行了规范与指导，目的是提高体育教育的有效性，发展青少年运动技能，使学生在身体、精神、情感、社会等多个方面健康成长①。美国学校体育教育计划促进了《国家身体教育标准》的颁布。1994 年，《目标 2000：教育美国法案》（*Goals* 2000：*Education America ACT*）颁布，把制定国家教育标准纳入联邦法律②，成为指导学校体育教育开展的重要依据。根据法案要求，1995 年，国会出台了第一个“K-12”学校体育国家标准，即《运动走向未来：国家身体教育（Physical Education）标准》，2001 年，NASPE 又研制了《身体教育（Physical Education）师范专业本科标准》和《身体教育（Physical Education）师范专业硕士标准》，目前即将出台身体教育（Physical Education）师范专业博士学位的国家标准，这 3 个标准作为美国国家教育计划的组成部分③，对不同层次学生的体育教育进行了指导，规范了学校体育教育的发展方向。

实施学校体育教育计划不仅是联邦政府在学校体育中的制度安排，更重要的是有利于创造健康的体育教育方式。学校体育教育计划的治理内容与措施包括以下 4 方面内容。第一，引导学生经常性参与体育锻炼，规范学校体育教育行为，规定学校每日体育课至少包括 15 分钟活泼激烈的运动，减少学生不活动的状态，帮助学生把力量、耐力、柔韧性等素质提高到预期水平。第二，引导学生定期参与体质测试，加强学生体质健康治理，通过体质测试，客观监测学生的体质状况与取得的进步，鼓励学生继续向体质更健康的方向努力。第三，引导学校打造健

①姚淳．美国学校体育教育计划研究［D］．北京：首都师范大学，2004：8.

②Zyskind，Ari. The Politics of Physical Education Reform［D］. California：Claremont McKenna College，2012：9-10.

③体育课程教材研究开发中心．美国学校体育国家标准研究［M］．北京：人民教育出版社，2007：3.

康教育目标，督促地方制订健康教育计划，规范学校体育活动的时间、强度等问题，强化学校体育教育计划实施的有效性①。进入21世纪后，学校体育教育计划进一步得以实施。第四，引导学生基本身体素质优化，重视体育教育在打造健康生活方式方面的专项治理效益。2000年，美国健康福利部制订了“2010年健康目标”，直接指向学校中开展的体育活动，强调适当增加青少年的体育活动时间，让青少年减少不活动的状态，重点强化学校实施体育教育计划的有效性。并且，学校体育教育计划也对“受过体育教育的人”的基本素质做了特殊要求，主要包括掌握参加多种体育活动所必需的技能，具有进行多种体育运动的能力；定期参加体育活动，达到并保持健康的体质；形成并保持正常体形，设计个人的形体训练计划；理解参加体育活动的含义和益处，将概念和原理运用到运动技能的发展中；重视体育教育对于形成健康生活方式的价值和意义②。

此外，美国学校体育教育计划表现出显著的“开放式”治理特征，不是局限于某些固有条目的一成不变，而是随着学校体育要求而改革创新。近年来，联邦政府对学校体育教育提出了新的要求，并制定了一系列制度法规：一是开展《综合性学校健康计划》，把学校体育教育纳入综合性学校健康计划中，目的是培养健康全面发展的人才；二是制定《学校体育教育的指导方针》，以体育课程教学、课外体育活动、健康教育课程、家庭参与、健康服务为内容，通过制定促进开展富有乐趣的终身体育运动的政策，把制定的体育运动和健康教育标准纳入教育制度中，定期审核有关制度实施的程度，必要时对体育教育计划做适当修改和完善。

## 三、“K-12”国家体育教育标准的保障性治理

美国体育教育制度具有国家层面的宏观保障，其中《国家体育教育标准》是美国学校体育教育的指导性纲要，是保障体育课程框架设计、课程评价制定、课程内容搭配的重要依据③。20世纪90年代后，随着“优秀教育”改革，学校开始追求教育内容设置的标准化和统一化，学校体育教育有了显著变化。1995

①赵爱国．国际政治视角中的中美体育体制与政策［M］．武汉：华中师范大学出版社，2013：87.

②Zyskind，Ari. The Politics of Physical Education Reform［D］．California：Claremont McKenna College，2012：5-8.

③伊向仁，张瑞林．美国《国家体育标准》与中国《课标》制定、实施和评价状况的研究［J］．体育学刊，2006（6）：87-90.

年，美国国家运动与体育协会（NASPE）颁布《国家体育教育标准》，2004 年修订为《国家体育教育标准 2005》。2013 年，美国运动与体育协会在前两版的基础上，总结美国体育课程实践情况，制定了新版的《K-12 体育教育标准》，作为全美体育教学的指导性文件，代表了目前世界学校体育教育的主流方向[①]（表 6-2）。《国家体育教育标准》指出美国学校体育教育的发展方向，对美国学校体育课程改革发挥了重要作用[②]。作为一种指导性制度，针对联邦各个州和地区的实际情况，为各个州预留了创造和设计自己课程的治理空间，强调标准实施是各个州的责任，但并非强制性，各个州和地区学校制订了适合自己实际情况的体育教育计划。

**表 6-2　美国三版《国家体育教育标准》治理内容对比[③][④]**

| 1995 年版 | 2005 年版 | 2013 年版 |
| --- | --- | --- |
| 标准 1：掌握多种运动能力并熟练掌握运动技能<br>标准 2：表现出积极参与体育活动的生活方式<br>标准 3：应用运动概念和原则来学习和发展运动技能<br>标准 4：保持不断增进健康的体育健身水平<br>标准 5：对体育活动参与中的差异表示理解和尊重<br>标准 6：在体育活动中表现出负责任的社会行为<br>标准 7：意识到体育运动能够为娱乐、挑战、社交及自我表现提供机会 | 标准 1：掌握多种运动形式和技能，适应不同体育活动需要<br>标准 2：能够理解体育活动内容、原则、战术和方式，并将其应用到体育活动学习中<br>标准 3：定期参与体育活动<br>标准 4：重视体育活动对健康、娱乐、挑战、社交及自我表现的作用<br>标准 5：保持不断增进健康的体育健身水平<br>标准 6：在体育活动中尊重自我和他人，展现有责任感的个人和社会行为 | 标准 1：拥有在身体活动参与中掌握多种运动和体育技能的能力<br>标准 2：将体育活动内容、原则、战术和方式应用于身体活动与表现<br>标准 3：了解身体活动对娱乐、身心健康、社会适应和自我表现的价值<br>标准 4：利用运动知识和技能达到良好身体机能，并保持不断增进健康的体育健身水平<br>标准 5：在体育活动中尊重自我和他人，展现有责任感的个人和社会行为 |

①The New National Standards for Physical Education [EB/OL]. http://www. aahperd. org.
②Labert L T. The new physical education [J]. Educational Leadership, 2000, 57 (6): 34-39.
③徐勤儿，陈金凤. 美国基于国家标准的学校体育课程改革的对比研究 [J]. 体育与科学，2007 (5): 15-17.
④张赫，唐炎. 美国 2013 版《K-12 体育教育标准》的特征及启示 [J]. 沈阳体育学院学报，2015 (2): 115-119.

在美国倡导民主、自由、公平和尊重人权的制度框架下，《国家体育教育标准》的总体理念是突出"个体化与公平化"，把体育活动参与和多元育人作为治理的绩效目标，尽管不同时期"标准"的治理内容不断更新，但存在一些共性特征。一是治理方式上突出个性化，"标准"只是一个制度指南，只是对各州的体育教育发挥总体引导作用，不具有法定权力，各州拥有教育自主权，可以决定自己的课程标准，不同学校有权参照学区情况进行课程设计。二是治理内容上强调引导性，高度重视运动概念和原理应用，强调通过运动教育发展学生的认知能力，对一个"受过体育教育的人（A Physically Educated person）"所要达到的标准进行了规定，引导学生运动中学习与他人交往，强调面向生活的教育和公民教育。三是治理绩效上突出健康引领性，均强调增进健康的"体适能"提高来形成健康的生活方式，重视体育教育评价，利用州教育机构、学校和校园行政组成的评价体系来反映教育标准。此外，每个版本的改进都有一些突破，如 2013 版美国《K-12 体育教育标准》相较于以往两个版本具有明显改进，把标准改为了 5 个条目；在总体目标上把"接受了体育教育的人"替换为"具有身体素养的人"；在课程理念上凸显个性，强化主导；加强了对"与健康相关知识和技能的关注"；推出了多种标准的配套读物，对学生学习效果和教师指导进行评价与帮助；细化了各年级体育学习内容及安排顺序①。《国家体育教育标准》由社会组织美国国家运动体育协会（AAHPERD）组织制定，并非由教育行政部门指导制定，因此，并没有行政约束力。各学校对《国家体育教育标准》的执行具有很大的自由决定权。目前，美国 50 个州已经全部采纳《国家体育教育标准》，42 个州均已配备了体育教育课程材料，90%以上地区的学校已将《国家体育教育标准》逐步推广并落实到体育教学实践中，保障了学校体育教育的普遍开展。

## 四、青少年体育教育健康法案的靶向性治理

美国体育教育制度具有较强的针对性和目的性，尤其针对青少年体质下降、运动安全、参与机会、健康问责等问题有专门治理举措，体现出明显的靶向性治理特征。对一个国家和社会而言，制度治理必须通过并依靠具体法规的制定来实

①唐炎．对美国中小学体育教育的考察与思考［EB/OL］．http：//www.doc88.com/p-7059820914309.html.

现，20世纪80年代后，社会盛行的“优异教育”改革，使美国学校体育的存在意义受到质疑①。21世纪后，“No Child Left Behind Act”（不让一个孩子掉队）的教育改革，进一步忽视了体育教育对青少年学生身心培养的重要性，使青少年体质大幅下降。对此，联邦政府围绕学校体育领域的重要问题，和地方政府共同发布了一系列体育教育促进法案，采取了一系列治理措施，重点从健身促进、运动参与、营养保障和安全防护等方面提出针对性制度，引导青少年形成健康的生活方式（表6-3）。

**表6-3　美国青少年体育教育健康法案②**

| 靶向领域 | 制度名称 |
|---|---|
| 健康促进 | ①儿童寓健身于教育法案（Fitness Integrated with Teaching Kids Act）<br>②体育教育创造更加健康的国家法案（Physical Education to Create A Healthier Nation Act） |
| 运动参与 | ①青少年体育GAO调研法案（GAO Study on Youth Sports）<br>②中学体育责任法案（High School Sports Accountability Act）<br>③校内外健康促进青少年技能水平法案（Promoting Health as Youth Skills in Classrooms and Life Act）<br>④健康青少年户外法案 |
| 营养保障 | ①营养教育培养健康儿童法案（Healthy Children Through Nutrition Education Act）<br>②健康生活方式和疾病预防法案（Healthy Lifestyles and Prevention America Act） |
| 安全防护 | ①保护学生运动员免受运动冲撞伤害法案（Protecting Student Athletes from Concussion Act）<br>②儿童保护改进法案（Child Protection Improvement Act）<br>③学生成功、安全和健康法案（Successful, Safe and Healthy Students Act） |

从表6-3可以看出，美国青少年体育教育健康制度涵盖一系列针对不同问题的靶向性治理法案，政策举措针对性强，治理目标明确。具体而言，美国青少年体育教育健康制度针对问题包括以下方面。一是针对健康促进，“儿童寓健身于教育法案”要求美国各州的教育机构提供学校体育和健康教育的年度报告，从学校体育和教育两方面查找学生体质下降存在的原因，并及时纠正。“体育教育创

①张建华，高嵘，毛振明．当代美国体育课程改革及对我国的启示［J］．体育科学，2004（24）：50-55.
②张曙光．美国最新的青少年体育法案概览［J］．体育用品信息，2012（1）．

造更加健康的国家法案”规定地方学校要满足三个条件：第一，在小学阶段，每周有 150 分钟的体育课；第二，在中学阶段，每周有 225 分钟的体育课；第三，为身体有残疾的学生提供体育课。由此看出，该法案从小学到中学都对学校体育教育有了严格规定。二是针对运动参与，从小学到中学都对体育教育参与有了严格规定，“中学体育责任法案”则要求每个中学要定期报告参与体育活动的男、女学生的人数及每个运动队的支出，这样学校和社区就会清楚地了解到学生的体育参与情况，以便对症下药。“校内外促进青少年技能水平法案”要求成立“学生健康和安全办公室”，并安排专人承担“学校安全和无药校园办公室”的工作，同时还应安排专人承担学生健康和体育教育工作。三是针对营养保障，“营养教育培养健康儿童法案”要求美国各州教育机构参与各个学校的午餐或者早餐规划，保证学生每学年有 50 个小时的营养教育，“健康生活方式和疾病预防法案”则重点关注儿童健康和校园健康，其中有很大一部分内容涉及儿童青少年的健康饮食和运动营养保障。四是针对安全防护，“保护学生运动员免受运动冲撞伤害法案”要求美国各州教育机构采取预防措施，建立专项基金，为学生提供良好的学习环境，帮助他们学有所成。

20 世纪 90 年代以来，美国政府联合各社会组织机构出台了一系列有关身体活动与健康发展的国家报告，其目的在于为身体活动提供行动指南和专业建议，以促进青少年健康发展。2011 年，美国国会发起了《健康青少年户外法案》，帮助美国青少年通过户外运动的方式建立起主动从事户外活动的习惯，旨在督促各州政府让青少年走进自然以改善健康状况。同年，美国国会通过了《滑雪场娱乐法案》，该法案与美国前任总统奥巴马提出的“积极的户外活动”制度相呼应，不仅为青少年提供精彩的户外体验做好了保障，而且为美国滑雪场在夏季以及全年开展娱乐活动铺平了道路①。此外，美国“儿童户外联盟”积极推进《健康青少年户外法案》的实施，从多个领域加强青少年户外运动与学校体育教育的对接，为青少年运用合理的方式参与户外活动提供了制度保障。

## 五、特殊体育教育制度的补偿性治理

平等是保障教育权利的重要途径，教育公平是青少年学生的基本权利，美国

---

①Grissom, J. B. Physical Fitness and Academic Achievement [J]. Journal of Exercise Physiology online, 2005, 8 (1): 11-25.

通过设计补偿性制度来保障残障、女性以及有色人种学生的体育教育公平，消除不同层次人群的教育差异，其特殊体育教育是通过一系列制度的制定与实施而实现的。早在20世纪初，特殊教育制度就在一些州的法律中有所体现，如加利福尼亚、新泽西等地制定了专门的特殊教育法规，1930年左右，已有16个州制定了特殊教育相关的法律①。到1946年，美联邦有33个州颁布了有关身体障碍的法律，有关特殊教育的法律制度已超过100部②。但当时由于没有建立相关的保障机制，虽然宪法规定保障青少年的教育权利，但并未很好地予以实施。20世纪50年代开始，民权运动为特殊教育的发展带来了契机，也为特殊体育教育的制度化创造了机遇。

1965年，《初等和中等教育法（ESEA）》首次规定对各学区的体育课程改革提供资金投入，设立了“Project People”与“Project Active”资助项目，专门用于残障儿童的体育教育。1972年的《教育法修正案》第9条保障了女性儿童的体育教育权利。1973年，联邦政府制定了第一部针对特殊群体歧视的《康复法》（*Rehabilitation Act*），规定不能排斥任何残疾人应享有的权利或让其受到歧视，为残障学生接受体育教育和课外体育活动提供了法律依据，保障了残障学生的教育公平③。

1975年，联邦政府颁布了《所有残障儿童教育法》（*Education for All Handicapped Children*），把体育教育纳入特殊教育的范畴中，并在特殊教育的定义中对特殊体育教育进行了强调，认为体育教育是直接可用于特殊人群的服务性教育，被认为是美国特殊教育史上的一大转折④。1986年，《所有残障儿童教育法》的名称修订为《所有残障儿童教育法修正案》，把特殊人群的服务年龄拓宽为0~21岁，并增加了早期干预教育。1990年，美国政府颁布《障碍者教育法》，该法案进一步确立了特殊教育的服务对象，其中对特殊体育教育做了进一步明确，提出特殊体育教育内容覆盖运动与机体健康及体育技能的掌握等方面⑤。

---

①Skiba，Russell J，Simmons A B，et al. Achieving Equity in Special Education：History Status and Current Challenges ［J］. Exceptional Children，2008，74（3）：264-288.

②Margret A，Winzer. The history of special Education：From Isolation to integration ［M］. Washington，D C：Gallaudet University Press，1993：365.

③US. Rehabilitation Act of 1973 ［EB/OL］. http：//www. doctor. ost. dot. gov/Documents/ ［2012-11-20］.

④Winnick. Joseph P. Adapted physical education and sport ［M］. 3nd ed. U. S：Human Kinetics，2000：10.

⑤曹烃，李良，刘俊洁. 中美特殊体育教育法律制度的比较 ［J］. 首都体育学院学报，2015（4）：336-340.

1990 年，《美国障碍法》（*Americans with Disabilities Act*）侧重于对残障者权利的保护，规定社区学校要为残障儿童提供娱乐和健身的方便，体育教学中，教师要为特殊学生提供有意义并具有挑战的活动计划①。1997 年，《障碍者教育法修正案》颁布，提出尽可能多地为残障者提供公平的教育环境，提供个别教育计划。2004 年，美国总统布什颁布《障碍者教育促进法》，对特殊学生提供均等化的体育教育计划作出了新规定，提出个体的教育计划中要包含体育教育计划。此外，还有一些联邦法规，如 2005 年制定的《障碍者歧视法》（*Disability Discrimination Act*）、2010 年制定的《平等法》（*Equality Act*）等，均对特殊体育教育有所涉及。

可以看出，美国特殊体育制度的基本精髓体现在运用法律手段赋予学生平等的教育权利，具体体现在接受公共体育教育的权利、均等享受体育教学资源的权利、规定特殊体育是一项强制性的服务，而不是选择性服务等方面。学校和教师应在体育教学的各个方面突出特殊的体育教育设计，特殊体育教育制度的人性化设计保障了美国体育教育的均衡性发展。

①Bowen J. The American with Disabilities Act and Its Application to Sport［J］. Journal of the Philospphy of Sport, 2002（29）：66-74.

# 第七章 CHAPTER 7 中国体育制度治理的启示

党的十九大报告把完善和发展中国特色社会主义制度，推进国家治理体系与治理能力现代化作为全面深化改革的总目标，国家治理体系与治理能力建设要求社会各领域的制度建设不断完善、制度执行力不断增强。健全各类体育制度，打造适应新时期经济社会发展需要的体育制度治理体系，提升体育制度的治理能力建设现代化成为一项重要任务。《体育强国建设纲要》提出“进一步转变政府职能，充分调动社会力量，构建管办分离、内外联动、各司其职、灵活高效的体育发展新模式，实现体育治理体系和治理能力现代化”，这对优化体育体制机制，完善体育发展的具体制度提出了新要求。美国作为世界体育强国，其体育发展依托社会化分权治理体制，在竞技体育、大众体育、职业体育、体育产业、学校体育等各个方面都形成了较为健全的制度治理体系。在大力推动体育强国建设的征程中，我们既要借鉴国外有益经验，也要立足于中国国情，针对我国体育事业发展的各个方面提出本土启示，不断构建和完善中国特色体育制度治理体系，提升体育治理能力现代化水平。

## 第一节　中国体育治理体系建设的启示

体育治理作为社会治理的重要组成，如何推进体育事业改革，打造适合我国国情的体育治理体系，提升体育治理能力现代化水平是一项重要议题。中国特色社会主义体育治理体系总体框架的初步形成，为体育事业发展提供了坚实的制度保障，“全国一盘棋，调动各方面积极性，集中力量办大事”，成为我国国家制度和国家治理体系的显著优势之一①。同时，长久以来，体育治理的主体多规制于政府职责范围内，体育治理主体单一的格局还没有从根本上突破，实现多元主体协同治理的体制机制障碍未能消除，行政指令仍然是主要治理方式，具有现代化意义上的体育治理体系尚未完全建立，这就需要我们在立足国情的基础上，积极吸收其他发达国家体育制度治理的有益经验，提升我国体育制度治理体系的综合效益。

## 一、打造体育治理社会基础，构建本土治理理论框架，强化体育的“制度治理”

体育治理作为社会治理的重要组成，其实践要建立在完善的社会治理基础上。美国体育治理的背后有着深厚的社会基础，在多重制度的护持下，美国体育治理很好地融入于国家治理体系。我国的体育治理同样要在国家治理的基础框架下实施，经过几十年的制度建设实践，我国制度治理体系不断完善，治理能力也不断增强。当前，我们围绕体育治理体系和治理能力现代化建设进行了系列改革，如转变政府职能，培育社会组织，贯彻“依法治体”，推进政府、市场、社会体育组织的协作治理等，体育事业改革对于提升我国体育治理能力具有重要意义。然而，受传统政治体制的影响，短期内我国社会治理的行政色彩依然浓厚，国家传统的政治制度、经济规律、社会文化等方面与有限政府、社会主导、自下而上、多元主体等现代治理理念不协调，从而导致了与体育治理相匹配的社会环境和理论基础缺失。另外，我国体育相关制度尚未达到成熟定型的程度，有的制度与体育事业发展的新形势、新矛盾、新任务“不适应”，“制度漏洞”“制度缺失”以及“有规不依、落实不力”等问题仍较为突出，很大程度上制约了制度治理的效能发挥。在经济社会转型的大潮下，要在立足本土国情的基础上，构建适应我国体育治理需要的社会环境和理论框架，强化体育的“制度治理”。要达到这一目标，应做到以下三个方面。

第一，打造体育治理的社会基础。体育治理与国家治理是齐头并进的事业，在构建体育治理理论的同时，要明确体育治理与国家治理的联系，培养体育治理的社会环境，打造适应体育治理发挥效用的社会基础。第二，以国外体育治理的理论实践为借鉴，拓宽理论视野与学科视角，搭建本土体育治理理论平台。体育

①靳大力．实现体育治理体系现代化［N］．中国体育报，2020-01-20（7）．

治理在我国是一项新鲜事物，体育治理实践的推进要有相关理论的支持，当前，在勾勒国外体育治理理论的脉络后，要及时将其精华与我国当下倡导的治理理念相结合，形成“立足本土，借鉴国际”的创新模式。同时，要充分剖析我国现有的社会治理特征，嫁接治理学、社会学、法学、政治学、经济学等多学科理论，从国家发展、社会环境、文化氛围、法治环境、治理文化等多个维度透视体育治理的本质，丰富体育治理理论内涵，建立符合我国国情的体育治理理论体系。第三，健全体育制度体系，强化体育的制度治理。把法治理念纳入体育治理体系，构筑以满足市场需求和社会公共服务为导向的体育法治框架，提升体育制度活性，通过打造制度治理来推进体育治理能力现代化。把体育相关制度文本纳入治理体系，进一步完善《中华人民共和国体育法》的制度内容，利用制度法规对政府机构、社会组织、市场等多个主体的权责进行规范，对不同主体的权力边界进行约束，从而推动体育事业的多中心治理与法治治理相结合。同时，推行体育政府部门的权力清单制度，依法公开不同主体参与体育治理的权力运行流程，推进体育领域的决策公开、治理公开、服务公开和结果公开，杜绝以“命令—控制”为特征的体育治理模式，做到从具体制度上避免因行政权力过度干预而导致体育相关领域螺旋式“管制陷阱”的产生。

## 二、重塑政府、市场、社会组织关系，打造多元主体协同联动的体育治理综合体

体育治理主体不再局限于各级政府，其主体呈现多层化、多中心化趋势，美国体育治理主体具有多样性，实施政府、市场、社会组织构成的“多中心”治理，多个治理主体在联动关系中保障了体育的健康发展。

新时期的经济社会转型对体育体制结构改革提出了新要求，新的社会背景下，协调政府、社会、市场等多元主体的关系是提升体育治理能力的基础。随着体育事业改革的推进，我国传统的体育治理结构发生了变化，当前正处于从单一行政主体向社会多元主体转变，由“中心—边缘”结构到“网式多中心”结构转变，从体育事业的“垂直型”治理到“扁平化”治理转变，这些转变为体育治理方式的优化提供了基础。然而，随着社会转型发展的不断深入，我国的政府、市场、社会等多元主体的利益格局发生了巨大变化，而相应的利益制度改革和完善工作却较为滞后，新涌现的矛盾和问题得不到及时化解，以至于在日积月累中变得非常严峻。由于我国的相关制度建设滞后于经济社会改革的步伐，在缺

乏制度约束和道德引领的条件下，为谋求自身利益最大化，不同主体间关系不清和主体间的越轨行为成为制约我国体育事业改革的最大瓶颈，体现在政府主体治理权限的越位与缺位，市场主体治理活性的阻滞与弱化，社会体育组织治理角色模糊与功能异化等。总体上，我国体育治理变革沿着“从单一行政化治理转变为多中心合作治理、从刚性管制转变为弹性服务、从事无巨细转变为有管有放”的思路推进。重塑多元主体的关系，构建合作、协商、联动的“协同治理”格局是提升体育治理能力现代化的关键。要重塑不同主体间关系，首先要厘清国家、市场和社会在体育治理中的角色定位和利益诉求，明确我国传统的单一行政治理结构已不能满足当前多元主体利益的需要，在政府主导的单向度治理模式向政府、市场、社会互动的多向度治理体系转变过程中，要处理好不同主体的关系，打造多元主体协同联动的体育治理综合体（图 7-1）。要实现这一目标，应做到以下三个方面。

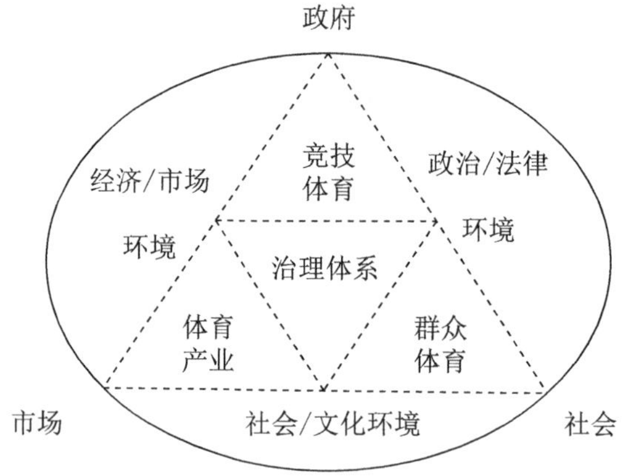


**图 7-1　政府、市场、社会组织协同联动的体育治理综合体①**

第一，政府主体有序退出与有效介入。我国体育要顺应经济社会改革的趋势，充分调动社会力量，打造政府主导、社会自主、市场参与的多元协同治理体系。要转变政府职能，规划政府治理的职权边界，强化政府的调控型服务式治理，政府要“让位”，放权于市场、社会，推进行政机关与体育行业协会脱钩，尽可能地退出市场主体。只有转变我国体育政府的职能，明确政府治理体育的职权边界，才能有效调动各方力量参与体育治理，防止体育领域的权力寻租行为。同时，政府又不能“缺位”，政府要承担制度设计和治理监管的责任，监督社会

①陈洪．国家体育治理体系和治理能力现代化探析［J］．北京体育大学学报，2014（12）：7-12.

体育活动的开展和市场主体的生产经营行为，在这方面可借鉴美国体育制度治理的方式，运用法规、制度、政策、标准计划的制定等对社会市场进行监督、引导和问责，通过制度法规形式防止不同主体在体育领域的权力寻租，从而为我国体育治理现代化创造良好的宏观环境与基础条件，使体育企业与非营利组织的治理责任不断激发，使体育改革的红利进一步释放。

第二，市场主体优先与保持活性。政府、市场、社会等多元主体的合理介入和协同共生是推进体育善治的必需，统筹协调多元主体的关系是提升体育治理能力的基础。在大力推动社会组织实体化改革的背景下，要重点发挥市场、社会在体育治理中的主体作用，在遵守市场规律的同时，通过制度激活市场活性，发挥市场的体育资源配置优势，不断引入体育项目协会进市场，运用“公司治理”的形式参与社会市场的经济活动，规范企业和俱乐部的运作方式，配合政府和社会组织提供高水平体育公共服务产品。体育行政部门要分权，通过权力下放助推体育市场主体和体育社会组织的发展，通过权力的重新界定来理顺职业体育与行政治理的关系，理顺体育协会与治理中心的关系。体育行政部门要放权，把体育产业还给市场主体和社会组织，改革职业体育体制机制，完善体育社团规章制度。在遵循现代体育发展规律的基础上，政府、企业和非营利组织通过良好的协作，运用专业化、多样化、最优化的治理方式与手段，对域内不同的体育领域进行全面、协调、有效治理，从而创造并满足民众的体育需求，最终形成科学化、法制化、效益化、体系化的体育治理能力，通过提升体育事业治理能力的现代化，促使体育的政治、经济、文化、教育、健身等方面的功能竞相迸发，更好地发挥体育的多元功能、体现体育的综合价值，最终实现现代化体育强国。

第三，统筹协同解决不同主体治理角色模糊与身份混乱问题。在体育系统内部，要完善社会体育组织运行机制，加强组织自身独立性，大力培育非营利体育组织，发挥体育社会组织贴近民众的优势，实现政府治理和基层民主治理的有机结合。在体育系统外部，要积极配合政府和市场主体的治理需求，利用市场资源创新组织活性，规范社会体育组织合作的行为准则，通过健全治理机制、拓展组织功能、完善组织制度规范和道德引领等方式，担当起实践体育治理的主体角色。可以说，体育治理综合体是一种多元主体协同合作、多种机制相互配合、多个主体共商共治的模式，这种模式在协调社会政治、经济、法律等多个要素的基础上，可以有效避免体育治理中的条块分割和治理分野，深化不同主体间“自下而上、自上而下和横向互动”的网络关系，有效推动我国体育事业的协调发展，实现体育公共利益最大化。

## 三、定期开展体育治理效果的社会化评估，提升体育治理能力的现代化水平

体育治理评价是测定体育治理绩效的科学工具和引领体育治理走向的有效手段，是体育治理体系与体育治理能力获得社会认可的保障性要素，社会化评价的基点是程序规范化、指标科学化、监督民主化①。对体育发展绩效、体育治理效能和水平进行科学评估是制度善治的重要体现，是体育治理体系和治理能力现代化的重要环节，也是实现体育治理目标、办人民满意的体育的内在要求，关系到体育治理效能的转化和提升。美国注重打造适应社会需求的体育治理体系，将“善治”作为体育治理评价的旨归，在治理评价中重视效率、关注结果，通过引入以社会组织为主体的第三方评价机构，定期实施分类、分层的社会化评估，提升了体育治理绩效。

体育治理效果评估的关键在于评价指标体系的构建，当前我们既不能简单套用美国体育治理的评价方式，也不能沿用传统体育治理的评价措施，要在立足我国国情的基础上借鉴国外体育治理评估的经验，体育治理评价应该着力扭转行政越位、社会缺位、主体错位的局面，打造适应我国体育由“管理—治理”转型的治理评估方式，从而客观动态地监测国家体育治理体系建设进展，不断修正体育治理过程中的不足，更好地引导体育治理体系科学化发展，提升体育治理能力的现代化。要实现这一目标，具体要做到以下三点。

第一，明确体育治理评估的本质，强调分层、分类评价。首先，明确体育治理评价的目的在于优化多元治理主体组合、促进体育治理的协同化、提升体育治理能力现代化，将体育“善治”作为终极目标。其次，强调分层、分类评价，厘清政府、市场和社会等不同主体在体育治理评估中的角色，对政府层面侧重于评价宏观政策制定和对体育事业指导、监督的实施情况；对区域、地方层面重点评估体育公共产品投入、公共体育服务供给和群众体育健康指数的达成情况；对市场和社会组织层面侧重于评估体育组织体系构建是否合理、体育制度的设计是否科学、体育运行机制是否完善等。未来，我国体育治理评价体系应着重思考具体指标之间的逻辑关系及其逻辑结果，以包容能力统领指标之间的逻辑关系，以

①董红刚．我国体育治理演进研究［J］．武汉体育学院学报，2018（9）：18-24.

体育“善治”作为评价体系的逻辑结果。

第二，建立科学有效的体育治理评估体系。强调体育治理评估体系的“包容能力”，可以将法制化、协作化、民主化、效益化、规范化等多元指标纳入评估体系，拓宽体育治理体系评估内容构成，紧密围绕治理主体、治理结构、治理目标、治理领域、治理手段等多个层面，从治理结构网格化、治理主体多元化、治理手段制度化、治理目标多样化、治理领域整合化、治理方式专业化、治理疆界均衡化七个维度进行评估（图7-2），从透明、公正、问责、高效等层面提升体育治理绩效，实现制度优势转化为国家体育治理的优良绩效，让体育治理成效主动接受群众检验，让群众期盼引领体育治理的发展方向，并不断顺应新时代体育发展的潮流和脉络，确保体育治理能力和公共利益的最大化。

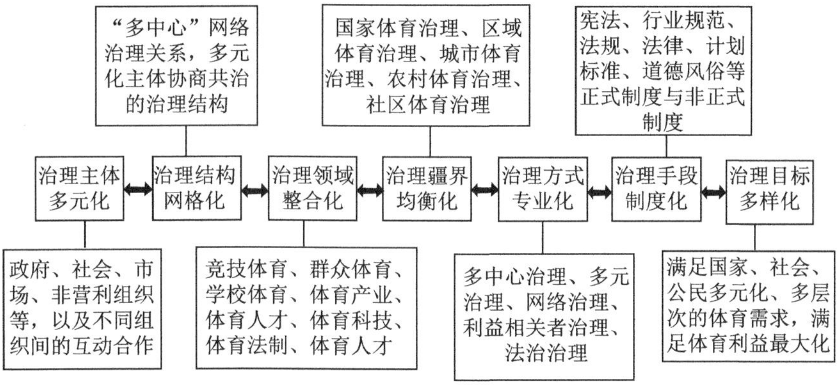


**图7-2　体育治理体系的内容结构**

第三，建立考评体育治理效果的社会化多元评估体制。协同多元治理主体，建立以社会市场、项目协会、非营利组织、企业代表及相关领域专家等为主体的第三方评估体系，建立决策权、执行权、监督权相互制衡与协调的体制结构，搭建多元主体参与、利益相关者制衡、财务透明与第三方评估相结合的多元评价结构。通过引入第三方评价机构，对体育治理能力和效果定期开展社会化评估，既要实施全面、整体、系统性评估，也要采用微观和个性化评估。围绕着体育治理结构的科学性、主体的合理性、手段的可行性、机制的完善性，以及指标的弹性、责权利配置的均衡、评价主体的社会化，设计、测度、合成体育治理评价指标体系。可以采用分层和分类评价相结合模式，通过引入社会第三方评价机构，以社会市场、项目协会、非营利组织、企业代表以及高校相关研究领域的专家学者等为评价主体，重点发挥社会组织在体育治理评估中的主体作用，强调体育治理评价的程序规范化、评价社会化、监督科学化、反馈具体化，贯彻评价过程的透明性和评价反馈的问责制，不断提升体育治理社会化评估的科学性。

## 第二节　中国竞技体育制度治理的启示

竞技体育是体育事业的显性指标，在体育强国建设中有着突出的引领作用，加快推进体育强国建设需要健全竞技体育治理体制，全面增强竞技体育治理能力，实现竞技体育综合实力新的突破、为国争光能力新的提升。美国作为世界竞技体育强国，在发展过程中，美国竞技体育依托于国家社会化分权治理体制，充分发挥政府、市场、社会多元主体协同治理，在组织架构、人才培养、训练竞赛等方面塑成了独特的治理体制。当前，我国正处于转变竞技体育发展方式的重要时期，在大力提升国家治理能力现代化水平的背景下，在一定程度上借鉴美国竞技体育制度治理的经验，提出完善我国竞技体育制度治理的举措，对于增强竞技体育治理能力具有现实意义。

### 一、建立“强政府、大社会”的竞技体育政府主导型治理体制

合理处理政府与社会的关系是体现体育治理体制科学性的重要载体，也是提升竞技体育治理能力的基础。美国实施社会主导型竞技体育治理体制，治理理念强调“弱政府、强社会”，在政府的引导下主要由社会市场和多元体育组织负责具体治理事务，实现了有限政府、市场、俱乐部等多个主体参与治理，提升了治理绩效。我国与美国的国情和治理体制不同，政府在我国竞技体育发展中一直占有主导权，治理体制具有集权化特征，而社会组织和市场处于“弱势”地位，参与度不高。新时代，随着我国政府职能转变和管办分离的不断深入，多元社会组织在国家事务中的治理话语权逐步提升，这就要求在竞技体育治理中要注重培育更多的社会主体，不断引入社会力量完善竞技体育治理机制，为举国体制减负增能，形成与经济社会相适应的政府主导型治理体制，通过政府和市场机制整合提升组织协调和资源整合能力，要达到这一目标，应做到以下三点。第一，构建举国体制与社会市场相结合的体制机制。进一步完善举国体制，对竞技体育管理机构和利益格局进行重新分配，发挥政府在竞技体育治理中的主导型角色，实施

政府的调控型服务式治理，逐步将政府工作重心转移到体育政策和制度设计上，在规划各级政府在竞技体育事务治理中责权边界的同时，积极引入社会力量，引导社会组织、市场共同参与竞技体育治理。厘清国家、社会和市场在竞技体育治理中的关系，制定政策法规防止不同主体在治理中的权力寻租，打造结构合理、管理有序、效率优先的竞技体育治理体制。第二，提升竞技体育治理体制结构活性。利用当前管办分离和实体化改革契机，以政府、协会、社会组织、职业联盟和俱乐部为治理主体，构建适合我国国情的竞技体育“分权”治理体制。这种分权并非否定政府职能，而是在发挥政府主导作用的同时提升社会参与程度，特别是增强政府对社会和市场的整合能力，这种模式是一种“强政府、大社会”的协同治理，是举国体制与市场机制深度融合的治理，也是管办分离、内外联动、各司其职、灵活高效的治理。第三，为多元利益主体提供更广泛的治理空间。充分利用新时代经济社会转型赋予体育事业发展的新活力、新环境，打造以竞技体育核心利益为主、多元利益相关者协同治理机制，在运动项目实体化发展中要重点发挥社会市场的主体作用，通过社会力量提升运动项目协会发展的活力。同时，在竞技体育大赛备战中要继续突出国家主导特征，充分发挥政府主导下多元主体集中力量办大事的制度优越性，通过快速的资源整合提升竞技体育为国争光能力，如在运动项目实体化改革、国家队办队模式、奥运备战模式、科技助力等方面，可以重点发挥社会市场、协会、俱乐部等多主体作用。

## 二、打造竞技体育多元主体协同参与的“扁平化”治理模式

“扁平化”治理倡导不同参与主体的个性和多元性，在多元主体的沟通、决策、执行、监督等方面注重通畅，降低因层级过多带来的治理效能损耗。美国竞技体育依托分权化的国家政治体制，打造了多中心“扁平化”治理模式，形成了联邦政府、州政府主导下多元主体协同参与的社会化治理机制，提升了竞技体育治理绩效。新时代，在大力推动运动项目协会社会化、实体化改革的背景下，竞技体育要充分利用社会组织和市场优势，打造更加开放、充满活力的“扁平化”治理模式，推进竞技体育由依靠行政指令的单一模式，向依靠行政、市场和社会服务的耦合模式转变。首先，应推进竞技体育治理体制的结构性改革，树立服务型政府的治理理念，充分引导地方体育组织、各类高校以及社会力量参与竞技体育治理，推动政府主导的单向度管理向政府、市场、社会互动的多向度治理

转变，并以利益驱动为载体调节多元参与主体行为，利用协会、俱乐部和学校多方资源，通过发挥多主体的治理优势来实现多元协同共治，打造竞技体育的“协同化”治理机制（图7-3）。其次，应科学规划不同治理主体的职权边界，根据参与主体的属性，合理界定“政府—社会—市场”各主体在竞技体育治理中的权责职能，在引导政府放权于社会市场的同时，增强政府的调控型服务式治理，以市场为主要手段调节资源配置，进一步深化“放管服”改革，推进行政机构与运动项目协会脱钩。要细化竞技体育的治理端口，找准社会组织参与内部治理的发力点，从而更好地引导社会、市场和民众力量参与竞技体育治理，尤其是要发挥市场在竞技体育资源配置中的基础性作用。再次，应以整合、协调、共赢为治理理念，最大限度地激发社会参与的动力和活力，构建充满活力的竞技体育要素市场，引入更多社会力量不断介入到选材、训练、参赛、保障等各个领域，促使多元治理主体在参与过程中平等协作和利益协调。通过治理机制的整合，在参与主体上实现由“政府主体”向“政府、社会、市场、个人”多元主体转变，在治理架构上实现从传统“垂直型”管理向“扁平化”治理转变，最终形成政府引导、社会支持、市场支撑的竞技体育协同治理体系。最后，应发挥社会组织和市场在竞技体育治理中的主体作用。一方面，应完善社会组织运行结构，发挥社会体育组织贴近民众的优势，积极配合政府和市场主体，通过规范社会组织行为准则、健全组织结构、拓展组织功能、完善组织制度规范，使社会组织担当起实践竞技体育治理的主体角色。另一方面，降低各类市场主体准入竞技体育的门槛，发挥市场的资源配置优势，不断引入运动项目协会进市场，逐渐使市场在竞技体育资源配置中起决定性作用。通过不同市场的参与激活竞技体育体制结构活性，充分利用社会资源、依靠市场力量培育竞技体育多元治理主体。

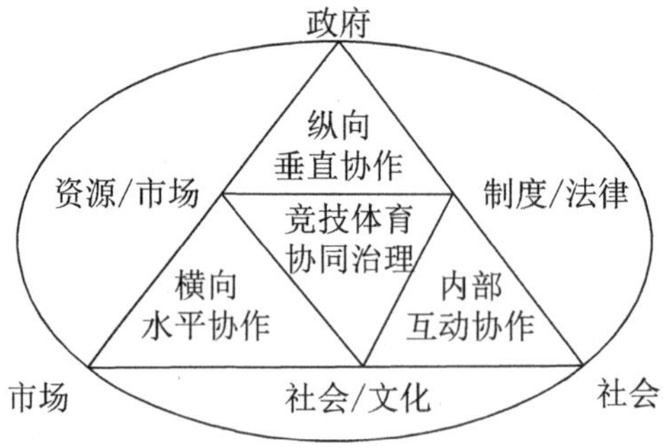


**图7-3　竞技体育多元参与的“扁平化”治理关系**

## 三、塑造政府、市场与非营利组织合作的竞技体育“网络化”联动治理机制

网络化治理是通过政府、非营利组织和企业等主体参与提供公共服务的治理模式，其本质在于利用多元主体的共商与合作，共同搭建网络治理结构，共享资源和信息，实现治理目标最大化。政府、企业与非营利组织间合作是网络化治理的基础，参与主体的多元化和治理结构的扁平化是网络化治理的重要特征。

美国竞技体育治理体制具有典型的网络化治理特征，治理架构强调多中心、分权化和民权参与，在引入大学生体育协会、校际体育联盟、企业等多个主体参与的同时，促成了多主体间“横向互动”的合作关系，提升了治理效率和效度。新时代，随着我国治理能力现代化水平的不断提升，社会、企业和非营利组织在体育事业中发挥更大作用、承担更多责任成为重要趋势，这就需要进一步处理好不同主体的关系，科学引导竞技体育发展方式转变，要实现这一目标应做到以下三点。一是打造以满足社会多元需求为导向的耦合型治理方式。新时代，经济社会发展对竞技体育的社会价值提出了新要求，传统单纯偏向于政治价值的竞技体育治理目标将不断拓宽，日益向适应多元社会需求的经济、文化、健康、教育等价值转变。这就要求竞技体育要更加深入地融入国家教育、医疗、卫生、产业、环境等多个领域，传统依靠行政指令单一发展的竞技体育必然要提升自身的社会融合力，广泛引入社会、市场各类组织，与多个和社会发展密切关联的部门、协会、企业、公民等协同耦合，共同搭建能够提供多元社会服务的治理关系网，从而更好地释放竞技体育的多元价值。二是合理规划政府、企业与非营利组织的权责配置以及主体间的网络关系。政府要转变职能、理顺关系，合理划定多元治理主体的责权边界，打造多元主体间网络化互惠关系（图 7-4）。企业与非营利组织要承接政府的职能空缺，补政府调动资源能力不强、资源使用效率不高等短板。政府要扮演构建者和协调者角色，把职责逐步分散到不同的社会角色中，防止市场和非营利组织的无序、投机和恶性竞争，实现政府引导与协商下的多元化治理。要不断提升非政府组织和企业的自治能力，发挥市场机制与志愿机制的独特作用，最终形成政府组织规划引导、社会和市场组织广泛参与的治理构架，将条块分割、碎片化的封闭竞技体育组织重构为开放的社会网络组织，从而加速推进竞技体育发展方式转变。三是打通不同主体间的网络结构，推进多元主体协同治理。拓宽竞技体育治理结构，以政府、协会、社会组织、职业联盟和俱乐部为

治理主体，根据不同参与主体的性质，构建以竞技体育核心利益为主、多元利益相关者协同治理结构，推进政府、社会、市场、协会组织等多元主体协同治理。总之，应进一步转变政府职能，大力引导社会力量、市场力量和民众力量介入竞技体育治理，打通不同主体间“自下而上、自上而下和横向互动”的网络结构，打造多元主体协同合作、多种机制相互配合、多个主体共商共治的体制结构，实现竞技体育治理效益最大化。

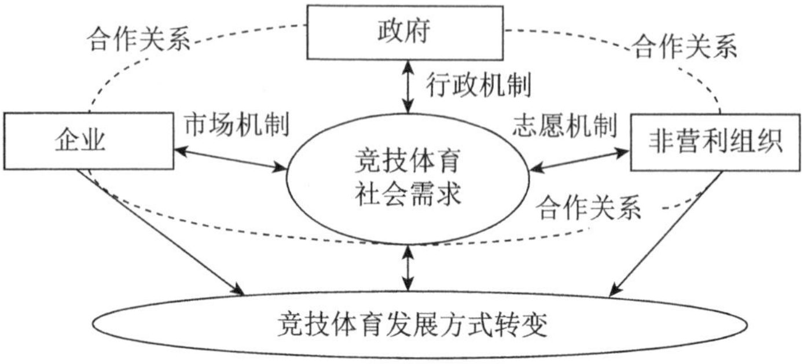


**图 7-4　政府、企业与非营利组织参与的网络化治理机制**

## 四、完善竞技体育人才的选拔、培养、训练、参赛“一体化”治理体系

美国竞技体育以教育为依托，采取“学院式”治理模式，遵循教育规律治理竞技体育，人才培养从青少年、中学、大学到职业体育，自下而上层层推进，学校是竞技体育治理中心，培养全面发展的人是治理的绩效目标。并且，美国注重训练参赛的联合攻关，依托多学科、多成员集体优势，形成了“一体化”复合型治理体系，实现了训练、科研和保障的高度融合。

健全的人才培养体系和科学的训练竞赛体系是竞技体育可持续发展的基础，随着竞技体育科学化要求的不断提升，协同竞技体育优秀人才的选拔、培养、训练、参赛等结构要素，打造“一体化”复合型治理体系成为一项重要任务。一方面，要构建多层次的人才培养和竞赛治理新体系。应转变传统以体育系统为主体的治理方式，广泛引导教育系统和社会组织共同参与竞技体育人才的培养与治理，打造多元投入的竞技体育人才培养体系。重点要依托各类学校和社会市场培育优秀后备人才，发挥不同系统的资源优势，建立贯通“小学—初中—高中—大学—职业体育”的“一体化”人才培养治理体系，政府部门要制定专门性制度举措，协调好学校、体校、俱乐部和职业队等多元主体的关系。要拓宽竞赛治理主体，引导县、市、省、国家四级竞赛相互衔接，打造多元化、多层次、多类别的“金字塔式”竞赛体系（图 7-5），广泛引入不同社会组织和地方协会资源，拓宽社会力量参赛和办赛途径，通过体育、教育和社会组织的治理融通，形成各系统协同推进的办赛新机制，从而提升不同阶段运动员的参赛积极性。另一方面，要打造“扁平化”的复合型协同治理新模式。复合型训练团队建设的关键在于理顺各种权责关系、优化结构和提高效能，各项目运动队关键要细化训练参赛复合型治理团队的构成，合理分配教练员、医务人员、科技人员的治理职责，统筹协调团队内部责权关系，建立分工明确、优势互补、协同攻关的“一体化”治理模式，形成不同人员责、权、利相统一的多学科“扁平化”治理机制。要对不同项目训练团队人员实施分类治理，建立专门性考核激励制度，完善团队成员动态评价和过程奖励机制，促使不同人员、功能、资源结合在一起，共同对训练参赛问题进行民主决策和协商攻关，促成不同成员专业优势的相互渗透、相互交融，从而获得最佳训练资源配置效率和最大治理效益。此外，还要构建与市场经济和社会保障相衔接的运动员文化教育保障结构。以制度为载体协调好体育、教育等相关部门的关系，打造“体教融合”的文化教育监管机制，根据运动员成长特点，将竞技体育与教育、育人与夺标有机结合，形成以“运动员为中心”的综合服务保障体系，拓宽优秀运动员升学和继续教育保障渠道，推进运动员文化教育常态化，提升运动员学习、训练的系统性和连续性。

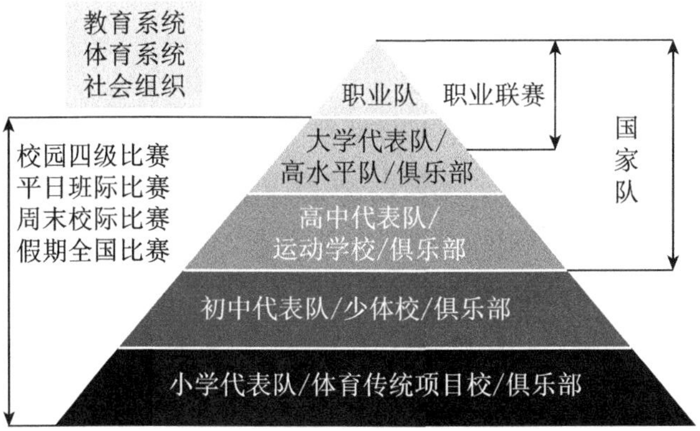

**图 7-5　竞技体育人才培养自下而上的“一体化”治理主体**

## 第三节　中国职业体育制度治理的启示

职业体育是竞技体育发展的高级形式，是竞技体育提升自我发展活力和发展水平的重要体现，也是未来我国竞技体育发展的必然趋势。我国竞技体育职业化始于20世纪90年代初，从那时起我国职业体育治理对于职业联赛主体内部责、权、利等方面进行了改革，在长期的改革实践中，在运动项目的职业化发展、运动员的职业化、职业联赛的打造以及职业俱乐部的发展等多方面取得了一定成果，积累了丰富的经验。新时期，国家体育治理体系与治理能力建设要求完善职业体育体制制度，健全职业体育具体制度，实现职业体育各领域的制度治理能力不断增强，职业体育的制度治理水平全面提升。随着经济社会转型和运动项目实体化改革的不断深入，如何从制度层面优化职业体育发展方式，协调政府、社会、协会、市场等多元主体关系，提升职业体育的现代化治理水平成为一项重要任务。

### 一、完善职业体育体制制度，推动政府支持、协会主导、市场自主的扁平化治理

体育治理是由国家、社会与公民个体构建的网格化结构，其中扁平化治理提倡通过协调治理层级而优化因层级过多引起的信息损耗与信息不对称，扁平化治理强调开放多元，倡导通过内外主体协同促进治理水平提升。美国职业体育通过实施协同治理、多元治理以及联动治理等模式，塑造了政府、社会、市场、联盟、俱乐部等主体的扁平化关系，提升了职业体育治理绩效。

新时代，随着政府职能转变的不断深入，体育项目协会化、实体化改革等赋予了职业体育新的发展机遇，由于长期受传统行政体制影响，短期内我国职业体育发展依然囿于政府主导，主要依赖于自上而下的“金字塔”式治理体制（图7-6），同时存在纵向和横向两套治理体系，存在国家行政主导的“上下治理”对社会市场的“横向治理”挤压，职业体育存在治理“失序”现象。为此，完善职业体育体制制度，协调不同主体关系，推动政府支持、协会主导、市场自主的扁平化治理成为一项重要举措。要切实研究并真正落实《国务院办公厅关于加快发展体育产业的指导意见》中提及的有关政策和措施，实现政企分开、政资分开，推动职业体育资源配置，依据市场规则、市场价格、市场竞争实现效益最大化和效

率最优化，在此过程中政府的职责和作用主要是加强并优化公共服务、保障公平竞争、加强市场监管、维护市场秩序、弥补市场失灵，具体而言包括以下四点。

一是强化治理与决策扁平化，打造职业体育社会主导型治理体制。进一步协调政府、社会和市场的关系，深入推进行政机关与职业体育行业协会脱钩，引导传统纵向治理向横向治理体制转化，推行条块结合的“扁平化”治理（图 7-7）。通过制度纽带将政府参与和社会主导有效对接，将制度、法律、资源、市场、文化等元素融入职业体育决策，将关注国家权力和注重社会及个人权利共同融入体育治理中，打造多方耦合相嵌的治理方式，避免政府治理主体的越位和社会参与主体的缺位，提高职业体育的社会化治理水平，塑造不同主体间“自下而上、自上而下和横向互动”的网络治理关系。

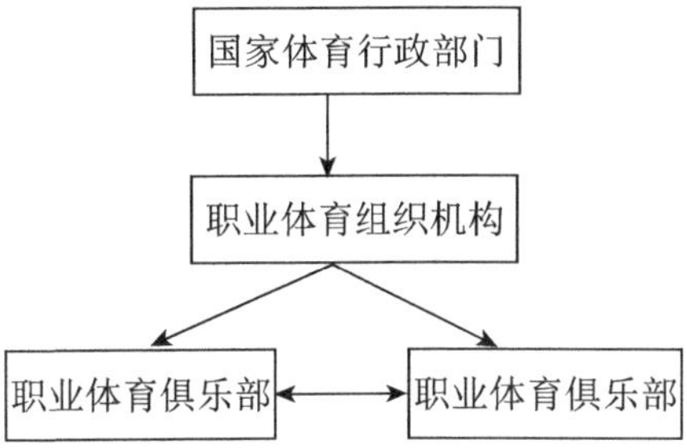


**图 7-6　传统的职业体育治理体制**

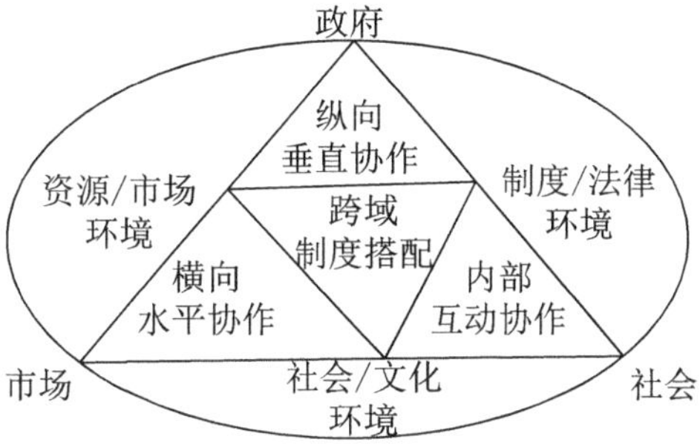


**图 7-7　职业体育扁平化治理体系**

二是推进沟通与执行扁平化，提升职业体育整体治理绩效。通过制度引导政府部门实施调控型服务式治理，强化政府的制度设计和治理监管责任，扩大市场参与，通过协调政府与社会、市场、俱乐部等关系，打造“三轮驱动”、通力合作的沟通与执行机制。在有关职业体育运行方面，通过制度合理界定不同部门的职责和权限，在职业体育政策制定、制度发布、财政支持、信息服务、纠纷处理等方面做到各级主体各司其职，提高治理决策的科学化水平。

三是注重监督与评估扁平化，建立利益相关者一体化监管体系。对职业体育治理效果定期开展社会化评估，引入非营利性组织、自律性体育组织、赛事代理机构、审计、律师、仲裁、咨询事务机构等“第三方”组织为监督和评估主体，对政府、社会、市场、联盟和职业俱乐部等进行专项监督，动态评估职业体育活动运行和生产经营行为，从透明、公正、问责、高效等层面提升治理绩效，避免不同主体的权力越轨与权力寻租，促成政府与职业俱乐部间的“合作性均衡”，从而实现公共利益最大化。

四是推进职业体育市场化改革，打造我国职业体育“联盟体制”。加快推进职业俱乐部市场化和联赛职业化建设，推进竞技体育的管办分离，明确职业体育发展主体的职责，维护各方合法权益。可以选取部分项目组建职业联盟改革试点，研制职业体育发展的专项投融资政策、税收减免政策等，尤其要打造促进职业俱乐部竞争均衡的制度设计和职业体育的自律机制，通过相关制度理顺各利益主体间的关系，推动不同利益主体的“多方联通”，推动不同主体的共生性发展。

## 二、协调职业体育多元主体的关系，实施“横向一体化”的网络化联动治理

美国职业体育具有多元协同治理体制，发展的根本动力在于多个治理主体间的协同联动，利用制度协调多个利益主体的关系，打造了多元主体构成的协同治理共同体，有利于实现公共利益最大化。

新时代，随着经济社会发展转型，我国职业体育不断优化管办分离的运行模式，大力推进项目协会实体化改革，但由于相关制度建设滞后于体育改革的步伐，短期内在缺乏制度框定的条件下，政府、行业协会和联盟等不同主体以追求自身利益最大化为目的，主体间责权关系不够清晰。为此，目前亟待从制度层面厘清多元主体的关系，规划各个主体的职权和利益边界，打造体育治理中的有为政府、有效市场和有机社会，形成多方联动的网络治理机制。要实现这一目标具体应做到以下三点。

一是推动利益相关者协同治理。应立足中国职业体育发展现实，统筹协调职业体育联赛的产权归属和利益分配，通过协调职业体育的成长环境和相关利益主体关系，以公共利益最大化为导向，深化协会实体化改革，构建“小政府、强社团、大社会”的新型治理机制，形成以协会和俱乐部为核心的利益主体。要把联赛所有权、商务运营权、收益权和监督权等权力回归多元主体，塑造治理有序、结构合理、效率优先的协调治理体系，有效规避职业体育治理中的条块分割和治理分野。还应调适政府、社会和市场关系，激发和利用市场、社会力量削减身份权利竞争的利益获得，形塑以融监管、决策、运营、保障为一体的治理机制，实现政府力量、社会力量和资本力量三者力量的平衡。同时，深入推进我国现有的中国足球超级联赛、中国男子篮球职业联赛的改革，改革的核心问题是处理好政府和市场的关系，使市场在资源配置中起决定性作用及更好地发挥政府作用。

二是打造“横向一体化”联动治理机制。遵循市场规律，以政府、协会、社会组织、职业联盟和俱乐部为治理主体，以职业市场联赛资源配置最大化为治理客体，以法规制定、调控督导、协调服务、组织治理等为治理行为，结合我国国情，打造以职业体育核心利益为主、多元利益相关者协同的“横向一体化”网络化治理机制（图 7-8）。这一治理机制实质是一个涉及不同主体平等关系的“利益共生网”，核心利益主体包括社会组织、职业联盟、俱乐部运动员、教练员等，通过合理界定不同主体在职业体育治理中的责权边界，形成利益共同体，实现各方利益最大化。此外，在职业体育组织的监督环节上，应建立“他律”和“自律”相结合的平衡机制，政府体育部门应充分运用法律手段，对职业体育不同参与主体的市场行为和社会行为进行监督和纠正。同时，政府体育部门可以充分利用行业协会规定，对违反“自律”规定的体育组织予以抵制，而后应充分调动社会力量进行监督，广泛调动媒体、社区群众等社会力量参与监督。还应强化市场竞争，充分发挥市场在资源配置上的优势，在市场竞争实践中加强市场主体建设，促进市场主体的完善和规范化。

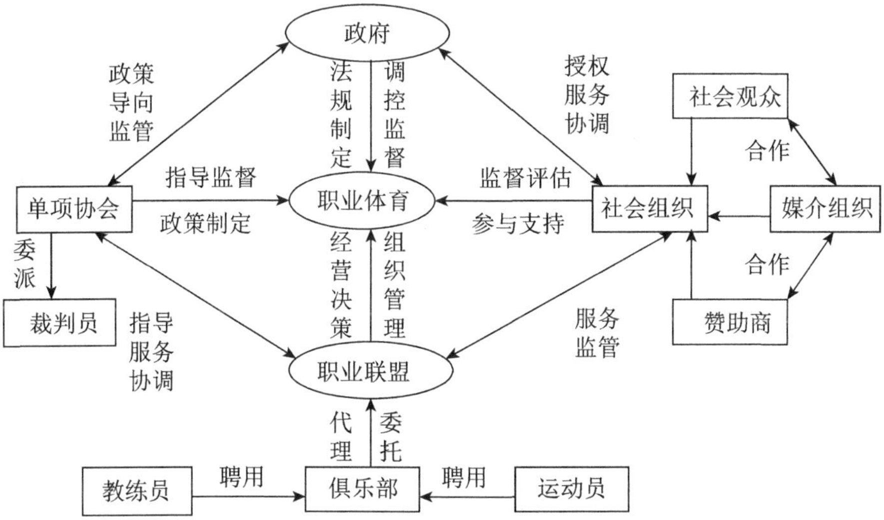


**图 7-8 职业体育“横向一体化”的网络化联动治理机制**

三是形成网络互动的组织结构。中国职业体育市场治理建设宜在政府—社会—市场三者协同关系维度上展开，融政府的顶层设计、社会的支撑发展、市场的维序主体与整合机制于一体，形塑中国特色职业体育市场治理模式。应针对不同主体的利益诉求和治理目标，出台职业联赛利益分配制度，重新界定多元主体的权责关系。要从俱乐部建设、联赛建设及其相关运行机制建设向市场维序主体完善和整合机制方向推进，形成完备的职业体育市场运行与维系体系。应改善俱乐部与俱乐部关系、俱乐部与联赛关系、联赛与监管部门关系，在厘清各方利益的基础上，构建集执行权、监督权、决策权和评估权于一体的多方协调机制，遵循平等互利、兼顾统筹原则，建立沟通、激励与约束并存的利益共同体，使不同主体的责、权、利对称分布，以平等、协商、合作为目标，推进多元治理主体相互依赖、平等协作。

## 三、健全职业体育具体制度，推进监管、评估、仲裁、保障等一体化法治治理

美国职业体育建立在健全的法治基础上，回溯中国职业体育制度建设历程，从职业联赛推出到俱乐部和联赛的运营治理改革，其着力解决的都是如何供给的问题，鲜有关注需求，制度的制定大多是站在促进职业联赛水平提升角度从投资人和政府立场出发，欠缺满足社会大众观赛需求的方案。我国职业体育同样需要打造更加健全的法治体系，在当前国家大力提升制度执行力和推进法治现代化建设的背景下，要从利益分配、税收优惠、权责分化、监督评估等多个层面健全法治体系。要实现这一目标，具体应做到以下五点。

一是修订和完善职业体育相关法律法规。应进一步加强法治建设，完善相关制度体系，激发身份权利竞争的实践困境。完善《中华人民共和国体育法》中有关职业体育的立法，健全职业体育的规范性文本，依法制定和完善相应配套政策，通过制度规范政府、市场、社会组织、俱乐部等多个主体权责关系，使不同治理主体明晰权力边界，利用制度引导不同主体进行合理利益诉求，保障各个利益主体的权益，确保职业体育组织运行秩序稳定。

二是建立健全职业体育竞赛均衡制度。应立足新时代我国国情，借鉴美国职业体育的“限制进入”“收入分享”“选秀”“工资帽”和“奢侈税”等制度，针对我国职业联盟、俱乐部、运动员等主体建立相应配套制度，完善运动员转会、俱乐部准入、俱乐部收入、外员聘用等具体制度，健全运动员利益表达的工会制度、经纪人制度、体育纠纷审查制度和俱乐部升降级制度，使联盟内部在竞争性平衡的同时，实现公共利益最大化。

三是健全多元主体保障制度和联赛监管、仲裁制度。应建立利益相关者共同

参与的决策制度、监控问责制度、诚信制度、权力制衡制度、财务制度、绩效评估制度等，完善利益协调制度，规范不同主体的治理权限和利益边界，保障不同利益相关者的权益；还应进一步规范体育仲裁制度，严格在职权范围内处理纠纷，做到体育行政相关监管制度无缝衔接。

四是完善俱乐部公司治理制度。公司治理结构既是用来协调公司的所有权益主体之间的制衡关系的体系，也是解决所有者对经营者的监督与制衡问题的一种治理方式。应借鉴美国内生式的公司治理制度，理顺俱乐部内部主体关系，采用“委托—代理”的董事会治理制度，配套决策、惩处、纠纷调解、监督等制度，形成规范执行、有效监督的公司法人治理制度。要明确董事会对俱乐部的权责，通过设计合理的激励制度，帮助职业俱乐部制定产权清晰、权责明确的现代企业制度，对体育相关企业的权力制衡关系和决策系统做出具体制度安排。

五是建立社会化动态评估制度。应建立以社会市场、体育协会、非营利组织、企业代表以及相关领域专家等为评价主体的第三方评估制度，将法制化、民主化、效益化、协作化、规范化等指标纳入评价制度，建立决策权、执行权、监督权相互制衡与协调的运行机制，搭建多元主体参与、利益相关者制衡、财务透明与第三方评估相结合的制度体系，从而从制度内部提升职业体育治理绩效，为职业体育健康发展保驾护航。

## 第四节　中国大学竞技体育制度治理的启示

我国在 1986 年普通高校培养高水平运动员，即开展大学竞技体育以来，在利用大学培养学生运动员方面取得了一定成绩，为我国竞技体育人才培养了大量优秀人才。但整体而言，我国大学竞技体育发展相对比较缓慢，大学竞技体育尚未进入社会化和市场化发展的轨道。当下，我国大学竞技体育还未完全融入国民教育体系，大学竞技体育发展水平与经济社会发展步伐不够协调，其发展核心理念不能满足高等教育现代化发展的新需要，面临治理机制不完善、与高校教育融合不够深入、学训矛盾比较冲突、运动员可持续发展动力不足等现实问题。美国竞技体育以学校为中心，依靠学校的业余训练来培养竞技体育人才，按照教育科学的规律发展竞技体育。美国大学实行竞技体育和高等教育同步发展的原则，保证大学生在接受文化教育的同时，接受全面的竞技体育教育，做到科学素质、人文精神及健康体魄协同发展。当前，应完善我国大学竞技体育的制度体系，对大学生体育竞赛治理体制进行改革，尽快建立高校体育联盟、推动大学体育联赛的社会化和市场化，扩大高校竞技体育筹资渠道，完善高校运动队的教练员聘用制度和学生运动员的招生制度，加快推进大学竞技体育治理体系的现代化。

如何从国情出发借鉴国外发展经验、健全大学竞技体育相关制度、优化大学竞技体育发展方式、完善大学竞技体育竞赛体系、推动大学竞技体育多元主体协同治理是当前面临的现实问题。

## 一、以大学竞技体育制度治理为突破口，促进体育与教育系统的深度融合

当下，我们应充分利用我国竞技体育发展方式转型的历史契机，积极顺应国家治理的大环境，把大学竞技体育制度治理作为我国体育治理的突破口，发挥大学竞技体育治理在衔接学校体育治理和职业体育治理方面的桥梁作用，通过规范大学竞技体育来促进体育系统与教育系统的深度融合。还应贯彻体教融合的治理理念，把严肃大学竞技体育的业余性、规避大学竞技体育的过度商业性、挖掘竞赛的育人价值作为治理目标，遵循学生成长的教育规律治理大学竞技体育，从制度层面促进学校运动竞赛与大学教育融合，最大限度地挖掘大学竞技体育的教育价值，促进学生身心协调发展。此外，还要完善与革新大学竞技体育后备人才培养体系，优化“体教结合”的竞技体育人才培养模式，改革与完善三级训练网络，把文化教育和训练竞赛融入运动员从小学到大学的整个过程，形成以学校体育为中心的人才培养体制，推进竞技体育与教育体系的深度融合。并且，还应完善运动员文化教育与保障体系，构建新型的运动员文化教育体系，加强运动员综合素质的培养，把培养全面发展的人作为竞技体育的终极目标。此外，还要坚持运动员的全面发展，培养体育与教育相结合的高素质人才，要实现这一目标，应做到以下三点。第一，注重运动员培养的体教结合，以运动员的全面发展为目标，在关注运动员技术水平提高的同时，更要关注运动员的学习、生活、思想教育等多方面的发展。各高校要优化运动员的培养目标，使体育竞赛目标与教育目标相结合，在制定人才培养目标的同时，注重运动员全面发展的长远目标和提高竞赛成绩的阶段性目标的衔接，培养具备全面素质的专业人才。第二，各高校要结合我国政治、经济、文化以及体育的战略发展制订运动员的培养方案，要根据自身特色和我国大学竞赛体系的整体目标，借鉴国外高校体育竞赛治理的先进经验，合理规划人才培养路径，且人才培养目标要具有动态性，应在符合国情和不

同高校实际情况下，根据我国竞技体育人才的实际需求对人才培养目标进行适时调整，从而培养能适应现代社会发展的运动人才。第三，各高校在运动员的培养上要始终注重与教育相结合，严格把控高校运动队的招生制度，对运动员的招募设置严格的文化课考核标准，加强运动员的思想品德水平和学术水准，注重运动员文化课程的学习与综合素质的提高，培养全面发展的高素质人才。

## 二、协调政府、社会、高校等关系，促进大学竞技体育多元主体协同共治

大学竞技体育制度治理的实现要建立在政府职能转型和更多社会力量参与的基础上，关键要协调好多元治理主体的关系。我国可以借鉴美国多元主体协同共治的理念，从制度层面完善大学竞技体育的治理结构，进一步理顺政府机构、教育部门、体育部门、大学生体育协会、各运动队、运动员群体等多元治理主体的关系。要健全大学竞技体育制度治理体制，进一步完善竞技体育“举国体制”对大学竞技体育发展的推动作用，创新大学竞技体育的社会化治理机制，发挥社会市场在大学竞技体育发展中的主体作用，充分利用社会资源、依靠社会力量和运用制度的制定来实现对大学竞技体育的规制，针对大学体育社团、各类项目协会、学生运动员等不同主体建立相应的治理制度，并注重挖掘大学竞技体育制度的灵活性，尤其是促进大学体育社团和俱乐部之间竞争均衡的制度设计、商业化运行模式、保障机制的创新等，促成国家办与社会办相结合的竞技体育治理体制。还要充分利用体育社会化、市场化的契机，推进大学竞技竞赛体系改革，积极拓展赛事资源，转变政府主导方式，充分利用社会市场的资源优势，根据不同高校的地域特点和运动项目特色去开发竞赛资源，拓宽赛事资源的渠道与层次，通过与社会企业广泛的合作引进竞赛的经费资源。此外，还要健全大学竞技体育制度法规，运用制度的制定来实现对大学竞技体育的规制，从制度层面厘清竞技体育的所有权与经营权的关系，强化大学竞技体育各个领域的“法治治理”，从而建立公开、公平、公正的竞争机制。要从法规制度上重新界定不同主体在大学竞技体育治理中的权责边界，加强不同主体的互动交流，形成多个主体协同合作、多种机制相互配合、多元主体共商共治的联动型治理机制。要从制度建设层面深入推动大学竞技体育的多元主体协同共治，充分发挥高校在大学体育竞赛治理中的自治，全面提升大学竞技体育制度治理能力的现代化水平。

## 三、加快推进大学竞技体育立法，打造大学竞技体育法治治理体系

竞赛规章制度是保证大学竞技体育顺利发展的基础，合理的竞赛制度能够有效地激发学生参与竞赛的积极性。美国高校注重竞赛制度建设，不同项目的竞赛规章制度内容完善，体系健全，广泛涉及学生的学习、竞赛、生活、训练、奖惩机制等多方面，有助于学生的全面发展。当前，我国要加快大学竞技体育立法，打造大学竞技体育法治治理体系，要实现这一目标应做到以下三点。第一，要通过法律条例来规范大学竞技体育组织内部行为，加快大学竞技体育立法的深度与广度。要明确法治先行是提升大学体育治理的前提，将坚持业余性和防止大学竞技体育的过度职业化扩张作为法治治理目标。在具体操作中，不仅要完善《中华人民共和国体育法》中有关大学竞技体育的宏观法律政策，而且要依据新时期高校竞赛市场的特点，健全大学竞技体育的法治规范性文本，以竞赛市场和大学生全面发展为架构，建立一套完备的法律规范体系，相关法规要覆盖全面，要有专门针对运动员招募、运动员培养、奖学金设置、竞赛治理、财务运行、绩效评估等多个层面的制度。此外，还要打造法治执行和监督两大治理体系，健全大学体育竞赛中解决事件纠纷的立法，从法规上明晰不同治理主体的职责和权限。第二，要完善大学生体育协会的法规条例，保障规章制度的权威性。应完善大学竞技体育治理章程和制度条例，严格按照规章制度办事，保证规章制度的约束力和法律效力。同时，要加强对不同项目竞赛治理制度的创新，在完善制度建设的同时加强其严谨性。应加快推进 FUSC 走市场化的自我发展之路，在竞赛制度建设、财务收支等方面要公开透明，真正实现大学生体育协会治理的实体化。此外，还要加强不同项目竞赛的激励机制建设，完善运动员、教练员及赛事组织治理者的奖励制度，确保他们工作的积极性。第三，要以国家宪法与体育法为依据，不断完善大学生体育协会的法规条例。各高校在我国大学生体育协会竞赛制度的框架下，要不断规范自己的竞赛制度，细化对组织机构、教练员、运动员、观众、场地、奖惩措施等领域的具体要求，明确教练员的职、责、权、利，并用法律条例对这些要求加以规制，对违规事例严格按照规章制度的法律条例进行处罚，以保证规章制度的权威性。要以运动员的全面发展为核心，规范招生制度和竞赛训练制度，加强运动员学籍治理，健全运动员入学考核制度，保证招生的公平性。

## 四、优化大学生体育协会竞赛制度，构建“三位一体”的制度治理体系

美国高校体育竞赛以社会市场为导向，NCAA凭借自己的商场化运作自收自支，主要通过电视转播、门票、冠军收入、赞助等方式获得经济收入，通过市场调控，形成了成熟的商业化运作模式和稳定的资金收入系统。并且，美国高校对各项目比赛场地有严格的规定，综合考虑顾客、商家、运动员、媒体等多个因素，利于赛事的市场化运营。FUSC则主要依靠政府财政拨款，对于电视转播、赞助等经费渠道的开发是FUSC的短板，从而导致FUSC的市场化程度相对较低。为此，要充分利用社会、市场、俱乐部等多元主体的资源，健全大学生体育协会竞赛制度，构建具有中国特色“三位一体”的制度治理体系。应利用国家大力推进项目协会社会化改革的契机，加速大学竞技体育竞赛体制改革，扩大社会参与竞赛治理，下放地方协会和会员学校更多的治理权利，打造具有地域特色的赛事品牌，提升赛事的经济效益。要从体制制度层面健全竞赛治理机制，打造本土赛事激励机制、补偿机制、利益分配机制、约束机制和监督机制等，加强校内竞赛与校际竞赛互动，提升竞赛制度的灵活性和多样性，从而塑造多区域、多层次、多样化的竞赛制度治理体系。此外，还要完善大学竞技体育的体制制度治理结构，可以根据我国大学的地域分布，在全国范围内构建相对固定的校际体育联盟和竞赛区域，使校际体育联盟成为推动区域大学竞技体育治理的主体，打造符合地域特点的大学生体育协会、区域体育联盟和会员学校“三位一体”的制度治理体系。并且，要发挥大学竞技体育领域的多元主体协同共管共治，改革大学竞技体育项目治理体制和运行机制，加强中国奥委会、各单项体育协会大学生体育协会等组织间的协同，根据不同组织主体的性质，合理界定竞技体育行政部门、项目协会和市场主体的职能和责任，充分利用社会资源、依靠社会力量，建立政府支持、协会主导、市场自主的新型治理体制，推进政府、社会、市场、大学竞技体育组织等组成的多元主体协同治理。

## 五、完善大学竞技体育竞赛体系的制度治理，塑造校园竞技运动文化品牌

美国大学拥有完善的竞赛系统，通过严格分明的竞赛治理，把不同竞技实力的高校分开进行分级比赛，激发了各高校参赛的积极性，提高了竞赛的观赏性，

有利于高校赛事的市场化运营。美国高校运动员的选拔赛、入围赛、淘汰赛、半决赛、决赛等种类多样，并以公平竞赛为核心理念，保证了竞赛系统的合理性，其赛事体系值得学习与借鉴。一方面，要强化大学竞技体育赛事的多样化治理。改革我国高校竞赛的分区情况，重新划分区域，根据我国高校各项目参赛队伍的水平、地域和层次分成不同等级，再把不同地域中实力不同的队伍分开，进行分区域、分层次、分阶段比赛，在全国范围内形成相对固定的体育联盟和竞赛区域，并加强对不同层次、不同区域运动竞赛的指导和治理，从而提升参赛队伍的热情，激发各高校参赛的积极性，提高竞赛的观赏性。另一方面，优化多层面的体育竞赛制度，形成多层次、多样化的竞赛体系。应进一步改革大学竞赛制度，在每年举办高校运动项目联赛的同时，增加竞赛的种类，加强校内联赛、校际联赛、业余交流赛等多种赛事的创建，鼓励更多院校参与，增加比赛场次，从而增强比赛队伍间的交流与学习，形成良好的竞赛文化氛围。要秉承提高大学竞技体育赛事质量、增加比赛数量、推进竞赛市场化和社会化原则，各高校要加强赛事宣传，做好媒体公关工作，积极寻找社会市场合作伙伴，运用企业法人市场机制，营造商业市场化氛围，吸引企业投资与赞助，为高校竞赛引入更多经费渠道。此外，还应推动大学竞技体育的品牌治理，塑造校园竞技运动文化。要拓宽大学竞技体育的赛事资源，加强对我国高校赛事的宣传和包装，鼓励各个高校根据自身的地域特征、学校文化特点去塑造符合自己特色的赛事品牌，从而最终形成多样性的竞赛品牌文化。要提升校园体育竞赛的观赏性，加强对高校竞赛的组织治理者和教练员的定期培训，加大对运动员的训练与比赛投入，加强对运动员的包装宣传，通过媒体、网络、报纸等多种宣传渠道提高校园竞技运动文化品牌，从而增强赛事的文化吸引力和影响力。

## 第五节　中国大众体育制度治理的启示

大众体育是我国体育事业的基础，是实施健康中国战略和全民健身战略，推进体育强国建设的重要组成部分。当前，我国正处于全面建成小康社会的决胜阶段，也是由体育大国向体育强国迈进的重要时期。我国体育战略重心有了新的调整，全民健身上升为国家战略，群众体育成为体育事业的重要发展方向。新时代，在不断强化社会制度建设，推进国家治理体系和治理能力现代化的背景下，从制度层面完善体育治理体系，提升群众体育的现代化治理水平是一项重要任务。

## 一、重塑群众体育体制制度，推动群众体育输入式治理和参与式治理相协调

体育强国建设中包含群众体育迸发活力，打造以人民为中心的治理理念。其中，体制制度是群众体育治理的基本架构，完善的治理体制和顺畅的治理机制是推动群众体育发展的制度基础。

美国大众体育架构了政府、市场和各类社会体育组织的协作关系，通过不同主体的参与式治理，提升了治理效益。新时代，我国体育事业正处于社会化改革的关键期，受传统行政体制影响，群众体育依然囿于保障型治理体制，群众体育事务多采取自上而下的输入式治理，在资源配置、公共体育服务供给等方面，还未有效形成多元化、精准化治理格局。随着新时代群众体育利益主体的不断拓展，群众体育活动的开展并非政府单一主体能够实现，群众体育治理需要政府、市场和社会组织等多个主体的协同参与；需要协调多元主体的角色职能，有效整合不同主体在体育公共资源配置、治理服务供给等方面的作用，通过重塑群众体育体制制度，实现政府的输入式治理和社会的参与式治理相协调，要实现这一目标，应做到以下三点。

第一，转变政府输入式治理方式，打破传统自上而下的强制性治理模式。通过制度引导政府机构放宽规制，改变政府对群众体育的直接治理，推进以传统的目标输入式治理向多元参与式治理转变，实现公民参与和政府行政互动。政府职能上要注重“服务”而非“掌舵”，政府要担当“元治理”角色，由体育资源配置向规则制定和秩序维护转变，通过转变政府职能推进群众体育治理体制改革，发挥调控型与服务型政府在群众体育治理中的作用，通过完善社会体育组织运行机制，引导社会多元主体参与到群众体育治理中，要培育社会体育社团、民办体育协会、业余俱乐部和非营利性组织等参与群众体育治理的能力，打造多元主体共同参与的复合型群众体育治理体制。在群众体育治理主体的数量和结构上，应加大力度健全基层政府的群众体育机构，培育群众身边的体育社会组织，鼓励具有自主品牌、创新能力和竞争实力的健身休闲骨干企业做大做强，提升核心竞争力。

第二，拓宽参与式治理的横向维度，提高治理决策的科学化和民主化。新时代，提升我国群众体育治理绩效的关键在于保障不同地区、不同人群的多元体育需求，实现公共体育服务的多元诉求和制度有效供给相统一。社会多元体育诉求

的实现必然需要多个主体的共同参与，包括政府主体对体育资源的纵向输入和社会主体对体育服务的横向共享，可通过制度纽带将政府输入与社会参与相对接，形成多元主体协同合作、多种机制相互配合、多个主体共商共治的混合式治理模式，避免政府单一治理主体的越位和多元社会主体的缺位，实现政府和社会主体的治理双赢，促进群众体育治理效益最大化。另外，还应推动群众体育的多中心治理，实施政府、体育协会组织、公民个人等组成的多元主体协同共治，最终建成政府监督、社会组织治理、市场与个人参与、体育行政及相关部门配合的群众体育社会化服务体系，通过多元主体协同合作和共商共治推动群众体育的发展，打造多元共治、共建共享、和谐有序的群众体育治理新景象。

第三，打造群众体育组织多元主体横向联动的社会化治理体系。从国家政府职能转变的高度加快推进群众体育治理方式转型，打造群众体育组织多元主体横向联动的社会化服务体系。首先，应厘清不同主体的治理职能边界，强化政府的引导、激励和扶持作用，政府职能要体现在对群众体育的引导、政策的制定、场地设施供给以及宏观监督与指导等方面；社会主体要对政府工作给予支持与监督，具体负责各项体育活动的运作和治理等。通过不同主体的职责划分，建立政府主导、社会协同、市场参与的群众体育促进体系。其次，应创新全民健身联动治理机制，强化各类群众体育组织的协作，统筹政府、社会组织、企业、市场、人民群众等多元主体在群众体育发展中的关系，由政府主导向政府、市场和社会协作相结合转变，发挥社会组织（如各类民间体育项目协会、非营利体育组织、城乡居民体育自治组织、社会体育中介组织等）的主体作用，充分发挥这些组织在群众体育发展中的作用。

## 二、完善群众体育具体制度，强化群众体育制度的法治化治理和补偿性治理

新时代，随着我国体育社会化进程的加速，群众体育组织的市场化和实体化改革需要大量的法治保障，但是由于相关制度建设滞后于社会改革步伐，导致群众体育法治建设不足，缺乏针对不同人群的制度补偿性治理。体育锻炼作为促进健康的重要方式，与健康的关系密切，当前，在全民健身战略和健康中国战略大力推进的背景下，国家对体育的重视和支持将更加有力。因此，我们可以选取群众体育为突破口，强化群众体育制度的法治化治理和补偿性治理，通过保障弱势群体的体育权力来推动体育公平，利用体育领域的公平来带动医疗、卫生、环

境、教育等各个健康相关领域的公平发展，具体而言应做到以下两点。

第一，健全群众体育法治体系，增强全民健身立法力度。应将法治作为群众体育治理的基本方式，大力推进群众体育法律条例的完善工作，提升群众体育治理主体的法治观念，加大群众体育执法的力度，优化群众体育治理法治化的环境，使法治在群众体育治理中发挥引领、推动、规范、保障、制约作用①。进一步完善《中华人民共和国体育法》《全民健身计划纲要》《国家体育锻炼标准施行办法》等有关群众体育规章和规范性文件的配套立法，推进群众体育法治化。应利用法治对政府机构、社会组织、市场等多个主体的权责进行规范，把相关制度文本和法治理念融入群众体育治理中，构筑以满足全民健身开展为导向的法治构架。首先，应建立体育场地设施法规体系，依法保障全民健身资源合理配置，对全民健身财政投入和基层体育组织建设提供法律支持。其次，应提升群众体育法治运行和执行效果监控，从我国宪法到体育法等多方面完善公民体育权益立法，追究影响和破坏全民健身活动的法律责任，利用法治监督保障全民健身活动开展，通过司法程序解决群众体育开展中的各类纠纷。最后，应培育群众体育法治环境，提升社会法治舆论氛围，培育全民健身法治文化。应通过各类社会组织进行群众体育普法推广，通过网络“大数据”开展全民健身法治宣传，提升全民参与健身活动的法治素养，塑造社会法治文化氛围。

第二，应推动弱势群体参与全民健身的制度补偿性治理。要加大重点人群的全民健身供给，从制度层面整合与平衡社会不同阶层的多元体育要求，重点对青少年儿童、老年人、妇女、农民、残疾人、少数民族等弱势群体搭建补偿性政策，制定专门针对特殊人群的体育法规，从体育权力保障、公共资源共享、体育利益均衡、健身政策引导、健身服务指导等方面建立弱势群体体育健康促进补偿机制。此外，还要完善群众体育资源公平配置治理制度，建立和完善群众体育资源公平配置的治理制度、权利保障制度、公共财政制度和行政问责制度等，专门建立针对少数民族、农村偏远地区、残疾人、老年人和青少年儿童的体育参与促进法规，把体育公平纳入健康相关部门的制度条例中，从而保障弱势群体从多个领域参与体育的合法权利。另外，还应根据不同地区的实际情况，制订符合地区特点的健身行动计划，打造适应不同地区人群的体质监测标准，建立城乡和区域体育资源配置的制度平衡机制，对弱势人群实施政策倾斜，重点在体育机会、资

①卢文云．改革开放40年我国群众体育发展回顾与前瞻［J］. 上海体育学院学报，2018（5）：22-29.

源配备、健身指导等方面嵌入扶持政策，通过完善体育法律体系，健全体育资源区域、人群、阶层的匹配制度，尤其应加大对农村的政策投入，促进村落体育与城镇体育协调发展，保障所有人群能够享有基本公共体育服务。

## 三、厘清多元治理主体关系，构建跨区域善治型的群众体育制度治理体系

跨域治理是一种多元主体协作治理方式，其本质在于通过多个主体间的平等协商，打破传统行政分割的刚性治理。善治是政府与社会、市场的合作方式，通过形成良好制度关系，限制政府权力，扩大社会参与，深化政府、企业、社会组织等多元主体参与体育治理的力度和效度，促进公共利益最大化。跨域治理是实现制度善治的前提，需要在不同主体间建立完善的体制制度，并利用具体制度对不同主体的权责进行规制。

群众体育涉及健康、休闲、娱乐、经济、文化等多个领域，需要国家体育、教育、卫生、环境、住建、文化等多个部门共同协作，只靠体育领域的“单打独斗”难以全方位推进。新时代，伴随我国体育社会化改革的深入，广大社会组织不断涌入群众体育发展中，传统的单一行政主体正向社会多元参与主体转变，随着社会治理边界的扩大，群众体育涉及的区域、主体和结构等都在不断扩宽，将面临群众体育多元治理主体和多维社会需求并行膨胀的新挑战。因此，从制度层面厘清多元主体关系，协调不同区域、不同类型治理主体的权责边界，是提升群众体育治理能力的关键，要实现此目标应做到以下三点。

第一，扩宽群众体育横向治理区域边界。应协调政府与社会各部门在群众体育治理中的责任，推动不同部门的横向协作治理。要利用政策引导群众体育治理部门与其他部门治理方式的跨界整合，将全民健身计划与不同部门的相关政策融合在一起，推动全民健身与相关行业的政策协同。应利用制度引导住建、教育、卫生、养老、环境、文化等多个部门参与群众体育治理，协调政府各部门的健身责任，将群众体育法规纳入相关部门的制度中。还要根据不同部门的职能特征，划分不同部门在群众体育治理中的职责和权利，把群众体育目标纳入不同部门的治理绩效指标，推进相关部门的跨界整合、融合发展。应从制度层面打造多元主体横向互动的群众体育治理体系（图 7-9）。此外，还要协调政府各部门在群众体育推广中的责任，加强体育部门与各相关部门的协作，将体育健身与社会相关政策有机融合，把群众体育法规纳入教育、卫生、医疗、住建、文化、环保等不

同部门的制度及绩效考核指标中，根据不同部门的职能特征，划分不同部门、社会、社区和个人在群众体育开展中的职责和权利。

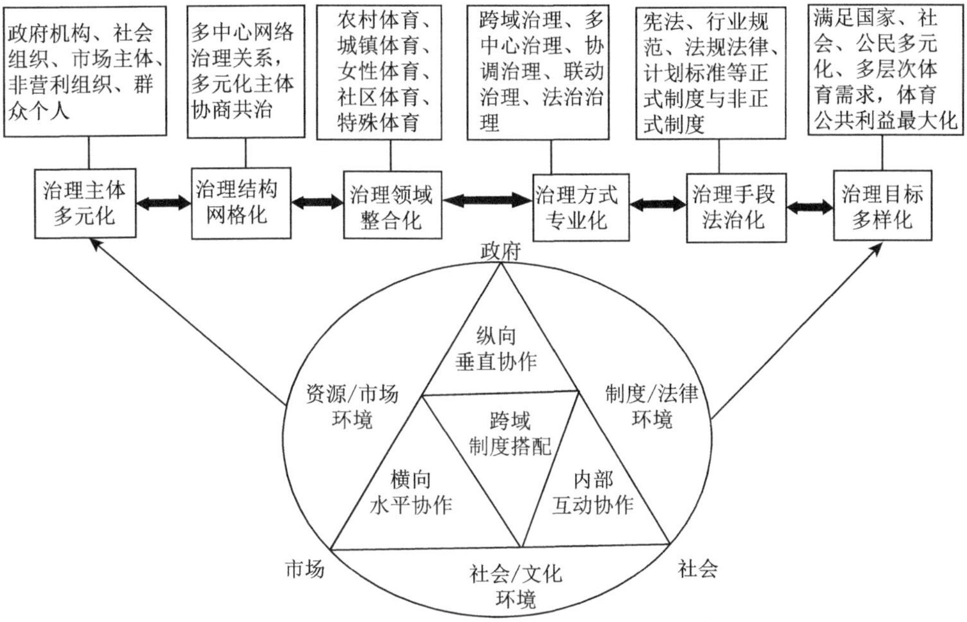


**图 7-9　跨区域善治型的群众体育制度治理体系**

第二，统筹群众体育纵向治理机制。应理顺政府、社会组织、企业、市场等多元主体在群众体育治理中的关系，通过政府和社会组织的协作治理，让多个社会主体参与到群众体育治理中。重点要将社会体育组织作为跨域治理的载体，增强社会体育组织的域内制度自治活性，通过各类主体的利益协商、沟通与合作，形成多种机制相互配合、多元主体共商共治的治理模式，使治理效益最大化。应从群众体育规划、政策制定、财政投入、基础设施、人才队伍建设等方面进行规范，确保实现政府在群众体育治理体系中的主导作用。还要对全民健身战略实施的有效性和执行情况进行科学评估。此外，还应强化对地方政府群众体育治理绩效的定期考核，构建科学的全民健身监控评价体系，使多个部门和人民群众共同对全民健身战略的执行情况进行评估，利用过程评估与结果评估相结合，定期追踪评价全民健身计划在不同地区、不同人群中的执行效果，推动全民健身战略效益的最大化。

第三，打造群众体育协同治理机制。应从资源、法律、文化等方面协调政府、社会和市场跨域治理的权责，运用法律手段对不同主体的职责和权力边界进行约束，协调各部门在群众体育治理上的责任边界，形成相互协调和相互监督的关系，并发挥民间组织、非营利组织和个人在全民健身战略推广中的主体性，构建多方协作的群众体育战略执行体系。还应推动政府机构的有序退出和社会市场组织的有效介入，通过法规制度实现对不同参与主体的监督和评估，从群众体育治理主体、结构、领域、方式、目标等多个方面构建政府、社会和市场协同联动的善治服务体，最终实现治理主体多元化、治理结构网格化、治理领域整合化、治理方式专业化、治理手段法治化、治理目标多样化的善治型群众体育制度治理体系。此外，还要发挥不同治理主体的优势特点，根据政府、社会、社团等不同参与主体的特点，建立群众体育不同主体的合作治理机制，实现政府的有效治理活动、体育社会组织的有效自治活动、公民的有效参与活动和企业的有效生产活动之间的良性互动，进而实现群众体育的治理目标。

## 第六节　中国体育产业制度治理的启示

随着体育产业在国民经济中占有的比例越来越高，体育产业正成为我国市场经济的重要组成部分。《国务院关于加快发展体育产业促进体育消费的若干意见》提出“创新体育产业体制机制，健全体育产业法律法规，完善法人治理结构和产业制度体系，推进现代企业制度建设”。体育产业的发展需要制度支持，随着一系列体育产业政策的出台，我国体育产业实现了快速发展，体育产业门类不断拓展，竞赛表演业、健身休闲业以及与健康、消费、旅游相关的业态不断增多，体育产业成为引领我国经济增长的新引擎。但是，与发达国家相比，我国体育产业总体规模依然不大、发展活力不强、产业门类不多，且仍存在一些体制机制问题。美国体育产业在长期成长过程中形成了一套成熟的治理体系，塑造了一系列源于社会文化深层的动力机制，推动了体育产业的持续成长。在大力提升体育治理能力现代化水平的新时代背景下，如何从制度层面推动我国体育产业体制机制改革，提升体育产业的治理水平是一项重要任务。

### 一、优化体育产业治理模式，打造“刚柔并济”的复合型治理机制

治理模式是体育产业治理的基本架构，是主导体育产业治理体系的组成方

式，完善的治理模式和顺畅的治理机制是推动体育产业发展的基础。美国体育产业建立了市场主导型治理体制，塑造了政府规制与市场衔接的分权治理体制和利益相关者多元协同治理模式，合理架构了政府、体育企业和社会市场的关系，多个主体在沟通、协作的基础上达成利益诉求最大化。

与体育产业治理相关的利益者包括政府、体育企业、中介机构、人民群众、体育行业协会等，优化体育产业治理模式，能够协调各行为主体的利益，进而推动体育市场发展。随着经济社会体制改革，当前我国体育事业正处于市场化改革的快速推进期，由于长期受传统行政治理体制影响，体育产业治理体制相对滞后于经济社会体制改革的步伐，短期内依然囿于保障型行政治理模式，存在国家行政主导的“上下治理”对以市场为载体的“横向治理”的挤压。当下，我国体育产业缺乏与市场运行相协调的治理机制，表现出治理模式活性不足、治理结构划分不清、政府治理主体的越位和错位、市场治理主体的功能异化与弱化等问题①。

当前我国体育产业主要有以下 3 种治理机制：一是刚性治理机制，主要是政府机构、行业协会和企业等组织通过法律法规和企业章程等硬制度规范体育产业发展、规制体育产业内部行为的治理方式；二是柔性治理机制，是一种引导体育产业内部行为的非强制性治理方式，主要通过道德、伦理、文化和声誉影响力等软制度调节产业主体行为，给予企业较大的自治空间；三是中性治理机制（市场治理机制），主要利用市场调节体育产业参与主体间的资源配置，运用市场机制、价格规律及供求调节企业行为。随着政府职能转变和体育事业社会化改革的推进，体育产业的发展日益趋向于依靠行业协会和社会市场，在这种形势下，体育产业发展既需要政府刚性的治理保障，也需要社会市场和企业自治的柔性治理调控，单一的治理机制已不能适应体育产业快速发展的需要。围绕我国经济社会转型和体育产业发展的制度环境，选择相应的治理机制，协调不同参与主体的利益关系是优化体育产业治理模式的重要目标。体育产业治理模式优化的目标之一便是根据我国体育市场的发展现状及各行为主体的实际情况进行利益分配。当前，针对我国经济社会转型的时代背景，体育产业不能局限于单一的治理机制，要积极顺应新时代经济社会市场需求，汲取体育产业多种治理机制的优势，打造“刚柔并济”的复合型治理机制（图 7-10）。在实际运行中，刚性、柔性和中性相结

①隋晓燕．我国体育产业治理模式及优选策略研究［J］．北京体育大学学报，2018（2）：33-39.

合的体制结构要注意层次性和衔接性，其中，刚性治理是基础、中性治理是方式、柔性治理是补充，只有每一种机制同时有效运行，复合型治理机制的治理效益才能得到提升。同时，还要配备与体育产业治理机制相匹配的市场决策机制、监督机制和激励机制，促进政府、企业、市场和行业协会间的协调，优化多元主体的决策方式，激发社会市场参与体育产业治理的积极性。一方面，可以协调多个利益主体的关系，制衡体育产业治理主客体的行为，调控不同治理机制的权责搭配；另一方面，可以提升治理绩效，协调政府与社会市场在体育产业治理中的责任，合理规划不同主体的治理边界，理顺不同主体的权责利关系，建立体育产业多主体、多部门联合“一站式”共建机制，推进多元治理主体的平等协作和利益协调。应监督各类体育产业多元主体之间的利益分配过程，通过制度引导实现政府和社会多元主体的治理双赢，保障体育产业治理效益最大化。

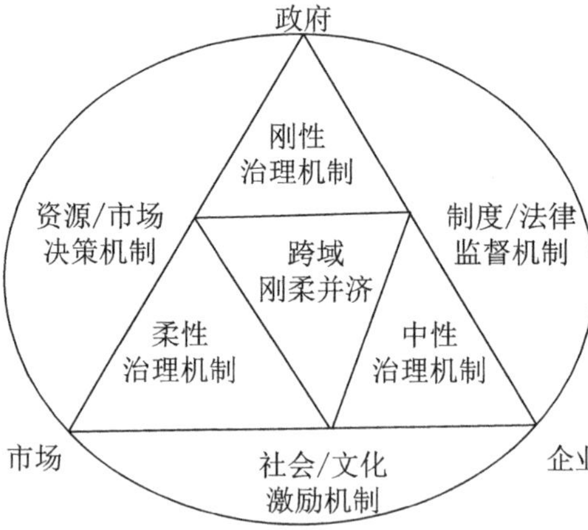


**图 7-10　体育产业的复合型治理机制**

## 二、厘清多元治理主体关系，构建“横向联动”的社会化协同治理体制

体育产业治理主体指与体育产业发展相关的利益集合体，政府机构、社会组织、行业协会等都是体育产业的治理主体，治理主体的角色决定着治理体制和绩效的达成。美国体育产业注重治理主体的多元化，强调有限政府、市场、俱乐部等多个主体参与治理，形成了利益相关者协同治理体制，多个主体在沟通、协作的基础上达成利益最大化。当前，随着我国政府职能转型和体育发展方式的转

变，体育产业治理主体将由传统单一行政主体扩大到政府、企业、市场、行业协会等多个主体，将有大量的社会团体参与到体育产业治理中，这与美国体育产业的多元主体参与治理具有相似之处。同时，我国体育产业发展中的政府、企业、个人等多元主体协同治理机制尚未建立，体育市场多元主体间的关系还不明确，市场供给主体比较单一，没有充分激发多元主体在体育产品与服务供给中的作用，不同主体间的利益纠葛和越轨行为成为阻碍体育产业治理的最大瓶颈，影响了体育产品的有效供给，制约了体育市场主体的活力和创造力。当下，提升体育产业治理能力的关键在于理顺不同主体的权责利关系，打造横向联动的社会市场化多元协同治理体制，具体包括以下三点。

第一，协调不同主体间的关系，实施体育产业的多边治理。体育产业治理并非一朝一夕的事情，而是一个循序渐进的过程，优化体育产业内部机制，首先要简化治理结构，优化治理模式。要协调政府与社会市场在体育产业治理中的责任，合理规划不同主体的治理边界，针对不同主体的利益诉求重新界定多元主体的权责，健全利益相关者沟通交流机制，促使不同主体责权利对称分布，推进多元治理主体平等协作和利益协调，促进体育产业资源在不同主体间的合理配置，形成我国门类齐全、结构合理的体育产业体系，实现我国体育治理的企业化、现代化格局，促进治理效益的最大化。除强硬的治理手段外，柔性治理同样必不可少，如可通过道德教育、文化熏陶和思想宣传，处理各行为主体间的利益矛盾。作为一种辅助性的治理措施，柔性治理方法的效果在体育产业发展实践中应被有效利用。

第二，创新政府、市场、社会多元参与的协同治理体系。体育产业治理并非某个机构或组织单方面的事情，而是各利益相关者共同的责任，需要以我国经济发展实情和体育产业发展现状为基础，采取强硬治理和柔性治理相结合的措施。这就要求政府有序退出与有限介入，政府要让位，放权于社会市场，推进行政机构与行业协会脱钩，同时，政府又不能缺位，要发挥规制作用，对体育产业进行宏观治理与调控，承担制度设计和治理监管的责任，引导社会市场参与到体育产业治理中，推动政府宏观调控与市场微观治理相结合，政府要积极联系各类社会组织，鼓励不同体育企业进行自治，遵循市场规律，推动“政府—社会—市场”合作，形成政府引导、依托社会的多元协同治理体制，保障各方利益最大化。

第三，政府要与企业联手，推行公私合作治理，打造多元导向的 PPP（Public-Private-Partnership）治理模式。应鼓励政府与民间资本和私营企业合作，发挥市场在产业治理中的优势，政府和体育相关企业可以特许协议为基础，通过签署合同以明确双方权责，不断引入体育项目进市场，结合市场化竞争机制，通过减税、补助、贷款等方式鼓励企业参与体育产业治理，尽可能地赋予体育产业自主治理空间，依靠企业在开放的市场环境中提高体育产业产品的质量，盘活体育产业运营主体的能动性，激发体育产业创新活力。

## 三、完善体育产业具体制度，健全覆盖监管、扶持、评估、问责等法治体系

体育产业的发展既需要体制制度的治理架构，也需要具体制度的法治保障。当前，体育产业的市场化改革需要大量的法治保障，但我国体育产业制度建设还不完善，尤其在体育产业扶持制度、资源配置制度、参与主体约束制度、产业运行监督制度和评估问责制度等方面还不健全，不同参与主体存在制度“寻租空间”。美国体育产业制度建立在特殊的国情之上，我们不能盲目地引入美国的体育产业制度，要结合中国国情，围绕我国体育产业制度建设的不足，结合我国现有的体育产业法律法规，健全体育产业法治体系，实现政府依法治理与市场自治有机衔接，要实现这一目标，具体应做到以下四点。

第一，健全扶持体育产业发展的相关政策。完善《中华人民共和国税法》中有关体育产业的税收优惠政策，通过税收优惠（包括税收优惠、投融资优惠、产品销售优惠、用工用地优惠等）鼓励社会资本引入，对发展潜力大、市场前景好的高新技术体育企业减少所得税，通过政策引导社会投资体育健身、休闲和娱乐经营活动，鼓励体育企业开发新型健身服务项目，提升社会市场投入体育产业的积极性。

第二，将法治理念融入体育产业制度设计，完善体育产业立法体系。应补充《中华人民共和国体育法》中有关体育产业治理的相关内容，通过法治规划政府、市场、行业协会、体育企业等主体的权责。体育产业内部要完善生产与经营活动的行为规章，细化体育产业法规条款，提高体育产业立法质量，重点完善体育产业治理条例、体育竞赛转播制度、广告赞助制度、产品营销制度等，修订体育产业治理规章与操作细则，强化体育产业创新驱动政策，完善具有中国特色的体育产业税法、合同法、电视转播法、商标法、代理法等，通过法治保障体育产业健康发展。

第三，健全“绩效导向”的法治机制，建立民主科学的多主体参与制度。应完善多方利益表达和补偿制度，建立完善的行业治理制度和市场交易标准，加

大对市场交易行为的监督治理力度。在推动市场嵌入体育产业治理时，应建立问责制度，遵循现代公司法人治理制度对相关企业的经营治理进行监督，配套决策、惩处、调解、监督等制度，把体育产业打造成以公司治理为基础、以开发与生产高端竞赛产品为主要目标的利益共同体。

第四，建立体育产业治理效果的社会化评估制度。应构建科学的体育产业治理评价体系，打造以社会市场、行业协会、企业代表及消费者等为评价主体的第三方评估制度，完善部门行政问责制度，对体育产业参与主体角色发挥、产业内部机制运行、财务、治理绩效等方面进行定期评估。还应利用大众传媒大力宣传法治，使政府部门领导、员工持续不断地接受法治教育。与体育产业相关的网站、电视、广告、报刊等均应把宣传法治建设作为一项重要工作，把法治宣传纳入体育产业相关部门的年度考核中。此外，还应将社会化评估以制度化的形式融入体育产业治理的整个过程，从而提升体育产业制度执行的自觉性和有效性。

## 第七节　中国体育教育制度治理的启示

当下，我国学校体育治理现代化需在多元体系下协同创新，全面深入推进综合改革，形成共建共治共享的治理新局面。2020 年 9 月，中央全面深化改革委员会第十三次会议通过了《关于深化体教融合　促进青少年健康发展的意见》，提出“深化具有中国特色体教融合发展，推动青少年文化学习和体育锻炼协调发展”，赋予了新时期学校体育工作新的使命。体育教育作为学校体育的核心组成部分，在大力推进国家治理能力现代化的背景下，完善学校体育教育治理体系，提升体教融合治理能力，更好地发挥体育教育的综合育人效益成为一项现实任务。制度是推动国家治理体系建设的内核，体育治理能力的提升首先要有健全的制度保障。美国学校体育发展建立在不断完善的制度基础上，通过有关教育法案、计划、标准等的制定，实现了对体育教育的治理和调控。美国学校体育教育制度的治理特征，对于我国完善学校体育制度治理体系，更好地推进国家体育教育治理现代化和深化体教融合发展具有重要启示作用。

### 一、完善政府、学校、社会、家庭联动的体制制度，推动体育教育的协同化治理

美国的体育教育治理主体不仅包括各级政府部门，而且注重利用制度引导社

会多元主体参与，强调学校、社区、家庭协作的系统性和全面性，提升了体育教育治理效益。学校体育属于社会子系统，学校体育教育的发展离不开社会环境的支持，随着我国教育体制改革的逐步深入，体育教育治理更加强调多元主体协作。习近平总书记在全国教育大会上强调“办好教育事业，家庭、学校、政府、社会都有责任”，对多元主体参与学校体育治理提出了新要求。进入新时代，我国学校体育教育的价值理念正面临着来自社会转型发展的认同挑战，一些难以根治的问题还未得到有效解决，学校体育的价值和地位认同、投入与产出绩效、发展均衡性等诸多短板依然制约着治理现代化。在教育现代化进程中，应完善学校体育体制制度，打造以家庭体育为基础、以学校体育为中心、以社区体育为延伸和补充的立体化联动治理机制。具体而言，要做到以下两点。一是构建“家—校—社”协同联动治理平台，打造共治共享治理机制。应充分结合我国体育事业发展的实际，既要发挥国家体育教育相关管理部门的主体作用，加快体育领域相关法律法规和政策的制订，也要注意基层非正式领域的具体行为，从根本上建立起“以人的发展为中心”，促进学生“五育并举”，协调发展。尤其是教育与体育部门在学校、社区与家庭体育协同治理上要加强合作，联合出台学校、社区与家庭体育治理契约协议，可以成立专门的学校、社区与家庭协同治理委员会，在赛事组织、社区体育活动等方面颁布政策，建立分工明确、权责明晰的合作清单制度，将原本松散、临时的合作关系固定化、制度化，提升协同工作合力，形成政府、社会、学校、家庭共治共享的治理体系，实现学校体育“全面育人”的作用。二是厘清不同主体的“权责利”边界，塑造良性治理体系。应根据政府、学校、社会、家庭在体育教育中的作用，优化学校体育治理方案，合理规划不同主体的治理权责，确保各主体围绕体育教育问题进行科学决策。要构建跨不同部门协同联动的学校治理机制，转变传统的基于“条块分割”的行政指令式问题解决方式，构建“横向到底、纵向到边”的无缝隙治理网络，推动形成各方治理主体全面联动的强大合力。其中，政府部门要扮演好对体育教育治理的主导角色，为社会、家庭和学校体育活动开展提供政策保障；学校要发挥治理主体功能，为家庭和社区参与学校体育活动提供制度支持；社区要发挥辅助功能，为体育活动提供设施和良好的环境支持；家庭要发挥引导功能，积极主动地支持孩子参与学校体育活动，通过不同主体的协同参与，营造良好的治理环境。

## 二、打造以体教融合为导向的精准扶持制度，强化体育教育的补偿性治理

美国体育教育制度具有较强的针对性，始终将体育作为一种教育方式，围绕学校体育缺失和不公平等问题制定了专门的教育法案。深化体教融合是当前我国体育教育事业的重要任务，体教融合涉及体育和教育两大部门，需要两者通力合作、协同推进。近年来，我国针对体育教育颁布了大量政策法规，但相关制度对解决体教融合问题的聚焦不够深入，对于体教融合的实现方式、体育和教育部门谁是主体、各类课程中如何贯彻体教融合、如何评价体教融合等问题都未给出明确回答。并且，短期内体教融合导向下的学校体育管理无法应对快速发展的外部环境，与教育事业改革发展的要求还不相适应，德智体美劳全面培养的育人体系还未建立，大中小幼各学段之间的管理、课程体系等衔接不够紧密，以“享受乐趣、增强体质、健全人格、锤炼意志”为主导的多元化、多样化教育教学理念还未很好地全面施行。

《关于深化体教融合　促进青少年健康发展的意见》不仅给我国学校体育发展带来了新的机遇，也对强化体育和教育部门协同联动，提升体教融合治理水平提出了新的要求。新时期，要强化体教融合专门性制度扶持，打造以体教融合为导向的精准强化制度，实现对体教分离问题的补偿性治理，具体应做到以下两点。一是科学规划体教融合治理扶持制度。应结合健康中国、体育强国和教育现代化的实施要求，精细化当前制约体教融合发展的具体问题，通过政策引导打破体育、教育间的壁垒，国家体育、教育、医疗卫生等部门要联合成立体教融合推进工作小组，通过多部门参与，联合出台体教融合扶持制度，重点围绕体教融合的“路径依赖”问题、教育和体育部门分离问题、学校体育内生动力与教育资源不适应问题、体育课程与文化课程脱节问题、多元育人资源融入问题等，分类制定解决的政策举措。二是出台体教融合育人引导政策。应健全体教融合校内外联动型治理体系，打造政府主导、社会参与的协同推进机制，重点要围绕不同地区实际，培育体教融合特色学校和示范区，在体育竞赛体系、体育运动普及服务体系、体育场地综合利用体系、体育师资队伍建设体系、多元资源投入体系等方面强化制度引导，通过打造丰富的校园体育活动和校外青少年俱乐部、社区竞赛等，拓宽体教融合的应用场域，实现校内外特色融合育人资源的共建共享。

## 三、制定青少年体质健康教育强化制度，实施体育教育的靶向性治理

青少年体质健康问题是当今世界的共同话题。美国学校体育实施了以体质健康促进为导向的法治治理，打造了专门针对预防肥胖、促进健康及减少久坐行为等问题的靶向性制度，取得了良好的治理效益。当前，我国儿童青少年身体素质依然在“滑坡”，儿童超重和肥胖形势日益严峻，青少年近视率高达36.7%。面对长时间、多部门难以解决的青少年体质健康问题，建议创新传统治理方式，将青少年体质健康促进作为一项教育强化制度，深度融入国家体育、教育、医疗卫生、环保、住建等部门，通过制度调动各方力量，协同解决青少年体质健康问题，共同营造体质健康教育的良好环境，从而突破青少年体质健康多头管理的体制问题。

要实现体育教育治理能力的现代化，一方面，要强化学校体育自身的发展，改善学校体育内部治理与教育因素协同，推动学校体育教育从单向管理转变为多元参与的合作共治，从学校体育教育的“善治”过程促进其变革与发展；另一方面，要以人的全面发展为目的，把满足学生身心健康、促进学生的全面发展作为学校体育治理的出发点和落脚点，培养学生形成良好的价值观、体育锻炼方法和健康的生活方式。学生“五育并举”协调发展是实现体育教育治理能力现代化的内核，这就要求制定青少年体质健康教育强化制度，有针对性地围绕学生的全面发展，实施体育教育的靶向性治理。具体而言，应做到以下两点。一是拓宽青少年体质健康教育治理主体。学校体育治理内部变革与国家治理现代化外部驱动的交互作用，是促成学校体育教育治理现代化产生和发展的根本动力。新时期，要立足我国现代化发展的实际，高标准、高质量构建学校体育治理体系，实现学校体育教育在健康中国和体育强国建设过程中的使命担当。要分类制定多主体协同推进青少年体质健康制度，畅通各类社会主体参与青少年体育的渠道，广泛引入街道办事处、社区居委会、运动项目协会等社会资源，引导青少年学生、家长、体育教师、社区体育指导员等共同参与青少年体质健康治理，通过各类主体广泛宣传健康促进知识素养，形成协同提升青少年体质健康的合力。二是分类打造青少年体质健康促进强化制度。应针对农村偏远地区儿童、残疾儿童、留守儿童等群体搭建多样性健康促进补偿政策，重点在体育参与机会、资源配备、活动指导等方面嵌入政策扶持，针对不同群体建立体质健康监测制度，将青少年体质问题纳入各级学校绩效考核，强化对体质健康的多元化干预，实现健康促进与制度引导深度

融合。另外，还要完善课余竞赛激励制度，构建相互衔接的多元竞赛体系，将课余竞赛作为青少年享受乐趣、增强体质、健全人格、锤炼意志的重要场域，通过开展经常性的校际竞赛、社区体育比赛等活动，促进学生身心健康全面发展。

## 四、健全监督、评估、激励"一体化"制度体系，实现体育教育的法治化治理

学校体育教育治理体系建设是一个全面、综合、系统的制度设计问题，需要高质量地构建一整套具有强制性、规范性、可操作性和保障性的体育教育制度。体育教育治理能力现代化的推进离不开制度的有效供给，近年来，我国学校体育法律体系和行政命令管理体系并行，《中华人民共和国教育法》《中华人民共和国教师法》《中华人民共和国体育法》《学校体育工作条例》等政策法规中都有涉及体育教育的内容，但总体而言，我国相关制度建设滞后于学校教育改革步伐，体育教育法治建设不足，以针对性法律、规章、规范性文件为基础的制度体系还未形成，还存在教育激励约束制度不健全、问责制度不科学、教育风险防控权责不明确等问题，且呈碎片化治理倾向。当前，要强化体育教育的法治治理，健全风险规避、安全防护、评价激励、师资和场地设施保障等制度，实现强制性制度和特定制度供给相结合，要实现这一目标，具体应做到以下三点。一是制定体育教育质量监督制度。应完善体育课程实施监测制度，定期开展学校体育专项治理，对学生课堂参与、健康知识、运动技能、体质健康、课外锻炼等方面进行全面评价，制定学生运动项目技能等级评定标准，打造学生体质健康个性化提升档案，把学生体育参与作为综合素质评价的重要内容。此外，还要健全各级各类学校体育法规制度和体制机制，畅通社会不同群体及个人参与学校体育治理的渠道，保障学校体育地位和学生的体育权益。二是健全体育教育专业评估制度。学校体育要有优秀教师的科学引导，因此，培养适应新时期需求的体育师资至关重要。要强化对体育教育专业人才培养的综合治理，完善体育教育专业认证标准，重点突出体育教育专业人才的职业素质、健康素养和专业能力，将健康教育、生命教育、安全防护、应急救治能力等引入育人评估体系，把"立德树人"和"全面发展"的成效作为学校体育评价的重要指标，培养能够从事体育教学、活动组织、健康服务等多领域的复合型人才。三是完善体育教育激励制度。应全方位打造科学化、精细化、法治化的学校体育教育治理环境，构建更加科学、全面、系统、透明的多元化评价体系。应通过打造专门激励制度，更好地调动社

会、学校、学生、家长投入体育教育的积极性，尤其是要引导社会体育指导员参与学校体育协同治理。此外，还可在社会体育指导员培训和考核体系中纳入指导学校体育活动的指标，通过考核和绩效激励，引导社会体育指导员积极参与学校、社区与家庭体育活动指导，从而提升体育教育活力。

# 参考文献

## 中文著作


[1] 郭宇立．美国的大国成长道路：制度治理与战略选择［M］．北京：北京大学出版社，2011.

[2] D.B. 范达冷，B.E. 本奈特．美国的体育［M］．张咏，译．北京：人民体育出版社，1991.

[3] 胡鞍钢．中国国家治理现代化［M］．北京：中国人民大学出版社，2014.

[4] 俞可平．治理与善治［M］．北京：社会科学文献出版社，2000.

[5] 池建．美国大学竞技体育治理［M］．北京：人民体育出版社，2005.

[6] 罗纳德 B. 伍兹．体育运动中的社会学问题［M］．田慧，译．北京：人民体育出版社，2011.

[7] 课题组．体育强国战略研究［M］．北京：人民教育出版社，2010.

[8] 凌平．中美高校体育治理比较研究［M］．杭州：浙江大学出版社，2003.

[9] 杨华．美国大学体育联合会（NCAA）的制度演进［M］．北京：北京体育大学出版社，2012.

[10] 阿伦．古特曼．从仪式到记录：现代体育的本质［M］．花勇民，钟小鑫，蔡芳乐，译．北京：北京体育大学出版社，2012.

[11] 韦恩·厄本，杰宁斯·瓦格纳．美国教育：一部历史档案［M］．周晟，译．北京：中国人民大学出版社，2009：402.

[12] 杨华．美国大学体育联合会（NCAA）的制度演进［M］．北京：北京体育大学出版社，2012.

[13] 中共中央　国务院．“健康中国 2030”规划纲要［M］．北京：人民出版社，2016.

[14] 刘绪贻，杨生茂．美国通史［M］．北京：人民出版社，2008.

[15] 张爽．美国崛起之政治经济学分析［M］．北京：时事出版社，2012.

[16] 赵爱国．国际政治视角中的中美体育体制与政策［M］．武汉：华中师范大学出版社，2013.
[17] 池建．体育大国的崛起——新中国具有重大影响的体育大事［M］．北京：学习出版社，2012.
[18] 全国体育学院教材委员会．体育概论［M］．北京：人民体育出版社，2005.
[19] 陈安槐，陈荫生．体育大辞典［M］．上海：上海辞书出版社，2000.
[20] 马立武．美国高等教育发展与宪法权利保障［M］．沈阳：辽宁人民出版社，2013.
[21] 张燕军．美国教育战略研究［M］．杭州：浙江教育出版社，2013.
[22] 杰·科克利．体育社会学：议题与争议［M］．管兵，译．北京：清华大学出版社，2003.
[23] 董秀丽．美国政治基础［M］．北京：北京大学出版社，2010.
[24] 伊曼纽尔·沃勒斯坦．美国实力的衰落［M］．谭荣根，译．北京：社会科学文献出版社，2007.
[25] 罗伯特·阿特．美国大战略［M］．郭树勇，译．北京：北京大学出版社，2006.
[26] 钟秉枢．职业体育——理论与实践［M］．北京：北京体育大学出版社，2006.
[27]《体育大国向体育强国迈进的理论与实践研究》课题组．体育强国战略演进［M］．北京：人民体育出版社，2010.
[28] 王庆安．伟大社会改革 20 世纪 60 年代美国社会改革及启示［M］．北京：新华出版社，2008.
[29] 国家体育总局．改革开放 30 年的中国体育［M］．北京：人民体育出版社，2009.
[30] 燕继荣．中国治理：东方大国的复兴之道［M］．北京：中国人民大学出版社，2017.
[31] 池建．竞技体育发展之路——走进美国［M］．北京：人民体育出版社，2009.
[32] 托克维尔．论美国的民主（下卷）［M］．董果良，译．北京：商务印书馆，1988.
[33] 张静．社会治理：组织、观念与方法［M］．北京：商务印书馆，2019.
[34] 丹吉尔·F. 史普博．治理与市场［M］．余晖，译．上海：上海人民出版社，1999.
[35] 体育课程教材研究开发中心．美国学校体育国家标准研究［M］．北京：人民教育出版社，2007.
[36] 韩博天．红天鹅：中国独特的治理和制度创新［M］．北京：中信出版集团，2019.
[37] 吴超林，杨晓生．体育产业经济学［M］．北京：高等教育出版社，2004.
[38] 鲍明晓．体育产业——新的经济增长点［M］．北京：人民体育出版社，2000.
[39] 柯森，等．当代美国中小学课程概观［M］．广州：中山大学出版社，2005.
[40] 曹可强．体育产业概论［M］上海：复旦大学出版社，2005.
[41] 里贾纳·E. 赫兹琳杰．非营利组织治理［M］．北京：中国人民大学出版社，2009.
[42] 程昔武．非营利组织治理机制研究［M］．北京：中国人民大学出版社，2008.
[43] 俞可平．治理与善治［M］．北京：社会科学文献出版社，2000.

[44] 托马斯·帕特森．美国政治文化［M］．顾肃，吕建高，译．北京：东方出版社，2007.
[45] 滕大春．美国教育史［M］．北京：人民教育出版社，2001.
[46] 体育课程教材开发中心．美国学校体育国家标准研究［M］．北京：人民教育出版社，2007.
[47] 阮伟，钟秉枢．中国体育产业发展报告（2013）［M］．社会科学文献出版社，2013.
[48] 俞可平．国家治理的中国特色和普遍趋势［J］．公共管理评论，2019，30（1）：25-32.
[49] 惠敏．当代美国大众文化的历史解读［M］．济南：齐鲁书社，2009.
[50] 陈蔚云，朱秦生，池建．美国大学体育赛事赏析［M］．北京：人民体育出版社，2009.
[51] 中国群众体育现状调查课题组．中国群众体育现状调查与研究［M］．北京：北京体育大学出版社，1998.
[52] 李明，苏珊·霍华思，马宏尼．体育经济学［M］．叶公鼎，译．沈阳：辽宁科学技术出版社，2005.

## 中文论文

[1] 彭国强，高庆勇．治理能力现代化背景下美国体育产业的制度治理与启示［J］．沈阳体育学院学报，2019（4）：10-17.
[2] 彭国强，舒盛芳．美国体育治理的思想渊源、特征与启示［J］．上海体育学院学报，2019（4）：7-15.
[3] 彭国强，舒盛芳．美国大众体育战略演进的历程、特征与启示［J］．中国体育科技，2018（2）：30-39.
[4] 彭国强，舒盛芳，经训成．回顾与思考：美国竞技体育成长因素及其特征［J］．沈阳体育学院学报，2017（5）：28-36.
[5] 彭国强，舒盛芳．美国体育制度治理研究热点与展望［J］．成都体育学院学报，2018（1）：78-84.
[6] 彭国强，高庆勇．美国大众体育制度治理的特征及启示［J］．西安体育学院学报，2020（1）：1-9.
[7] 彭国强，舒盛芳，经训成．回顾与思考：美国竞技体育成长因素及其特征［J］．沈阳体育学院学报，2017（5）：28-36.
[8] 彭国强，舒盛芳．中美高校三大球竞赛体系特征的对比与分析［J］．沈阳体育学院学报，2016（3）：93-100.
[9] 高庆勇，彭国强．美国体育产业发展经验及启示［J］．体育文化导刊，2019（9）：84-90，109.
[10] 彭国强，高庆勇．美国大学竞技体育的制度治理及其特征［J］．成都体育学院学报，2020，45（4）：74-81.
[11] 彭国强，高庆勇．美国体育教育制度的演进历程、治理特征与本土启示［J］．沈阳体育

学院学报，2021，40（1）：31-39.
[12] 史小强．美国公共体育服务体系研究［D］．上海：上海体育学院，2014：26.
[13] 周武．美国职业体育产业政府规制体制探析［J］．中国体育科技，2008（3）：52-57.
[14] 陈洪．国家体育治理体系和治理能力现代化探析［J］．北京体育大学学报，2014（12）：7-12.
[15] 董红刚．我国体育治理演进研究［J］．武汉体育学院学报，2018（9）：18-24.
[16] 陈德旭．社会治理视域下我国农村公共体育服务体系建设与运行研究［D］．上海：上海体育学院，2017：60.
[17] 隋晓燕．我国体育产业治理模式及优选策略研究［J］．北京体育大学学报，2018（2）：33-39.
[18] 靳大力．实现体育治理体系现代化［N］．中国体育报，2020-01-20（7）.
[19] 董红刚，易剑东．体育治理主体：域外经验与中国镜鉴［J］．上海体育学院学报，2016（4）：1-8.
[20] 杨桦．深化体育改革推进体育治理体系和治理能力现代化［J］．北京体育大学学报，2015（1）：1-7.
[21] 任慧涛．论体育治理理念［D］．南昌：江西财经大学，2016.
[22] 王申林．实用主义与美国精神［J］．社科纵横：新理论版，2008，23（4）：180-182.
[23] 曹平，谭希颖．美国休闲课程认证标准对我国休闲体育专业课程建设的启示［J］．首都体育学院学报，2011，30（2）：113-117.
[24] 孙科，杜成革．中国竞技体育的发展模式及其变革走向［J］．体育学刊，2012（1）：20-24.
[25] 龚正伟，肖焕禹，盖洋．美国体育政策的演进［J］．上海体育学院学报，2014，38（1）：18-24.
[26] 吕俊莉．美、德体育政策嬗变的经验与启示［J］．体育与科学，2014，35（2）：19-23.
[27] 郑芳．美国职业体育制度的起源、演化和创新［J］．体育科学，2007，27（2）：79-85.
[28] 宋佳麟．美国业余体育法及其启示［D］．湘潭：湘潭大学，2007：16.
[29] 黄世席，宋韦韦．美国业余体育运动中的政府行为研究［J］．成都体育学院学报，2009（7）：1-6.
[30] 池建．美国大学竞技体育治理体系的研究［D］．北京：北京体育大学，2003：24.
[31] 李丹阳．NCAA 发展与治理研究［D］．北京：北京体育大学，2010：6.
[32] 江华．NCAA 与 CUBA 联赛治理的比较研究［D］．曲阜：曲阜师范大学，2008：4.
[33] 周兰君．美国政府参与体育治理方式之研究［J］．西安体育学院学报，2009（1）：24-26.
[34] 王朝军，杨立国，王晓毅，等．FUSC 与 NCAA 开发大学生体育市场的比较研究［J］．天津体育学院学报，2007.
[35] 钟全宏．健康中国背景下学校体育治理现代化研究［J］．西北师大学报：社会科学版，

2020，57（3）：131-137.
[36] 姚淳．美国学校体育教育计划研究［D］．北京：首都师范大学，2004：28.
[37] 浦义俊，吴贻刚．镜鉴与反思：美国竞技体育发展中的政府治理及其困境［J］．山东体育学院学报，2016，32（4）：8-15.
[38] 王岩．从“美国精神”到实用主义——兼论当代美国人的价值观［J］．南京大学学报：哲学·人文科学·社会科学版，1998（2）：34-40.
[39] 文谦，牛静．中美休闲体育的比较研究［J］．中国体育科技，2005（4）：32-35.
[40] 梁汉平．美国有组织体育运动的开始［J］．体育成人教育学刊，2012（1）：17-19.
[41] 彭雪涵，代刚．文化视野中的中美竞技体育体制比较研究［J］．北京体育大学学报，2007（4）：443-445.
[42] 王宏江，刘青．美国、澳大利亚和日本竞技体育治理模式研究［J］．成都体育学院学报，2007（3）：7-11.
[43] 曹杰，王凯珍，郑晓鸿．美国中小学体育后备人才的培养过程［J］．首都体育学院学报，2013，25（1）：6-10.
[44] 侯海波，李桂华，宋守训，等．国外竞技体育强国后备人才培养体制及启示［J］．上海体育学院学报，2005，8（4）：1-5.
[45] 陈丛刊．体育治理体系和治理能力现代化的内在逻辑、构成要素与实现途径［J］．体育学刊，2020，27（6）：46-50.
[46] 袁鹏，李震，陈元欣．美国体育服务业主导产业研究［J］．武汉体育学院学报，2013（7）：50-53.
[47] 赵梦君．美国青少年体育及竞技后备人才培养模式与启示［J］．体育与科学，2014（6）：51-54.
[48] 许秋红．美国体育发展的特点及启示［J］．体育与科学，2012（6）：67-72.
[49] 彭崴，罗亚娟．美国体育思想的嬗变与启示［J］．体育与科学，2015（3）：45-49.
[50] 王凯．新时代体育治理体系与治理能力现代化建设的政府责任——基于元治理理论和体育改革实践的分析［J］．体育科学，2019，39（1）：12-19，34.
[51] 季燕霞．论当代中国制度治理的效能发挥［J］．中州学刊，2020（11）：1-7.
[52] 韩勇．美国体育法学发展及对中国的启示［J］．体育与科学，2015，36（3）：37-43.
[53] 刘付新，杨彩虹．职业体育劳工移民研究［J］．体育文化导刊，2014（8）：35-38.
[54] 吴义华，张文闻．美国体育立法概况及体育纠纷解决机制研究［J］．山西师范大学体育学院学报，2009，24（1）：24-26.
[55] 凌平．美国职业体育联盟治理体制初探［J］．体育与科学，2003（1）：5-7.
[56] 陈洪．国家体育治理体系和治理能力现代化探析［J］．北京体育大学学报，2014（12）：7-12.

[57] 方洁．美国体育治理体系研究［J］. 浙江体育科学，2020，42（1）：8-13.
[58] 刘苏，汤卫东．美国四大球职业联盟纪律处罚中程序公正性的探析［J］. 首都体育学院学报，2006（3）：26-28.
[59] 任学锋．“健康中国2020战略研究报告”对我国健康教育事业发展的几点启示［J］. 中国健康教育杂志，2014（12）：1142-1144.
[60] 王治君．美国体育产业结构研究［D］. 武汉：华中师范大学，2014.
[61] 张滨．美国体育经纪人治理制度研究［J］. 体育文化导刊，2007（5）.
[62] 蒋加华．美国奥委会的改革与部署［J］. 国外体育动态，1989（42）：330.
[63] 王莉．职业体育联盟的产业组织分析［D］. 北京：北京体育大学，2005：72.
[64] 马良．美国近代体育发展研究［J］. 体育文化导刊，2010（5）：157.
[65] 王永盛，王超．美国大学竞技体育强势发展的三大因素解析［J］. 北京体育大学学报 2017，40（9）：1-8.
[66] 高刚，刘晓明．美国青少年体质健康测试与发展探析［J］. 沈阳体育学院学报，2015（4）：130-134.
[67] 徐士韦，肖焕禹，谭小勇．体力活动：美国国家健康政策之要素——基于美国健康公民战略的考察［J］. 上海体育学院学报，2014（1）：25-30.
[68] 肖剑．美国四大职业体育联盟产业特征的研究［D］. 武汉：武汉体育学院，2011：26.
[69] 董红刚，易建东．体育治理评价：英美比较与中国关注［J］. 武汉体育学院学报，2016（2）：25-31.
[70] 周武．我国职业体育产业规制应然模式的建构分析［J］. 北京体育大学学报，2009（7）：16-19.
[71] 周波．论体育产业核心竞争力［D］. 长沙：湖南师范大学，2013：196.
[72] 姜熙，谭小勇. 美国职业棒球反垄断豁免制度的历史演进：基于案例分析［J］. 天津体育学院学报，2010，25（2）：113-117.
[73] 姜同仁，宋旭，刘玉．欧美日体育产业发展方式的经验与启示［J］. 上海体育学院学报，2013（2）：19-24.
[74] 伊向仁，张瑞林，陈安，等．美国《国家体育标准》与中国《课标》制定、实施和评价状况的研究［J］. 体育学刊，2006（6）：87-90.
[75] 曹烃，李良，刘俊洁．中美特殊体育教育法律制度的比较［J］. 首都体育学院学报，2015（4）：336-340.
[76] 黄军伟．中美教育行政组织比较研究［D］. 南京：南京师范大学，2005：10-12.
[77] 王雪梅．美国中小学体育研究［D］. 石家庄：河北大学，2004：20-21.
[78] 唐炎．对美国中小学体育教育的考察与思考［EB/OL］. http：//www. doc88. com/p-7059820914309. html.

[79] 岳建军．美国《国民体力活动计划》研究及启示［J］．中国体育科技，2015（2）：126-134.

[80] 范英华．中美高校高水平运动员招生机制的比较研究［D］．北京：北京体育大学，2003：14.

[81] 张燕冰，张慧峰．论美国职业体育劳资关系［J］．南京体育学院学报，2014，38（1）：31-34.

[82] 王波．美国职业体育政策试析［J］．体育科学，1999（7）：60.

[83] 缪佳．美俄法澳四国竞技体育体制的组织结构比较［J］．上海体育学院学报，2009（2）：34-39.

[84] 胡乔．美国体育产业发展的法律调控分析［J］．体育文化导刊，2014（2）：131-133.

[85] 周兰君．美国政府参与体育治理方式之研究［J］．广州体育学院学报，2009（1）：22-26.

[86] 邹月辉．美国得克萨斯州大学生运动员人才培养研究［D］．北京：北京体育大学，2011：125.

[87] 上官一琳．中美竞技体育排球运动员人才培养模式比较研究［D］．石家庄：河北师范大学，2013：12-14.

[88] 凌平，冯宇超．略论美国体育治理法规的立法形式和司法程序对我国体育法制建设的借鉴价值［J］．浙江体育科学，2003（3）：4-7.

[89] 燕凌，李京诚，韩桂凤．19世纪以来美国中小学体育发展历程及其启示［J］．体育学刊，2015（5）：87-91.

[90] 周传志．美国体育发展的特点及其启示［J］．体育文化导刊，2006（4）：78-80.

[91] 石磊．美国政府的职业体育政策［J］．国外体育动态，1998，28（6）：44-45.

[92] 姜熙，谭小勇．美国职业体育反垄断劳工豁免制度研究［J］．体育科学，2010，46（5）：93-100.

[93] 赵海龙．反垄断法对美国四大职业体育联盟的影响［J］．四川教育学院学报，2009，25（1）：13-15.

[94] 王凯．新时代体育治理体系与治理能力现代化建设的政府责任——基于元治理理论和体育改革实践的分析［J］．体育科学，2019，39（1）：12-19，34.

[95] 鲍明晓．构建举国体制与市场机制相结合新机制［J］．体育科学，2018，38（10）：3-11.

[96] 陈洪．竞技体育发展方式转变的多中心治理路径［J］．首都体育学院学报，2014，26（1）：3-6.

[97] 刘玉．发达国家体育公共服务均等化政策及启示［J］．上海体育学院学报，2010，34（3）：1-5.

## 英文著作

[1] Mary A Hums. Governance and policy in sport organizations [M]. New York: Holcomb Hathaway Publishers, 2013.

[2] Ronald B. Woods. Social Issues in Sport [M]. University of South Florida Press, 2001.

[3] Barrie Houlihan. Sport, Policy & Politics: A Comparative Analysis [M]. London: Routledge Press, 1997.

[4] Jveal A. Leisure and Tourism Policy and Planning [M]. CABI Publishing, 2002.

[5] Lawrence B. New England Literary Culture [M]. London: Cambridge University Press, 1986.

[6] Bill Shaikin. Sport and Politics: The Olympics and the Los Angeles Games [M]. New York: Praeger Publishers, 1988.

[7] Stephenk. figle: Sport and Play—A Text book in the sociology of sport [M]. Library of congress catalog Card Number, 2005.

[8] John Hladczuk. Sports law and legislation: an annotated bibliography [M]. Greenwood Press, 1991.

[9] Paul C Weiler, Gary R Roberts. Sports and the law: Text, Cases, and Problems [M]. St. Paul, MN: West Publishing, 1998.

[10] Mundy J, Odum L. Leisure Education—Theory and Policy [M]. New York, NY: John Wiley and Sons, 2008.

[11] Stephen Wagg, David L. Andrews. East Plays West: Sport and the Cold War [M]. London and New York: Routledge Taylor and Francis Group, 2007.

[12] Jay J. Coakley. Sport in Society: Issues and Controversies [M]. McGraw - Hill Companies, 1998.

[13] Illiott Gorn, Warren Goldstein. A Brief History of American Sports [M]. Hill and Wang: A Division of Farrar, Strauts and Giroux, 1993.

[14] Ronald A. Smith. Sport and Freedom: The Rise of Big-Time College [M]. New York Oxford, Oxford University Press, 1988.

[15] Mark Dyreson. Making the American Team: Sport, Culture, and the Olympic Experience [M]. Urbana and Chicago: University of Milionis Press, 1998.

[16] Joseph Maguire. Japan, sport and society [M]. New York: Rutledge, 2006.

[17] Howard L. Nixon Ⅱ. Sport and the American Dream [M]. New York: Leisure Press, 1984.

[18] Geoffrey Godbey. Leisure in Your Life: An Exploration [M]. Venture Publishing, Inc, 1999.

[19] Herroneous N L. The leisure literature: A guide to source in leisure studies, fitness, sports, and travels [M]. Englewood, Colorado: Libraries Unlimited, Inc, 1992.

[20] Janet B. Park Contemporary Sport Management [M]. IL: Human Kinetics, 2003.

[21] Wayne J. Urban. Wagoner, Jr. American Education: A History [M]. McGraw - Hill Companies, 2004.

[22] American school counselor Association. Asia defines The role of the School Counselor [M]. The ASCA Counselor, 1990.

[23] Mechikoff R A, Estes S G. A History and Philosophy of Sport and Physical Education: From Ancient Civilizations to the Modern World [M]. New York: NY: McGraw-Hill, 2006.

[24] Edward A. Krug. The Shaping of the American High School 1890-1920 [M]. Harper &Row, New York, 1964.

[25] Aspe N. Moving in to the Future: National Standards f or Physical Education [M]. Mosey Year-Book: St. Louis, 1995.

[26] Mabel Lee. A history of physical education and sport in the USA [M]. New York: John Wiley&Sons, 1983.

[27] Green M. Elite sport development: policy learning [M]. New York: T&F Press, 2005.

[28] Lisa Pike Masteralexis. Principles and Practice of Sport Management [M]. Jones Bartlett Publishers, 2011.

[29] Aspe N. Moving in to the Future: National Standards f or Physical Education [M]. Mosey Year-Book: St. Louis, 1995.

[30] Keith Davids, Robert Hristovski. Complex Systems in Sport [M]. Routledge, 2014.

[31] Vinceht Jr. , ed. The Book of Great American Documents [M]. Hill and Wang Press, 2014.

[32] Lisa P M, Carol A. B, Mary A. H. Principles and practice of sport management [M]. Jones Bartlett Publishers, 2004.

[33] Charles T, Clotfelter. Big-Time Sports in American Universities [M]. Oxford city: Cambridge University Press, 2011.

[34] Duderstadt. Intercollegiate Athletics and the American University: A University President's Perspective [M]. Ann Arbor: University of Michigan Press, 2000.

## 英文论文

[1] Gallat. Antitrust Law and pubic alternatives for professional sports leagues [J]. Labor Law J, 2003, 54 (3): 166-179.

[2] Ross S F. Antitrust, professional sports, and the public interest [J]. Sport Iiustrated, 1996, 84 (11): 15.

[3] Glaucio Scremin. Impact of Antitrust Laws on American Professional Team Sports [J]. Sport Journal, 2005 (1): 15-19.

[4] Floyd Jones, Dana D. Brooks. Examining Leisure Sport Management Programs in the United States [J]. Sport Management Review, 2008 (11): 77-91.

[5] Giffard C. A , Rivenburgh. News agencies, national images, and global media events [J]. Journalism and Mass Communication Quarterly, 2000, 77 (1): 8-21.

[6] David Broughton, Jennifer Lee, Ross Nethery. The Answer: 213 billion The question; How big is the U. S. sports industry [J]. Sports Business Journal, 1999 (12): 23-29.

[7] Fleisher, Arthur A. Goff. Crime and Punishment? Enforcement of the NCAA football cartel [J]. Journal of Economic Behavior and Organization, 1988, 10 (4): 33-51.

[8] Eckard E W. The NCAA Cartel and competitive balance in college football [J]. Review of Industrial Organization, 1998, 13 (3): 47-67.

[9] Siedentop D. Thinking Differently about Secondary Physical Education [J]. J Physical Education

Rec Dance, 1992, 63 (7): 69-72.

[10] Stephen L J Smith, Geoffrey C. Godbey. Leisure, Recreation and Tourism [J]. Annals of Tourism Research, 1991 (18): 85-100.

[11] NCAA. About the NCAA [EB/OL]. [2012-12-30]. http: //www. ncaa. org/.

[12] Fort R. European and North American Sports Differences [J]. Scottish Journal of Political E-conomy, 2000 (4): 431-455.

[13] Anonymous. AAA establishes a sports arbitration panel [J]. Dispute Resolution Journal, 2001 (2): 4-10.

[14] Robin Ammon. Supplement of Two Centuries of sports Business [J]. Sports Business Journal, 2008: 22.

[15] Richard Giulianotti, Robertson. Sport and globalization: transnational dimensions [J]. Global Networks, 2007 (2): 45.

[16] Understanding and improving Health [Z]. Washington, D. C.: US Government Printing Office, Nobermber, 2000.

[17] Arem H, Mooresc, Park Y, etal. Physical activity and cancer-specific mortality in the NIH-AARP diet and health study cohort [J]. Int J Cancer, 2014, 135 (2): 423-431.

[18] Lever J, Wheeler S. Mass media and the Experience of Sport [J]. Communication Research, 1993, 20 (1): 125-143.

[19] Michael, Packianathan. Gross Domestic Sport Product: The Size of the Sport Industry in the U-nited States [J]. Journal of Sport Management, 2001.

[20] Ari Zyskind. The Politics of Physical Education Reform [D]. California: Claremont McKenna College, 2012: 26.

[21] Frost H, Moffett J A K, Moser J S, et al. Randomized Controlled Trial for Evaluation of Fitness Programmer for Patients with Chronic Low Back Pain [J]. British Med J, 1995 (31): 151-154.

[22] Canid A Karp. Sport and urban life [J]. Sport Soc Issues, 1990 (2): 77-102.

[23] Nixon H L. Social Network Analysis of Sport: Emphasizing Social Structure in Sport Sociology

[J]. Sociology of Sport Journal, 1993 (10): 315-321.

[24] Konstanti. Save amateur sports: protection from liability under the amateur sports act in eleven Line [J]. Villanova Sports and Entertainment Law Journal, 2002 (8): 394.

[25] Ari Zyskind. The Politics of Physical Education Reform [D]. California: Claremont McKenna College, 2012: 26.

[26] Donaldsona, Finch C F. Sport as a setting for promoting health [J]. Br J Sports Med, 2012, 46 (1): 4-5.

[27] Skiba R, Simmons A B, Ritter S, et al. Achieving Equity in Special Education: History Status and Current Challenges [J]. Exceptional Children, 2008, 74 (3): 264-288.

[28] Grissom J B. Physical Fitness and Academic Achievement [J]. Journal of Exercise Physiology online, 2005, 8 (1): 11-25.

[29] Recreation, Park & Tourism Management, Reaccredidation Review [Z]. The National Recreation and Park Association Council on Accreditation, 2006.

[30] Richard Giulianotti, Robertson. Sport and globalization: transnational dimensions [J]. Global Networks, 2007 (2): 45.

[31] Stephen Hardy. Sport in Urbanizing American: A Historical Review [J]. Journal of Urban History, 1997, 23 (6): 686.

[32] James S. Olson. Sports as Cultural Currency in Modern American [J]. Journal of Urban History, 1992 (1): 128.

[33] Michael Milano, Packianathan. Gross Domestic Sport Product: The Size of the Sport Industry in the United States [J]. Journal of Sport Management, 2011 (25): 24-35.

[34] Bornstein D B, Pate R R, BUCHNER D M. Development of a national physical activity plan for the United State [J]. J Phys Activity Healthy, 2014 (3): 463-469.

[35] Enensonk R, Satinsky S B. Sector activities and lessons learned around initial implementation of the United States national physical activity plan [J]. J phys Activity Health, 2014 (6): 1120-1128.

[36] U. S. Department of Health and Human Services. Promoting Health Preventing Disease: objec-

tives for the nation [R]. Washington. D. C: U. S. Government Printing Office, 1980.

[37] Vuoriim, Labiecj, Blairsn. Physical activity promotion in the health care system [J]. Mayo Clin Proc, 2013, 88 (12): 1446-1461.

[38] James R Morrow Jr, Weimo Zhu, et al. 1954-2004: 50 years of youth fitness tests in the untied stated [J]. Research Quarterly for Exercise and Sport, 2005, 80: 1-11.